『예수, 성경, 동성애』 초판에 대한 서평

"잭 로저스는 동성애자들을 교회와 교회 직분에 온전히 포함시키기를 주장하는 사람들에게 폭넓은 의견을 보탠다. 미국 장로교에서의 경험과 성찰이 모든 주류 교단의 사람들에게 유용할 것이다. 성경이 말하는 것과 말하지 않는 것을 진심으로 알고자 하는 사람들에게, 이 책은 진짜 횡재이다."

— V. Gene Robinson 주교, 미국 성공회 뉴햄프셔 주교

"이 책은 왜 미국의 지도적인 복음주의 학자들 중 한 명이며 전직 미국 장로교 총회장이 동성애에 대한 자신의 마음을 바꾸었는지 알게 해주는 흔치 않은 기회를 제공한다. 잭 로저스가 자신을 위해 성경, 교리 그리고 역사적 증거들을 재검토함으로써 발견했던 것은 당신의 마음도 바꿀 수 있을 것이다."

— Mel White, Soulforce 창설자

"이 책은 그저 놀랍다. 우리 시대의 가장 어려운 논쟁들 중 하나에 대한 한 신앙인의 지적이며 충실하게 연구한 책으로서 놀랍도록 큰 도움이 되는 공헌이다. 잭 로저스는 기독교 안에서 동성애에 대한 논쟁의 방향과 내용 모두를 바꿀 수 있을 것이다."

— Joanna M. Adams, 애틀랜타 모닝싸이드 장로교회 목사

"잭 로저스는 동성애에 대한 자신의 생각을 바꾼 정직한 사람이며 이제 그는 그것이 죄가 아니라고 확신한다. 그는 명확함과 열정을 가지고 어떻게 그가 자신의 생각을 바꿨는지에 대해 이야기한다."

— William C. Placher, 와바시 대학 인문학부 교수

"모든 크리스천들, 특히 흑인들과 여성들은 어떻게 또 왜 주류 장로교인들이 인종평등과 성평등에 대한 자신들의 마음을 바꾸었는지를 보여주는 잭 로저스의 역사에 기초한 책에 감사하게 될 것이다. 평범한 언어로 쓰였으나 학문적인 이 책은 우리가 마음을 바꿀 수 있다는 것뿐 아니라 바꾸어야만 한다는 것을 가르친다."

— Gayraud S. Wilmore, 애틀란타 초교파신학센터, 교회사 명예교수

"이 책은 정말 굉장한 책이다! 잭 로저스의 주장들은 LGBT 사람들을 교회생활과 목회사역에 온전히 참여할 수 없게 만드는 데에 심각한 성경적이거나, 교리적인 또는 신앙 고백적 이유가 있다고 주장할 사람들에게 가차없고 정확하고 통렬하다."

— Elder Nancy Wilson, 메트로폴리탄 지역 공동체 교회 회장

"미국연방대법원은 2015년 6월 26일에 동성결혼을 합법화하는 결정을 내렸다. 미국에서 가장 큰 교단인 미국장로교회(PCUSA)는 2010년에 성 경험이 없는 동성애자들에 대한 성직임명을 허용했다. 연방대법원 결정보다 1년 전에 디트로이트 총회에서 대의원 참석 총대의 과반수 이상이 전통적인 교단법 가운데 결혼에 대한 정의를 '한 남성과 한 여성 간의 결합'에서 '두 사람의 결합'으로 수정하기로 결의했으며, 총회 폐회 후 1년 동안 전국 171개 노회에서 논의를 거쳐, 2015년 총회에서 최종 결정되었다. 미국장로교 총회장을 역임했으며 성경과 교리에 해박한 복음주의 신학자가 쓴 이 책은 미국장로교회의 이런 변화에 깊은 영향을 끼친 책으로서, 동성결혼 합법화가 성경에 위배되는 것이라고 믿는 한국의 많은 복음주의적인 크리스천들이 깊이 검토할 가치가 충분한 책이라고 믿는다."

— 임보라 목사, 섬돌향린교회 담임목사

예수, 성경, 동성애

개정증보판

예수, 성경, 동성애
지은이/ 잭 로저스
옮긴이/ 조경희
펴낸이/ 김준우
초판 1쇄 펴낸날/ 2015년 12월 28일
초판 4쇄 펴낸날/ 2022년 8월 31일
펴낸곳/ 한국기독교연구소
등록번호/ 제8-195호(1996년 9월 3일)
경기도 고양시 일산동구 고봉로 32-9, 양우 331호 (우 10364)
전화 031-929-5731, 5732(Fax)
E-mail: honestjesus@hanmail.net
Homepage: http://www.historicaljesus.co.kr.
표지디자인 / 디자인명작 (전화 031-774-7537)
인쇄처/ 조명문화사 (전화 02-498-3018)

Jesus, the Bible, and Homosexuality: Explode the Myths, Heal the Church
by Jack Rogers

ISBN 978-89-97339-25-9 03230
값 14,000원

예수, 성경, 동성애

신화를 타파하라, 교회를 치유하라

<개정증보판>

잭 로저스 지음

조경희 옮김

한국기독교연구소

Jesus, the Bible, and Homosexuality

Explode the Myths, Heal the Church

by

Jack Rogers

Louisville, KY: Westminster John Knox Press, 2009.

Korean Translation by KyungHee Cho

이 책은 진수미 교수님의 출판비 후원으로 간행되었습니다.

한국기독교연구소

목차

일러두기

- 이 책은 Jack Rogers, Jesus, *the Bible, and Homosexuality: Explode the Myths, Heal the Church*, Revised and Expanded Edition (2009)의 완역입니다.
- 부록 II "동성애 문제와 한국교회"(임보라 목사)는 편집자의 요청에 따라 집필하여 추가한 부분입니다.
- 성경은 개역개정을 주로 사용했지만, 원서의 뜻을 보다 정확하게 옮기기 위해 사역을 한 부분들도 있습니다.
- 독자들의 이해를 위해 보충할 필요가 있는 곳에 역자주와 더불어 편집자주를 넣었습니다.
- 이성애자들에게 성소수자들이 과연 누구인지 잘 보여주는 다큐멘터리는 "**너에게 가는 길**"이 있으며, 또 미국에서 30년 동안 성소수자 전환치료(ex-gay) 운동에 앞장섰던 Exodus International의 창설자들과 지도자들이 왜, 그리고 어떻게, 자신들의 엄청난 잘못을 고백하게 되었는지를 보여주는 다큐멘터리 "**Pray Away**"는 매우 탁월한 작품입니다.
- 한국기독교연구소의 자매출판사인 무지개신학연구소는 성소수자들을 위한 **<무지개신학 시리즈>**를 계속 간행하고 있습니다.

개정증보판 서문

1959년에 나는 신학교를 갓 졸업한 상태에서 박사학위 과정을 네덜란드에서 하기 위해 준비 중이었다. 나는 내가 속한 노회에 안수를 요청했는데, 해외에서 목회할 기회가 생기면 다시 네브래스카로 돌아와 안수를 받지 않고도 그 부름을 받아들일 수 있도록 하기 위해서였다. 그래서 네브래스카 시티 노회는 나를 "순회 복음전도자"로 안수해 주었다.

실제로 나는 네덜란드 개혁교회에 속한 영어회중 교회를 조직하는 목회자로 일했다. 그러나 2006년 3월에 이 책을 처음 출판한 후, 나는 "순회 복음전도자"로서의 소명에 내가 정말로 들어섰다고 느낀다. 친구와 협력자들이 이 책에 대해 듣기 시작했고 자신들의 교회, 지역공동체, 전국의 대학들에서 와서 강연하도록 나를 초청했다. 해안을 따라 한 게이 레즈비언 서점과 몇몇 교회로의 짧은 여정으로 시작했던 것이 결국 2년 중 대부분을 차지하게 된 전국적인 북 투어 book tour로 바뀌었다.

이 북 투어는 내 인생에서 가장 놀라운 경험들 중의 하나가 되었다. 그 2년 동안, 나는 22개 주에서 142번의 행사에 참석해 강연을 했다. 서부해안과 북동부의 많은 진보적 교회에서 초청받아 강연을 했다. 그러나 나는 또한 우리나라의 가장 보수적인 지역들 중 몇 곳에도 갔다—조지아, 노스캐롤라이나, 사우스캐롤라이나, 테네시, 텍사스, 루이지애나, 아이오와, 네브래스카, 캔자스, 그리고 미주리 등

등. 보통 이런 주들에서 나를 초청한 목사는 강연 전에 나를 한쪽으로 불러서 설명했다. "실망하지 않으시길 바라지만, 오늘밤 아주 많은 사람들이 올 거라곤 생각하지 않습니다. 사람들은 이 주제에 대해 아직 이야기할 준비가 되어 있지 않거든요." 그러나 우리가 행사장에 도착하면 그 지역 곳곳에서 온 많은 열정적인 사람들을 발견하곤 했다. 이것은 사람들이 이 문제에 관해 이야기하고 또한 깊이 이해하고 싶어 하는 열망을 보여주는 것이었다.

나는 강연에 초대해준 지역 조직들의 용기와 공감에 감동을 받았다. 2007년 가을, 나는 미주리 주 스프링필드의 드러리대학교에서 강연하도록 되어 있었다. 나는 스프링필드가 꽤 보수적인 도시라고 들었다. 행사에 앞서 지역 초청자들과의 저녁 식사 때, 나는 그 대학교의 동성애자/이성애자 동맹인 "앨라이스Allies"의 부회장이며 탁월한 학생 조직책인 졸리 케이브를 만났다. 졸리는 그 단체가 행사 바로 전날 내 강연을 광고하는 전단지 5백 장을 캠퍼스에 붙였는데, 다음날에는 그 전단지들 대부분이 찢겨져서 쓰레기통에 버려져 있었다고 했다. "앨라이스"는 또 다른 전단지를 만들어서 대응했다. 그 위에는 다음과 같이 적혀 있었다. "우리는 침묵하지 않을 것이다. 장롱은 옷을 위한 것이고, 쓰레기통은 무지를 위한 것이다."(역자주—동성애자들에게 장롱에 숨지 말고 나오라고 말하는 것임). 그들은 이 전단지를 자신들이 쓰레기통에서 꺼낸 구겨진 전단지들과 함께 캠퍼스 주변에 붙였다.

드러리대학교 행사가 열린 날은 마르틴 루터 킹 주니어 목사가 설교했었던 역사적인 침례교회에서 전국적인 커밍아웃이 열린 날이었다. 그래서 대학 교목인 피터 브라운닝 목사는 아마 서른 명 정도 참석할 거라고 예상했다. 나는 저자 싸인book signing을 하기 위해 일

찍 도착했고, 그 강연장이 빠른 속도로 채워지는 것을 보았다. 조직원들은 접이식 의자들을 추가하기 위해 이리저리 바삐 움직였다. 그 행사가 시작될 즈음 약 125명의 사람들이 강연장을 채웠는데, 모든 좌석과 성가대석이 다 차고 몇몇은 뒤에 서 있거나 통로에 앉았다. 분위기는 전기에 감전된 듯 했다. 교목인 피터 목사가 "앨라이스" 회원들을 소개하고 이 행사를 계획하면서 그들이 보여준 용기와 결정을 설명했을 때 기립박수가 터져 나왔다. 거기서부터 에너지가 분출하기 시작했다. 학생들은 나의 말과 연결된 듯 했고, 후에 그들은 사려 깊은 질문들을 통해 어떻게 그들의 신앙이 자신들을 사회정의로 향하게 했는지에 대한 깊은 이해를 보여주었다. 이 학생들의 용기와 참여는 나로 하여금 교회의 미래가 선한 손에 놓여 있음을 깨닫게 했다.

강연 후에 나는 그리스도께 헌신한 특별하고 신앙적인 사람들을 만났다. 나는 그들의 이야기를 들었고, 그 이야기들은 나를 감동시켰다. 나는 지금 네덜란드에서 목회를 시작한 후로 한 번도 가져보지 못했던 종류의 목회사역을 하고 있다. 이 사역은 세 가지 측면을 가지고 있다. 첫째로, 그것은 끔찍하게 고통받아온 사람들에게 위로와 용기를 주는 사역이다. 둘째로, 그것은 결혼과 가족생활을 지지하는 사역이다. 셋째로, 그리고 다른 목적들과 얽혀서, 그것은 사람들을 그리스도와 교회로 오게 하는 복음전도 사역이다.

위로와 용기의 사역

거의 모든 행사에서 내 강연 뒤엔 질의응답과 북 싸인회가 따라온다. 보통 내가 탁자에 앉아 책에 서명을 하는 동안, 사람들은 내게 아주 가까이 허리를 굽히고 자신들의 이야기를 한다. 사람들의 이야기를 들으면서, 나는 교회의 동성애자 배제정책이 초래한 엄청난 고통을 훨씬 깊은 차원에서 이해하게 되었다.

2006년 4월, 캘리포니아 주 버클리에 있는 세인트 존스 장로교회에서 북 싸인회를 하고 있을 때, 한 노부인이 내게 책에 싸인을 해달라고 부탁하기 위해 줄에 서 있었다. 그녀는 정확히 당신이 이웃으로 원하는 그런 사람—친절하고 온화하며 부드러운 톤으로 말하는 사람이었다. 그녀는 내게 자기 가족에 대해 이야기했다. 그녀에게는 다섯 명의 딸이 있었다. 셋째 딸이 레즈비언이었는데, 그녀는 하나님이 자기를 사랑하시지 않는다고 너무 깊이 확신한 나머지 자살을 했다. 나는 이 여인을 붙잡고 같이 펑펑 울고만 싶었다.

노스캐롤라이나 주에서는 한 노인이 자기 아들이 두 번 권총 자살을 시도했는데 심장을 비껴갔기 때문에 살았다고 말했다. 그 아들은 지금 성공한 사업가로 파트너와 살고 있다. 그는 모어 라이트 장로교회의 장로로 안수를 받았다. 이 아버지는 자기와 자기 아내는 늘 아무런 조건 없이 아들을 사랑했지만 교회는 그렇지 않았다고 말했다. 그는 나에게 그의 아들 장로 안수식 때 그들이 아들에게 손을 얹은 것이 얼마나 전율을 일으키는 일이었는지를 이야기했다.

북 투어에서, 나는 누군가 그들이 게이라는 걸 알았기 때문에 그들의 직업을 잃게 된 똑똑한 교회 지도자들과 직업적 지도자들을 만났다. 나는 십 년, 이십 년, 심지어 사십 년 동안 함께 산 커플을 만났는데, 그들은 애들을 키우며 아플 때건 건강할 때건 서로를 돌보았으나 교회와 47개 주에서 (이 책이 집필된 때를 기준으로) 동성 간 결혼이 금지되어 있다. 나는 지방에 있는 몇몇 가장 보수적인 대학과 신학교에서 뛰어난 학생들이었으나 나중에 그들이 LGBT(레즈비언, 게이, 양성애자, 또는 성전환자)라는 것이 밝혀졌을 때 사람들로부터 소외된 신실한 크리스천들을 만났다.

2008년 여름에, 나는 "관심을 기울이는 복음주의자들의 서해안 컨퍼런스"에서 약 200여 명의 LGBT 복음주의 크리스천들과 이야기를 나누었는데, 그 단체는 뉴욕의 심리치료사이자 게이이며 복음주의 크리스천인 랄프 블레어Ralph Blair 박사가 설립했다. 블레어 박사는 보수적인 크리스천이면서 또한 스스로 게이인 것을 알게 된 사람들의 욕구를 충족시키기 위해 이 단체를 설립했다. 그 컨퍼런스에서 나는 내가 풀러신학교에서 가르칠 때 학생이었던 세 사람을 다시 만나게 되었다. 나는 그 세 사람이 게이였던 것을 몰랐다. 그 세 사람은 각각 나와 본질적으로 같은 이야기를 나누었다. 즉 마침내 그들이 게이라는 것을 인정했을 때, 전에 그들을 사랑하고 칭찬했던 사람들이 그들을 거부하고 그들이 교회 리더십에 참여하는 것을 거절했다는 것이다.

이 사람들은 모두 소위 "엑스-게이ex-gay" 모임이나 치료에 참석했었다. 그들의 교회 지도자들은 그들에게 성경이 동성애를 정죄하고 있으며 그들의 구원은 위기에 처했다고 말했다. 그래서 그들은 자기들의 성적 지향sexual orientation을 바꾸도록 돕겠다고 약속하는 기관들로 향했다. 한 사람은 3년을 노력했다. 또 한 사람은 "엑스-게이" 모임에 10년을 머물렀다. 그들은 각자 기도, 치료, 자기혐오에 어마어마한 시간을 썼다. 그러나 그들 모두 결국 깨닫게 된 것은 그들이 택한 것도 아니고, 얼마나 열심히 노력했는지에 상관없이 그들은 자신의 성적 지향을 바꿀 수 없었다는 것이다. 이 세 사람이 마침내 자신의 성적 지향을 받아들였을 때, 그들은 의미 있는 관계와 개인적 안정을 찾을 수 있었고, 건강한 가족생활을 시작할 수 있었다.

북 투어는 나로 하여금 교회의 부당한 정책들 때문에 초래된 엄청난 고통을 직접 보게 했다. 이 모든 고통은 전적으로 불필요하고 막을 수 있는 것이다. 내가 이 책에서 보여주는 것처럼 (또한 셀 수 없이 많은 다른 신학자들이 그들의 글에서 보여준 대로), 성경은 제대로 이해한다면, LGBT인 사람들을 정죄하지 않으며, 신앙적인 동성관계를 금지하지도 않는다. LGBT인 사람들의 결혼과 교회의 직분 안수를 반대하는 교회의 역사적인 금지 정책들은 시대착오적인 일이다—마치 다른 인종간의 결혼을 반대하거나 흑인들, 여성, 또는 이혼하고 재혼한 사람들의 직분 안수를 반대했던 교회의 과거 정책들과 같다. 진실로, 우리의 신앙은 우리에게 정의를 실천하고, 환대를 제공하고, 하나님의 모든 백성들을 향한 평등을 흔쾌히 받아들이도록 촉구한다.

결혼과 가족생활을 지지하는 사역

LGBT인 사람들을 지지하는 것은 또한 가족들을 유지시키는 것에 대한 것이다. 내게 가장 인상적인 것들 중 하나는 내가 만난 동성커플에 의해 유지되는 가족의 숫자이다. 2000년 미국 인구조사에 따르면, 동성커플로 이루어진 가구 숫자는 594,391에 달했다.[1] 다른 기관들에 의한 연구는 실제 숫자가 더 높을 수 있다고 말한다. "워싱턴 DC의 어번 인스티튜트의 2004년 분석에 따르면, 동성 가구에 대한 인구조사 숫자는 25% 적게 나온 것일 수 있다고 추정했다."[2]

---

1) Tavia Simmons and Martin O'Connell, "결혼 커플과 결혼하지 않은 파트너 가구들: 2000," 인구조사 2000 특별보고서, 미국 상업 경제와 통계 행정부, 미국 인구조사국, 2월 2000 http://www.census.gov/prod/2003pubs/censr-5. http://www.census.gov/prod/2003pubs/censr-5.pdf에서.

2) Gary J. Gates and Jason Ost, *The Gay and Lesbian Atlas* (Washington, DC:

사람들이 하나님께서 자신을 사랑하신다는 것을 알고, 자기의 있는 그대로의 모습을 하나님으로부터의 선물로 받아들일 수 있을 때, 그것은 놀랍게도 가족들을 위한 치유가 될 수 있다. 나는 켄터키 주 루이즈빌에 머물며 전국 장로교 여성들의 모임에서 연설을 한 적이 있다. 연설이 끝난 후, 한 흑인 노부인이 강당에서 나를 멈춰 세웠다. 그녀는 내게 책에 싸인을 해주기를 부탁했고, 그녀는 서점까지 걸어 내려갈 필요가 없어졌다. 나는 의자 두 개를 펼쳐놓았고 우리는 잠깐 같이 앉아 있을 수 있었다. "이 책은 내게 적합한 책이에요." 그녀는 내게 책을 건네면서 말했다. "왜 그런데요?" 하고 나는 물었다. 그녀는 잠시 침묵한 후 말했다. "나는 내 아들이 아주 걱정스러웠어요. 그는 너무 혼란스럽고 난폭해 보였거든요. 그는 자신의 있는 그대로를 받아들였고 그의 파트너와 2년간 정착한 후로 이제는 행복해요. 그의 파트너는 내게 또 한 명의 아들과 같아요."

텍사스 주 포트워스에서, 나는 아주 행동이 바른 네 살짜리 소년과 그의 두 아빠를 만났다. 한 아빠는 집에 머물면서 아이를 키우기 위해 변호사 일을 포기했고, 다른 아빠는 엔지니어로 일하고 있었다. 주일 예배 후 점심을 같이 하며, 나는 집에 머무르는 아빠로부터 그와 그의 파트너가 휴스턴의 한 교회에서 십 년 동안 활동적인 교인이었다는 말을 들었다. 목사들은 그들이 게이인 것을 알고 있었고 모든 것이 괜찮아 보였다. 그리고 실제로 그랬다. 그들이 교회에 그들의 아들(대리모를 통해 얻은)에게 세례를 부탁할 때까지는 괜찮았다. 목사들은 거절했다. 그들은 "제발 이 문제를 당회에서 결정해주시겠습니까?"라고 부탁했다. 한 부목사가 "안 됩니다. 이 교회에서

The Urban Institute, 2004), 13, Timothy Palmer and Rev. Debra W Haffner, *A Time to Seek: Study Guide on Sexual and Gender Diversity* (New York: The Religious Institute on Sexual Morality, Justice and Healing, 2007), 20.

그런 일은 절대 이루어지지 않을 겁니다."라고 그들에게 통보했다.[3]

결국 그 엔지니어의 일 때문에 그 가족은 포트워스로 이사를 했고, 거기서 새 교회를 찾았다. 그 커플은 지금 성 스데반 장로교회에서 매우 환영받고 있으며, 그들의 아들은 거기서 세례를 받았다. 그날 밤 나는 내 아내 섀론에게 전화를 해서 이 가족과 그들이 겪었던 일에 대해 이야기했다. 아내는 바로 그날 파사대나 장로교회에서, 목사들 중의 한 명인 바바라 앤더슨이 교회의 한 레즈비언 커플의 두 아이에게 세례를 주었는데, 그 커플의 가족들이 참석했고 교인들은 그들을 사랑으로 맞아 모두가 한 가족인 것처럼 느꼈다고 말했다. 그 세례식에 왔던 한 커플은 후에 그 교회의 교인이 되는 것에 대해 문의했다.

포트워스의 성 스데반 교회와 파사대나 장로교회 같은 교회들과 내가 방문했던 많은 다른 교회들은 나에게 희망을 준다. 우리의 교회들과 나라가 변하고 있는 중이다. 내가 간 모든 곳에서 나는, 예수께서 그러셨던 것처럼 진심으로 그리스도의 사랑을 구현하고 자유롭게 모든 종류의 사람들을 포용하는 목사들과 장로들과 교인들을 만난다.

나는 대부분의 교인들이 모든 사람을 동등하게 대해야 한다고 확신하는 것을 직접 보았다. 그들은 단지 그들이 성경에 대해 들었던 부정확한 것들에 대항하기 위해 필요한 정보와 지지를 늘 갖지는 못했었던 것뿐이다.

---

3) 그 문제를 당회에서 결정하지 않은 것은 미국 장로교의 교회법 아래서 목회자들의 의무를 위반한 것이다(*Book of Order,* Directory for Worship W.2.3011 and W.2.3012).

복음 전도 사역

하나님 덕분에, 나의 북 투어는 또한 복음 전도 사역으로 바뀌었다. 한 보수적인 대형교회에서 강연을 마친 후, 한 아시안 여성과 그녀의 남자 친구—둘 다 이십대 중반이었다—가 내게로 다가왔다. 그 젊은 여성은 "저는 게이들을 향한 교회의 증오에 찬 태도 때문에 제 삶을 그리스도께 드릴 수 없었어요."라고 말했다. 그녀는 남자 친구를 향해 몸짓을 해보이며, "그것이 우리 사이에 문제였어요."라고 말했다. 나는 "당신은 당신의 삶을 그리스도께 드려도 됩니다. 어떤 특정 교회가 그러든 안 그러든, 예수님은 게이와 레즈비언을 받아주십니다."라고 대답했다. 그녀는 잠시 생각에 잠긴 듯싶더니 곧 눈에 띄게 안도하며 미소를 지었다. 나는 그녀의 남자 친구가 기쁨으로 얼굴을 빛냈던 바로 그 순간에 그녀가 자신의 삶을 그리스도께 드렸다고 믿는다.

이 책이 나온 직후, 장로교 총회에서 나는 친구이자 나의 학생이었던 전문적인 기금 모금자fund raiser와 이야기를 나누었다. 그녀는 캘리포니아 주 레드랜즈에 있는 그녀의 집 근처에 있는 아주 작은 교회의 평신도 목회자 일도 맡고 있었다. 그녀는 자기 교회의 한 성도가 내 책을 가져가 직장의 게이 친구에게 주었다고 말했다. 그 남자는 내 책을 읽고 난 후, "이 책은 정말로 내 인생을 바꾸어 주었습니다. 나는 평생, 하나님이 나를 싫어하신다고 생각했었습니다. 그러나 이 책은 나에게 예수님이 나를 사랑하신다고 말하고 있습니다."라고 말한 후, 이어서 "내가 목사님 교회에 가도 괜찮을까요?"라고 했다. "물론이죠!"가 대답이었다.

전국을 돌며 다양한 청중에게 강연하면서 가장 감동적인 측면의 하나는 내가 그들에게 예수님이 그들을 사랑하신다고 말할 때 사람들의 얼굴에 나타나는 반응을 보는 것이다. 그런 반응은 분명히 드러난다. 예수님은 당신을 사랑한다. 이것이 기독교의 기본 메시지다. 그러나 동성애에 대해 온통 미움으로 가득 찬 논쟁이 오가는 중에, 그리스도의 구원사역의 중심 메시지는 흔히 사라지고 만다. 내가 사람들에게 예수께서 그들을 사랑하신다고 상기시킬 때, 그들은 다시 신앙에 연결되고, 나는 그들의 눈에서 반짝이는 빛을 볼 수 있다.

다음의 이야기는 내가 이 북 투어 동안 경험했던 특별한 경험들을 요약해 보여준다. 나는 버지니아 주 리치몬드에서 한 성인 교회학교반을 가르치고 있었다. 토론 시간에, 옷을 잘 차려입은 한 중년 여성이 수줍은 듯 손을 들었다. 그녀는 질문을 하기 전에 자기 이야기를 해도 되는지 물었다. 그녀는 자신이 심리치료사이자 레즈비언으로 자기의 파트너와 21년을 함께 살았다고 설명했다. 그녀는 다른 교단에서 성장했으나 오래 전에 교회 출석을 그만두었다. 그녀의 파트너는 엄격한 남침례교 가정에서 자랐고 마찬가지로 신앙에서 멀어졌다.

이 커플은 더 평화롭고 조용한 곳을 찾아 도심의 리치몬드에서 벗어나 시골로 이사하기로 결정했다. 그들의 가장 가까운 이웃은 작은 시골 교회를 담당하고 있는 젊은 남침례교 목사였다. 좋은 이웃이 그렇듯, 이 목사님은 그들을 방문했다. 그는 이들을 그냥 알고 싶어 했다. 그리고 시간이 흐르면서, 이들은 친구가 되었다.

우리가 누군가를 정말로 알게 되면 변화시키는 어떤 일이 일어난다. 우리는 우리의 범주와 선입견을 내려놓는다. 베드로와 바울과 바나바는 선교현장에서 이방인들과의 사역에서 그것을 깨달았다(제5장, 사도행전 15장에 대한 나의 논의를 참조하라). 그리고 이 젊은 남침례교 목사는 버지니아 주 시골에서 그것을 알았다. 그는 이 레즈비언 커플이 그들의 있는 그대로의 모습으로 아무런 문제가 없다는 것을 깨닫게 되었다. 그들은 그들의 성적 지향을 바꿀 필요가 없었다. 역으로, 그들은 그 목사님의 복음에 관심을 가지게 되었다. 결과적으로 이 여자는 세례받기를 청했고, 그녀와 그 파트너는 그 작은 교회에 성도가 되었다. 그녀는 크리스천이 된 지 일 년이 되었다. 이것이 복음전도이다. 예수께서 그러셨던 것처럼, 모든 사람들을 하나님의 자녀로 받아들이는 일은 우리에게 복음의 기쁜 소식을 나눌 기회를 제공한다.

복음을 서로 나누기

이 책이 성공을 거둔 것은 상당부분 이 책의 메시지와 나를 지지해준 많은 헌신적인 크리스천들 덕분이다. 이 북 투어를 시작하기 전에, 우리 교회의 협동 목사님들인 마크 스마트니와 바바라 앤더슨은 이 책을 사람들에게 알리는 것을 돕기 위한 기금 마련 모임을 준비했다. 그 행사에서 바바라 목사는 "이것은 생명을 구하는 일에 대한 것입니다. 사람들에게 이 책에 대해 전하는 것은 생명을 구하는 일을 도울 겁니다."라고 말했다.

이제 나는 나의 개인적인 경험을 통해 바바라 목사가 말했던 것이 사실이라는 것을 안다. 예수님은 사람들을 있는 그대로의 모습으로 사랑하신다는 복음을 서로 나누는 일은 가족을 재결합시키고, 사람들을 예수님과 교회와의 관계로 돌아오게 한다. 이런 사역에 참여하는 것은 일종의 특권이다. 나의 삶은 내가 이 여정의 과정에서 만났던 사람들에 의해 영원히 변화되었다.

나는 이 책의 개정증보판을 낼 수 있는 기회를 갖게 된 것에 진심으로 감사한다. 지난 2년 동안 미국 장로교회는 모든 교인들의 평등을 향한 몇 가지 중요한 진전을 이루었다. 나는 이 새로운 발전을 반영하기 위해 7장에 새로운 내용을 수정하여 덧붙였다. 8장은 완전히 새로운 내용으로서 세 개의 성경 이야기를 탐구하는데, 예수님의 가르침이 어떻게 신앙을 가진 모든 이들을 향한 하나님의 놀라운 환영하심을 분명히 드러내는지를 보여준다. 나는 또한 지난 40년 동안 미국 전역의 여러 교단들에서 LGBT인 사람들의 평등을 위해 뚜렷한 진보의 발자취를 남긴 과정들을 부록으로 첨부했다.

잭 로저스

2008년 9월 28일

초판 서문

나는 왜 이 일을 하고 있는가? 나는 게이가 아니다. 내 가족 중에도 게이는 없다. 그래서 나는 그렇게 오랫동안 옆에 비켜서 있을 수 있었다. 동성애 문제는 개인적으로 나를 전혀 건드리지 않았다.

나는 그리스도의 교회에 깊이 관심을 갖고 있는 크리스천이다. 교회는 동성애자들이 온전한 권리의 교회 멤버십을 가질 수 있느냐에 대한 논쟁에 의해 갈라져 있다.[1] 내가 속한 장로교회뿐 아니라 이

---

1) "동성애homosexual"라는 단어가 영어로 처음 사용된 것으로 알려진 때는 1892년이고, Krafft-Ebing의 *Psychopathia sexualis* 3:225의 C. G. Chaddock의 번역본이었다. 동성애라는 단어의 사용이 심리학과 관련된 의학적인 상황에서 시작되었지만, 내가 이 책에서 보여주는 대로 현대과학은 그런 연결을 찾지 않는다. 이 책을 끝내고 나서, 나는 양성애자들과 성전환자들이 자신들을 "동성애"라는 말로 인정하지 않는다는 것을 알게 되었다. LGBT 공동체에 속한 이들에게는 필수적인 언어적 구별을 우리가 아직 이해하지도 구체화하지도 못하고 있다는 것은 나의 사회적 위치의 문제이고 내가 이야기하고 있는 청중들의 문제이기도 하다. 나열된 인간의 젠더gender 표현을 구체화하는 실제 사람들을 묘사하는 정확한 단어를 찾아내는 것은 어려운 일이다. 정체성을 표현하는 단어들을 "유색인"에서 "깜둥이negro"로 "흑인black"으로 "아프리카계 미국인"으로 바꾸는 동안 우리는 시민권 투쟁에서 용어 변경의 중요성을 배웠다. 나는 에모리대학교의 종교학 교수이며 게이인 마크 D. 조단의 최근 연구서 『동성결합 승인: 퀴어 낭만의 위험과 기독교 결혼의 혼동』(Chicago: University of Chicago Press, 2005), 20에서 도움을 받았는데, 그는 이 책에서 일반화의 적절한 단어를 찾으려고 애쓰고 있다. 그는 대부분의 LGBT 사람들과 많은 학문분야의 사람들이 하는 대로, "퀴어queer"를 택하고 있다. "퀴어"가 LGBT 공동체 내에서는 힘을 실어주는 상징이 되었지만, 나는 그 단어를 사용하지 않는다, 왜냐하면 내가 대상으로 하는 이성애 공동체에서,

나라의 모든 교단들이 나뉘어 있다.

미국 또한 이 논쟁으로 인해 분열되어 있다. 레즈비언, 게이, 양성애자, 그리고 성전환자—LGBT—인 사람들에 대한 태도는 우리를 붉는 주와 파란 주로, 시골 대 도심지역으로, 중앙지대 대 해안지대로 나누는 요인들 가운데 하나다. 이 문제에 어떻게 반응할지를 택하는 것이 한 나라로서 우리가 누가 될 것인지에 대한 시금석이 되었다.

이 문제는 우리 시대에 사람들의 입장을 결정적으로 가르는 문제다. 어떤 이들에게 이것은 우리 사회에 질서를 주었던 전통과 관습을 유지하는 문제다. 어떤 이들에게는 이것이 정의의 문제, 즉 모든 사람이 법아래 평등한 권리를 가질 자격이 있어야 한다는 정의의 문제이다. 나에게 이것은 도덕적이며 영적 문제이다. 어떻게 교회가 예수 그리스도의 최고 이상에 맞게 살 수 있을까? 어떻게 우리가 가장 신실하게 성경의 중심원리에 따라 행할 수 있을까? 어떻게 우리

"퀴어"는 여전히 경멸적으로 들리기 때문이다.

이 책은 모든 LGBT 사람들을 교회와 사회로 온전히 포함하는 것을 지지하기 위한 것이다. 내가 "동성애"라는 단어를 사용할 때, 나는 언론에서 그리고 교회 문서들에서 사용되는 대로, 자신들을 이성애자로 생각하는 대다수 일반인들에 속하지 않는 것으로 자신의 정체성을 정의하는 사람들에 대한 일반적인 말로서 뜻하는 것이다. 사실, 나는 모든 사람들이 이성애자이고 다른 방식으로 성적 지향을 표현하는 사람들은 자신들의 본성에 반대하여 행동하는 것이라고 생각하는 교회 문화의 사람들을 대상으로 하고 있다. 이것이 내가 고치려고 하는 신화이다.

나는 몇 년 내로 이성애자 공동체에 속한 사람들이, 나를 포함해서 LGBT 공동체의 현실을 묘사하는 데 더 능숙해지기를 기대한다. 오래 전에, 나는 "사람man"이 여성을 포함하지 않는 단어라는 것을 알았다. 나는 앞으로 LGBT 공동체 안의 적절한 단어들을 헤아리게 되기를 바란다. 나의 소망은 이 책이 대다수 사람들과 다른 성적 지향을 가진 사람들을 표현하는 단어들에 달려 있는 경멸적 암시들을 걷어내는 데 도움이 됐으면 하는 것이다. 모든 사람이 하나님에 의해 창조되었고 그들이 창조된 대로 받아들여질 수 있다고 인정되는 시대가 올 것이다.

가 가장 정직하고 공평하게 하나님의 사랑을 모든 사람들과 나눌 수 있을까?

나는 나의 아내 섀론과 내가 예배드리는 지역교회에서 이 문제를 처음 다루었다. 그 때 이후로 나는 내가 학자로서 훈련받았던 것들을 사용해서 이 문제를 연구했다. 나는 성경학을 전공하지는 않았지만 동성애자들에 관한 것으로 가장 흔히 인용되는 성경본문들과 씨름했다. 나는 교회사를 전공하지는 않았지만 우리가 교회 안에서 다른 매우 중요한 문제들에 어떻게 대처해왔는지에 대한 역사를 철저히 조사했다. 나는 신학자이고 교리(교회의 믿음 조항들)의 역사가, 특히 교회 신조들과 신앙고백들의 역사가이다. 교회의 중심된 전통으로부터 안내를 구하며, 나는 교회의 이런 기본 서적들을 새롭게 찾아보았다.

나는 목사이며 선생이고, 2001년 미국 장로교의 213번째 총회장으로 선출되는 영예를 누렸다. 총회장은 1년 임기의 일종의 명예회장이다.[2] 나는 총회장으로서, 미국 전역과 몇몇 나라를 여행하는 특권을 누렸다. 나는 교인수가 열다섯 명인 교회에서도, 또한 교인수가 4500명인 교회에서도 사람들을 만났다.

나는 LGBT인 사람들이 교회와 사회에서 동등한 권리를 가져야 하는지에 대한 문제에 관해 모든 종류의 의견을 들었다. 나는 얼굴이 빨개질 정도로 화가 나서 내게 소리치는 사람들도 만났다. 나는 거부당했다고 느껴서 우는 사람들도 만났다. 나는 논쟁에 휘말리기를 원치 않는 사람들도 만났다. 나는 이 야단법석이 무엇 때문인지 전혀 이해하지 못하는 사람들도 만났다. 나는 동성애자인 훌륭한 많은 사람들을 알게 됐고, 이제 그들을 나의 친구들이라고 부를 수 있

2) 2004년에 시작되어, 그 기한이 2년으로 연장되었다.

음에 감사한다.

나는 교회가 그리스도의 몸 안에 난 이 큰 상처로부터 치유되기를 바란다. 내가 제일 좋아하는 신학교 교수는 종종 이렇게 말한다. "그리스도께서 둘로 분열되어진다면, 둘 중에 누가 피를 흘리시는가?"[3] 이 문제에 대한 나의 태도는 바뀌었다. 오랫동안 나는 우리가 그저 기다려야 한다고 생각했다. 시간이 이 논쟁을 치유할 것이라고 말이다. 그러나 나는 더 이상 그것을 믿지 않는다. 장로교는 우리나라와 교회가 끝내 둘로 나뉠 때까지 노예제도에 대해 그런 태도를 유지했다.

나는 내 정신과 마음에서 변화를 겪었다. 나는 조용한 관람자에서 변화를 위해 적극적으로 행동하는 쪽으로 나아갔다. 나는 동성애자들에게 교회 교인으로서, 또한 이 나라의 시민으로서 온전한 권리가 주어져야 한다고 믿는다. 나는 이것이 교회와 이 나라에 난 상처를 치유하는 유일한 길이라고 믿는다.

교회 안에서, 우리들 가운데 어떤 무리의 사람들을 부당하게 차별한다면, 우리는 우리의 구세주이며 주권자이신 예수 그리스도의 이상에 따라 사는 게 아니다. 부당하게 행동하는 것은 이 세상에서 그리스도를 향한 우리의 증언을 약화시킨다. 나는 우리의 모든 구성원들이 평등하게 대접받을 때만이 우리가 하나의 거룩하고 온전한 교회를 이루게 될 거라고 믿는다. 그때 비로소 우리는 다함께 복음을 전하고, 예배드리고, 그리고 그리스도의 가르침을 따라 사는 이들의 성실함으로 섬길 수 있을 것이다. 우리가 그 목표에 도달하도록 돕기 위한 것이 내가 이 책을 쓴 이유이다. 나는 내가 나의 발견의 여정과 내 정신과 마음의 변화를 기술하는 동안, 교회를 치유한

3) 애디슨 하디 리치(Addison Hardie Leitch)

다는 목표를 공유한 모든 이들이 나와 함께 하도록 초대한다.

이 책의 각 장들은 내 자신의 여정의 한 걸음씩을 상징한다.

제1장 "처음으로 동성애 연구하기"에서, 나는 어떻게 나의 여정이 레즈비언과 게이들의 지위를 연구하는 내 지역교회의 특별위원회에서 시작되었는지에 대해 썼다. 그 다음에 나는 교회가 이 문제와는 다르지만 마찬가지로 분열을 초래할 정도로 폭발적인 문제들을 어떻게 다루어왔는지에 대해 알고 싶었다.

제2장 "억압을 정당화하기 위한 성경오용의 패턴"에서는 어떻게 지난 200년 동안 지도적인 신학자들이 성경은 아프리카 출신 흑인들을 노예로 삼는 것, 그리고 남성에 대한 여성의 복종을 정당화한다고 설교하고 가르쳐왔는지를 검토했다.[4]

제3장 "성경 해석의 획기적 진전"에서는 1930년대에 시작된 성경해석의 획기적 변화를 제시하고, 그 새로운 성경해석이 아프리카 출신 미국인들의 평등과 여성을 제한시켰던 정형화에서 해방시키는 운동을 뒷받침한 방식에 대해 나는 기쁨을 느낀다.

제4장 "논쟁의 시대에 성경 해석하기"는 1980년대에 미국의 장로교가 어떻게 성경해석을 위한 지침들guidelines을 발전시켰는지에 대한 이야기를 한다. 여기서 나는 7개의 지침들을 다루며, 우리 개혁교회들이 신앙고백에서 그 지침들을 뒷받침한 것을 살펴보고, 게이와 레즈비언들의 삶에 그 지침들을 적용하는 것에 대해 고찰한다.

제5장 "성경이 동성애에 대해 말하는 것과 말하지 않는 것"에서, 나는 동성애적 행동을 정죄하는 것으로 종종 인용되는 성경본문들과 이 본문들에 부과되어 그 의미를 왜곡시키는 이론들을 자세히 검

---

4) 이 장과 다음 장에서, 나는 내가 했던 연구를 소개하고 있고, 그것들 중의 얼마는 전에 출판된 *Reading the Bible and the Confessions: The Presbyterian Way* (Louisville, KY: Geneva Press, 199)에 들어 있다.

토한다.

제6장 “현실의 사람들과 결혼의 현실”은 우리들에게 충실한 게이 레즈비언 크리스천 커플들에 대한 강력한 증거들을 알려주며, 우리들로 하여금 정형화를 넘어설 수 있게 해줄 것이다.

제7장 “장로교회를 위한 건의들”에서, 나는 우리가 배운 것들에 대해 돌아보고 우리를 앞으로 나아가게 할 적절한 행동에 대해 논의한다. 이 장에서 나는 우리의 현재 상황의 잘못된 것들을 바로잡고 교회의 분열을 치유하기 위해 장로교회가 할 수 있는 것들에 대해 건의한다. 나는 이 문제들에 직면한 다른 교단의 사람들이 그들의 환경 안에서의 유사점들에 대해 상기하고 그들이 속한 지역공동체를 치유하기 위해 무엇을 할 것인지를 계획하기 위해 용기를 내기 바란다.

자, 이제 출발합시다.

감사의 글

개정증보판에 붙이는 감사의 글

이 책의 개정증보판은 내 아내 섀론의 변치 않는 사랑과 지지, 내 아들 토비의 편집과 연구 도움, 웨스트민스터 존 녹스 출판사의 편집장 스테파니 에그노토비치의 숙련된 인도가 없었다면 가능하지 못했을 것이다.

이 책에 스터디 가이드를 포함시키자는 생각은 웨스트민스터 존 녹스의 편집 총책임자인 데이비드 돕슨이 처음 제안했다. 그 기획은 데이비드 맥스웰과 출판사의 다른 동료들과의 대화에서 더 진전되었다. 나는 처음부터 이 계획을 놀랍게 지원해준 것에 대해 웨스트민스터 존 녹스 출판사의 전체 편집팀에게 감사한다.

내 북 투어를 도왔던 미국 전역의 셀 수 없이 많은 사람들의 엄청난 대중적인 준비 노력이 없었다면 이 책의 출판소식에 대해 들은 사람은 몇 사람 되지 않았을지도 모른다(따라서 재판도 없었을 것이다!) 나는 행사를 기획하고 소식을 전하기 위해 도왔던 그들의 끊임없는 노력에, 특히 팸 바이어스, 애니트라 킷츠, 트리샤 디커스 코니그, 루 이스트, 제이 맥컬, 캐런 터니, 그리고 마이클 애디에게 감사하고 싶다. 인권 캠페인The Human Rights Campaign 내의 종교와 신앙 프로그램에서 일하는 해리 녹스와 섀론 그로브스는 이 북 투어와 책의 재판을 후원하는 데서 놀라운 역할을 했다.

여름 내내 그리고 가을 초까지, 토비는 이 책의 새 부록에 기여한 전국에 있는 다양한 교단들의 많은 LGBT 옹호 단체들의 지도자들과 인터뷰를 했다. 우리는 특히 다음에 열거되는 사람들과 단체에 감사를 전하고 싶다. 낸시 윌슨 과 신디 러브, 메트로폴리탄 지역 교회들, 키쓰 크론, 유니테리언 보편주의 연합의 양성애, 게이, 레즈비언, 그리고 성전환자 관련 사무소, 켄 페닝스, 세례인들을 환영하고 긍정해주는 연합, 루쓰 가우드, 그리스도 연합교회의 LGBT 관련사항들의 연맹, 마이클 슈네메이어, 그리스도 연합교회의 레즈비언, 게이, 양성애자, 그리고 성전환자들 사역팀, 수잔 러셀과 죤 클린턴 브래들리, 인테그러티 USA(미국 성공회 교회), 에밀리 이스트우드, 북미 루터교회, 애멀리아 백츠, 루터교 특별사역팀, 트로이 플러머와 새라 메건 하우어리, 화해 사역 네트워크(연합감리교회), 밥 바우쳐드와 데이브 퍼거슨, 국제적인 동족관계(제칠일 안식교), 그리고 올린 토마스와 휴고 샐리나스, 긍정하기: 게이와 레즈비언 몰몬들.

헌팅턴 도서관의 연구 담당인 로이 리치는 내가 이 새 수정본을 끝낼 때까지 연구소를 사용하도록 관대하게 허가해 주었다. 신약학자로서 제8장의 초고를 검토해준 제프 사이커와 스터디 가이드에 대해 지혜로운 조언들을 건네준 앨리스와 밥 에반스에게 특별히 감사를 전한다. 나는 컨퍼런스와 교회에서 이 책 재판에 있는 몇몇 사항들에 대해 나와 함께 고민해준 사람들의 통찰력 넘치는 질문들에 감사한다.

나는 이 수정판을 교회들이 그들을 배제시키기 위해 행했던 모든 것들에도 불구하고 하나님에 대한 신앙을 지킨 다수의 레즈비언, 게이, 양성애자, 성전환자들에게 바친다.

2008년 대림절에

초판에 붙이는 감사의 글

나는 이 책을 내 아들 토비 로저스에게 헌정했다. 왜냐하면 그 자신이 작가이고 처음부터 이 프로젝트에 깊이 관여했기 때문이다. 그는 이 책 전체의 이야기들과 논쟁들을 정돈하고 초점 맞추는 일을 도왔다.

나의 아내 섀론 로저스 박사는 특수교육에서의 자신의 중요한 연구와 병행하며 48년 동안 늘 시간을 내서 나를 격려하고 지지해왔다. 나는 그것에 매우 감사한다.

지난 10년간 웨스트민스터 존 녹스WJK 출판사에서 나의 편집을 담당한 스테파니 에그노토비치는 나의 원고가 늦어지는 것을 참아주었고 계속해서 나를 격려해주었다. 나는 그녀의 우정을 귀히 여기며 특히 처음부터 이 프로젝트와 모든 다양한 구체적 과정들에 대해 지지해준 것에 매우 감사한다. 나는 WJK 편집장과 친구 돈 맥킴의 의견들에 의해 추가적으로 도움을 받았다.

캘리포니아 주 샌 마리노에 있는 헌팅턴 도서관은 내게 가장 도움이 되는 연구들과 작업 환경을 제공해 주었다. 문이 있는 사무실과 비교할 수 없는 역사적 문학적 연구들의 보고에 접근하게 해주었고, 그 덕에 나는 인종, 여성, 이혼과 이제 동성애에 대한 제도적 변화의 역사를 연구할 수 있었다. 그리고 다른 학자들과 점심을 먹고 수다를 떨고 같이 산책을 할 수 있었던 아름다운 정원.

딘 톰슨은 매우 너그럽게도 내가 내 이야기를 하는 동안 그의 이야기의 한 부분을 할 수 있도록 허락해 주었다. 나는 이 연구의 초본을 친절하게 읽고 논평해준 많은 이들에게 감사한다. 그들의 많은 통찰력들이 이 책 안에 배어 있다. 그들의 통찰에서 내가 놓친 것이 있다면 그것은 내 잘못이다. 스콧 앤더슨, 팸 바이어스, 개리 데머레스트, 밥 로드워, 빌 패널, 베어 라이드, 멜 화이트, 그리고 존 윌킨슨에게 감사한다. 나는 특히 헌팅턴에서 점심과 산책 친구였던 론 화이트와 폴 졸, 그리고 국제적 관점을 제공해준 헨크 반 드 레스트에게 감사한다. 나중에 좀 더 다듬어진 책을 읽고 논평해준 이들 가운데는 빌 호퍼, 론 오글레스비, 마크 스마트니, 그리고 제5장엔 수잔 하일렌이 있다.

나는 장로교인들의 "언약 네트워크Covenant Network"에 의해 제공된 기회들, 즉 그들의 전국적인 또는 지역적인 컨퍼런스들에서 이 연구의 몇 부분을 발표하는 혜택을 누렸다. 나는 샌프란시스코 신학교의 강의실에서 만난 학생들과 이 문제를 함께 토의한 수많은 교회 사람들과의 상호작용에서 배웠다.

나는 어떤 이들이 나의 결론에 반대하리라는 것을 잘 안다. 나는 동성애에 관한 주제에 대한 논쟁이 한 동안 계속되리라는 것을 인정한다. 나의 진지한 소망은 인종, 여성 그리고 이혼에 대한 분쟁이 그랬던 것처럼, 교회가 마지막에는 모든 멤버들에게 완전한 권리의 멤버십을 허용하고 그렇게 함으로써 모든 사람들이 혜택을 누리고 교회는 치유될 것이라는 것을 알게 되는 것이다.

잭 로저스

2005년, 9월 28일

제1장

처음으로 동성애 연구하기

딘 톰슨Dean Thompson 목사는 하나의 문제에 봉착했다.

그는 캘리포니아 주 파사대나 장로교회의 목사로서 (그는 교인들에게 애정이 많은 사람으로 알려졌었기 때문에) 꽤나 피하고 싶었던 문제에 봉착했다. 1993년 봄, 전에 집사로 선출되었던 한 게이gay 교인이 파사대나 장로교회의 의결기관인 당회로 편지를 보냈다.[1] 그는 당회에게 스터디 프로그램을 시작하고, 연말엔 공식적으로 파사대나 장로교회를 "조금 더 빛이 되는 교회a More Light Church"—게이, 레즈비언, 양성애자, 성전환자들을 교회 직분에 임명하는 교회[2]—로 지정하는 것을 고려해줄 것을 요청했다. 그 게이의 행동에 대해 집사들과 다수의 장로들이 지지했다.[3] 결국, 당회는 목사들 세 명에게 특별위원회를 만들어 전교인들이 게이 레즈비언 문제들을 알

---

1) 장로교회의 당회는 교회 의결기관으로서 선출된 장로들과 목사들로 구성된다.

2) More Light Church는 자격이 되는 레즈비언, 게이, 양성애자, 성전환자들을 선출해 교회직분을 수여하는 장로교회의 명칭이다. 장로교단은 이것에 반대한다. 다른 교단들도 다른 이름으로 비슷한 운동을 하고 있다.

3) 장로교 조직에서 집사들은 봉사사역에 임명된다. 그들은 통치 또는 다른 사역 기능을 가지지 않는다. 장로들은 통치 사역과 목사들과 협력하여, 일반적인 영적 통찰에 임명된 교인들이다.

게 하는 교육 프로그램을 신설하도록 요청했다.

딘 목사는 서부 버지니아에서 성장했으며, 버지니아 주 리치몬드에 있는 유니온 신학교에서 목회학 석사과정M. Div과 미국 교회사로 박사학위를 취득했다. 그는 캘리포니아 주 파사대나 장로교회의 초빙을 수락하기 전에, 웨스트버지니아 주와 텍사스 주 오스틴에서 목회했다. 온유하고 겸손한 그는 교회를 사랑하고 개혁주의 전통에 근거한 성경적인 설교를 하는 것으로 유명했다.

파사대나 장로교회는 그 도시보다 더 오래되었다. 그 교회는 위대한 설교자들의 긴 역사를 가지고 있었다. 그 교회는 흑인 민권운동 때 그 지역에서 선도적인 목소리를 냈었다.

지금 딘 목사는 유리한 입장이 아니다. 만약 특별위원회가 "조금 더 빛이 되는 교회"가 되는 쪽으로 추천하면, 몇몇 보수적인 가정들이 교회를 떠날 것이 분명했다. 만약 특별위원회가 "좀 더 빛이 되는 교회"가 되는 것에 반대하는 쪽으로 추천하면, 게이와 레즈비언들에게 평등한 권리를 줄 것을 지지했던 교인들과 스스로 게이임을 공언한 교인들과 그 가족들이 소외감을 느끼고 교회를 떠날 가능성이 높다. 딘 목사는 자신에 대한 신뢰에 걸맞게, 다양한 사람들과 의견들을 넓게 대표하는 혼합된 특별위원회를 모이게 했다.

딘 목사는 내가 게이와 레즈비언의 직분 안수에 반대하는 것을 알고 있었다. 그는 내게 특별위원회의 멤버가 되어주기를 요청했다.

나는 거절했다.

나는 완벽한 이유를 가졌다고 생각했다. 비록 내가 파사대나 장로교회에서 규칙적으로 예배를 드렸지만, 안수 받은 장로교 목사로서 나의 멤버십은 지역교회가 아니라 노회에 속해 있었다.

그러자 딘 목사는 그의 요청을 개인적인 수준으로 맞추었다. "당신이 나의 친구라면, 일을 맡아주겠지요." 나는 아마도 거절할 여러 이유를 가졌겠지만, 그 모두 다 게이와 레즈비언들을 교회직분에 임명하는 문제를 연구하는 일에 개입하고 싶지 않다는 것으로 귀결되었다. 그것은 내가 떠맡고 싶은 문제가 아니었다. 마지못해, 나는 딘 목사의 요청을 수락했고 해보기로 동의했다.

교회 직원인 세 명의 목사들이 15명으로 된 특별위원회를 구성했는데, 그 15명은 전체 의견을 대표했다. 그 중엔 특별위원회를 요청했던 게이도 있었고, 그 교회에서 성장한 젊은 레즈비언 딸을 둔 엄마도 있었다. 특별위원회의 한 보수적인 커플은 우리가 그들이 생각하기에 오직 성경적인 관점이라는 것 이상을 검토하기 시작하자 교회를 떠났다. 은퇴한 어느 선교사는 특별위원회에서 자신이 교회 정문에 서서 레즈비언 전도사인 제니 스팰이 교회 건물에 들어서는 것을 막겠다고 말했다.

거의 일 년 후에 특별위원회는 파사대나 교회에 12주짜리 성인용 교육 프로그램을 제시했다. 100명 이상의 사람들이 매 수업에 참석했다. 우리는 3회를 성경해석에 썼고, 3회를 심리적 사회학적 관점에 썼다. 우리는 웨스트 헐리우드 장로교회의 게이 레즈비언 멤버들로부터 그들 자신의 이야기를 들었고, 가족들의 각기 다른 반응들을 비디오로 보았다. 우리는 1회를 아이들이 최고로 관심 있어 하는 것이 무엇인지 토론하는 데 활용했다. 우리는 성적 지향이나 행동은 바뀔 수 있다고 말하는 사람들의 이야기도 들었다. 우리는 우리 교단의 행정조직이 어떻게 이 문제에 영향을 끼치는지도 연구했다. 그리고 마지막 모임은 의견들의 균형을 맞추기 위해, 두 명의 서로 반대 입장을 가진 연설자들로 준비했다. 우리는 모든 관점들로 균형을 맞추고 공정하기 위해 매우 열심히 노력했다.

교육자로서 나는 이 커리큘럼이 매우 좋다고 생각했지만 그 연구결과는 복합적이었다. 교회는 전체적으로 이 문제에 대해 좀 더 편안해진 듯 보였다.[4] 당회는 "조금 더 빛이 되는 교회가" 되기 위한 투표를 실시하지는 않았다. 그 과정을 시작했던 게이는 실망했고 교회를 떠났다. 그리고 내 생애 처음으로, 나는 이 문제를 본격적으로 연구해야만 했다.

이 기간 동안 나는 나의 개혁주의 신학이나 성경해석 방법을 바꾸지 않았다. 그러나 처음으로 나는 그것들을 동성애 문제에 적용해야했다. 그것은 나를 여러 측면에서 불편하게 만든 여정으로 인도했다. 다른 여러 측면에서 그것은 결국 성장과 만족으로 이어졌다. 나는 나의 이런 경험이 여러분 자신의 여정에서 용기를 주길 바란다.

미국 복음주의 크리스천으로서의 나의 신앙 형성기

내 자신의 인생 경험에서부터 시작하겠다. 1934년, 나의 신앙심 깊은 크리스천 부모님은 건강한 백인 남자 아이를 낳았다. 네브래스카 주에서는 매년 주 박람회 때, 돼지와 소, 애플파이와 식사용 피클뿐만 아니라 우량아를 심사하는 대회가 열렸다. 나의 부모님은 나를 그 대회에 출전시키셨다. 나는 기준이 무엇이었는지 모르지만, "1935년, 네브래스카 주 박람회, 가장 완벽한 남자아이"라고 새겨진 은색 트로피를 갖고 있다. 여러 해가 지난 후 내가 그 트로피를 봤을 때, 그것은 대부분의 미국 남자들이 경험했던 것의 가시적인 확증이었다. 우리는 어떤 무형의 그러나 매우 실제적인 방법으로 우리가 우월하다는 것을 알고 있었다. 나는 나이가 들면서 여자들에게 관심

---

4) 그러나 치러야 할 대가도 있었다. 교회는 적어도 열 명의 교인을 잃었고 그 연구에 불편을 토로했던 교인들로부터 4만 달러의 헌금을 잃었다.

을 가지게 되었고, 잠재의식적으로 나는 나의 개인적인 남성 우월 항목에 또 하나의 항목을 보탰다. 즉 나는 이성애자였다.

1940년대와 1950년대 문화는 그 전형적인 우월성을 강화시켰다. 우리는 농담, 선생님들이 우리에게 말해주는 관습들, 기회들을 통해 남자애가 여자애보다 낫고, 백인들이 다른 유색인들보다 낫고, 이성애자가 정상이며 동성애자는 정상이 아니라고 배웠다.[5]

---

5) 편집자주: 특히 40대 이상의 이성애자들 대부분이 동성애자들에 대한 혐오감과 편견을 갖고 있으면서도 자신이 가해자라는 사실조차 인식하지 못하는 이유는 가부장제 문화 속에서 가정교육과 학교교육을 통해 무의식적으로 뼛속까지 "이성애주의"에 세뇌되어 있기 때문일 것이다. **이성애주의**는 인간을 오직 "남성과 여성이라는 상이한 존재로 나누고, 이 두 존재 사이에는 매우 강력한 본능적인 성적 끌림이 있고, 출산을 통한 종족 보존의 역사적 사명이 있다고 전제 삼는다. 또한 이성애적인 것 외의 모든 것은 비정상적으로 치부하고 혐오하며, 이성애는 동성애보다 우월하다고 믿는다. 가부장제가 강한 사회일수록 이성애주의도 강하다. **이성애주의의 특징**을 다섯 가지로 정리하면 다음과 같다.

첫째, 이 세상 모든 사람들은 이성애자다.
둘째, 이 세상 모든 사람들은 이성애자이어야만 한다.
셋째, 생물학적 성기에 기반한 성역할 강화와 강요.
넷째, 생식 위주의 섹슈얼리티 강화와 강요.
다섯째, 동성애자에 대한 혐오 및 멸시.

이성애주의는 성적 소수자에 대한 편견과 혐오를 조장하고 차별과 학대, 폭력, 멸시 등이 일어나도록 한다... 그러므로 이성애주의는 성 지향성이나 성 정체성의 문제가 아니라, 편견과 차별의 문제이다. 이성애주의 시각에서 볼 때는 동성애는 신성한 이성애적 질서를 교란시키는 흉악한 범죄로 보이고, 남성다움이나 여성다움의 성역할을 따르지 않으며 생식에 기반한 성행위를 하지 않는 동성애자나 트랜스젠더를 용인할 수 없는 것이다... 우리 사회는 이러한 이성애주의를 사회화라는 이름으로 학습시키고 있다." (한채윤, "성적 소수자 차별의 본질과 실제 그리고 해소방안," 『성적 소수자의 인권』 (한인섭 • 양현아 편, 사람생각, 2002), pp. 47-48.

특히 기독교인들 중에 이런 편견이 심한 이유는 **성경 속의 가부장주의** 때문만이 아니라, 사람들을 선/악, 정결/불결로 나누고 자신들은 선과 정결에 속해 있다는 믿음이 그들의 에고를 팽창시켜 "자기 눈 속의 들보는 보지 못하고 타인의 눈 속에 있는 티끌"을 찾아 비난하는 데 열심인 **바리새인**("가짜 자기")

1960년대의 흑인 민권운동은 백인 우월주의의 표면에 금이 가게 했다. 1970년대 여성운동은 여성이 남성과 동등한 가치를 가진다는 점을 승인할 수밖에 없도록 만들었다. 1980년대 후반과 1990년대에는 많은 사람들이 게이와 레즈비언은 어떤 면에서 이성애자들과는 다르다는 점, 그러나 이성애자들보다 덜 가치 있는 사람들은 아니라는 점을 처음 깨닫게 되었다.

이 기간 동안 나는 복음주의자였다. 나는 감리교 세례교인이었다. 그러나 나의 아버지가 제2차 세계대전 때 해군에 징집당해서 우리가 자동차를 팔게 된 후, 지리적인 이유 때문에 장로교인이 되었다. 우리 집에서 한 블럭 반 떨어진 곳에 작은 이웃교회인 연합장로

의 이분법적 사고방식 때문일 것이다. (리처드 로어, 『불멸의 다이아몬드』, 김준우 역, 한국기독교연구소, 2015), p. 80.

또한 기독교가 가르쳐온 지옥 개념 속에 들어 있는 분노가 이런 이분법적 사고방식을 더욱 폭력적 형태로 표출하도록 만드는 것으로 보인다. 미국 성공회에서 24년 동안 주교로 봉직하고 2000년에 은퇴한 존 쉘비 스퐁 주교는 종교가 "억압된 히스테리"라는 프로이트의 관점에서 서양 종교가 갖고 있는 방어기제에 대해 이렇게 설명한다. "종교 자체는 진리를 추구하는 활동이 아니다. 오히려 종교는 인간 생활의 안전체계의 중요한 부분으로 태동된 것이었다. 우리가 종교의 이런 방어기제를 인식할 때만이 우리는 원시 종교와 또한 분명히 서구 종교 속에 계속 존재하는 강렬한 분노, 심지어 죽일 듯한 분노의 의미를 파악할 수 있다. 비합리적인 적대감은 히스테리의 한 증상이다. 분노는 항상 기성 종교의 특징이었다. 바로 이 때문에 역사적으로 수많은 기독교 지도자들이 성당 밖의 선언들과의 논쟁을 금지시키고, 반대자들을 박해하고, 비국교도들을 출교시키고, 이단자들을 처형하고, 종교전쟁에 가담한 일들을 정당화시켰던 것이다. 또한 서구의 거의 모든 기존 종교들의 표면 아래 항상 분노가 도사리고 있는 것도 바로 이 때문이다. … 많은 종교인들이 자신들만큼 운이 좋지 않은 사람들이 지옥 불 속에서 몸부림치는 것을 직접 볼 수 없다면, 자신들이 천국의 복락을 마치 누리지 못할 것처럼 행동하는 이유도 바로 분노 때문이다. 역사적으로 교회가 끊임없이 교리를 새로 만들어내어 이 종교 사업 속에 누구는 들어오고 누구는 들어오지 못하는지를 명백하게 밝힘으로써, 종교인들이 자신들의 적이 누구인지, 그들에 맞서서 어떻게 행동하는 것이 적절한 것인지를 알도록 만든 것도 분노 때문이었다."(『기독교 변하지 않으면 죽는다』, 김준우 역, 한국기독교연구소, 2001), pp. 86-87.

교회가 있었기 때문이다. 우리는 그 장로교회에 다니기 시작했고 전쟁 후에도 계속 다녔다. 나는 신학교에 가기 위해 집을 떠날 때까지 그 교회에서 성장했다.[6]

오래된 미국연합장로교회UPCNA는 작은 교단(약 250,000명)이었다. 그것은 보수적이었으나 근본주의적이지는 않았다.[7]

내가 다니게 된 장로교회의 목사 이름은 해롤드 얼윈이었다. 나는 대략 12살이었고, 그 목사님이 전직 치어리더로서 물구나무를 한 채 손으로만 걸을 수 있다는 것이 신기했다. 그는 우리에게 성경의 큰 부분들을 공부하고 외우도록 했다. 그의 성만찬 예비반에 있던 우리 모두는 우리가 죄 속에서 길을 잃었고, 그리스도께서 우리 죄를 위해 벌을 받으셨고, 그리스도를 믿음으로써 우리가 구원을 얻었음을 이해했다. 나는 그때 그것을 믿었고, 지금도 믿는다. 성장하면서, 나는 또한 가끔 그 지역 청년들의 기독교 모임에 참석했다. 나는 마치 결혼예식을 치르듯, 구원받았다는 느낌을 재확인하며 교회 본당 복도를 여러 번 걸었었다.

그 작은 교회는 내게 리더십을 발휘할 기회들을 많이 제공했다. 나는 우리 노회 청소년회 회장이었다. 나는 또한 몇몇 전국 청소년 집회에 참석할 기회도 얻었다. 첫 집회는 위스콘신의 레이크 제네바에서 있었다. 거기서 나는 기독교인으로서의 나의 성장을 격려해준 매력적인 젊은이들과 유능한 목사들을 만났다. 어느 여름엔 전국 성경읽기 대회에서 우승을 하기도 했다. 이 집회의 강사들은 종종 우리의 하나뿐인 교단 신학교인 피츠버그-제니아 신학교에서 온 교수

---

6) 제1장의 내용 중 많은 부분이 Jack Rogers, *Confessions of a Conservative Evangelical,* 2nd ed. (Louisville, KY: Geneva Press, 2001)에서 이미 나온다.

7) 이 기간 동안의 역사적인 개요는 Jack Rogers, *Claiming the Center: Churches and Conflicting Worldviews* (Louisville, KY: Westminster John Knox, 1995), p 29-39를 보라.

들이었다. 나는 그들에게 개인적으로 끌리면서 동시에 그들이 전하는 메시지에 끌렸다.

전국 청소년 집회에 참석했던 경험은 내가 대학교 2학년 때 목회 사역에 부르심을 받았다고 느끼도록 만든 중요한 요소가 되었다. 크리스마스 휴가 때 나는 나의 소명감에 대해 목사님과 상담을 했다. 그의 조언은 "다른 일을 하면서 행복할 수 있다면 목회 사역에 들어가지 말라."였다. 그 말이 맞았다. 나는 내가 다른 일을 하면서 행복할 수 없다고 결론을 내렸다. 나에게 가장 극적인 순간은 기도를 한 후, 부모님 방으로 가서 하나님께서 나를 목회 사역에 부르셨다고 말했을 때 왔다. 그 소명의 확신은 그 후 나를 떠난 적이 없었다.

나의 배경을 고려할 때, 내가 네브래스카 대학을 졸업하고 피츠버그-제노아 신학교로 간 것은 당연했다. 나는 내가 보수적인 크리스천인 것을 알았다. 신학교에서 나는 좀 더 큰 기독교적 문화 속에서 우리는 복음주의자라고 불린다는 것을 배웠다.

신학교에서 나는 앵글로-색슨, 미국, 장로교 전통이라는 특수한 전통이 기독교의 정통주의라고 배웠다. 이 정통주의는 신앙적으로 웨스트민스터 신앙고백에 의해 정의되며, 웨스트민스터 고백은 신학적으로 19세기 프린스턴 신학교의 찰스 호지Charles Hodge와 벤자민 와필드Benjamin Warfield의 전통 안에서 해석되었다.[8] 실제로 정통주의는 삶과 현실의 가장 적절한 이해로 정의되었다. 우리의 일은 그것을 논리적으로 옹호하고 흥미로운 설명과 실제적인 적용들을 사용해 그것을 설교하는 것이었다.

---

8) 오래된 프린스턴 성경 해석의 자세한 논의를 위해선, Jack B. Rogers and Donald K. McKim, *The Authority and Interpretation of the Bible: An Historical Approach* (San Francisco: Harper & Row, 1979), 제5장과 6장을 보라. 새로운 에필로그가 첨가된 1999년 중판은 Wipf & Stock Publishers, 150 West Broadway, Eugene, OR97401에서 얻을 수 있다.

정통주의에 대한 나의 입장은 그것이 사도 바울로부터 성 아우구스티누스와 깔뱅과 웨스트민스터 고백과 와필드에게 그리고 그 후 나의 신학 교수들과 교회사 교수들에게 이어져왔다는 것이다. 나는 그들 모두 성경을 같은 방식으로 다루었다고 믿는다. 나는 늘 크리스천의 삶과 더 나은 세계를 이루는 열쇠는 성경을 이해하고 해석하는 것이라고 느꼈다. 성경의 교리가 언제나 나의 주된 학문적 관심사였다.

내가 신학교를 졸업했을 때, 나는 신학박사가 되기 위해 계속 공부하기를 원했고, 정말 운이 좋게도 해외에서 1년간 공부할 수 있을 정도의 장학금을 받았다. 내가 다닌 신학교 교수 중 한 분인 존 거스트너 교수는 내가 자신처럼 하버드대학교로 가서 자유주의 신학과 겨루며 그것에 맞서 싸움으로써 더 강해지라고 촉구했다. 그것은 나의 흥미를 끌지 못했다. 나는 개혁주의 교회 전통에 대한 좀 더 깊은 이해를 원했다.[9] 나는 내가 인턴으로 있던 큰 교회의 담임목사인 캐리 웨이지거 목사와 상담했다. 그는 내가 네덜란드의 암스테르담 자유대학의 G. C. 버쿠워 교수와 공부하기를 제안했다. 웨이지거 박사는 버쿠워 교수가 매우 개혁적이며 또한 다른 사람들을 평가하는 데 공정하다고 느꼈다. 버쿠워 교수는 신학의 주요 주제들에 대한 책들을 시리즈로 쓰고 있었다. 이것이 내가 원하던 것처럼 들렸다.

나는 내 자신을 아브라함과 동일시했다! 성경에서 내가 제일 좋아한 구절 중 하나가 "그는 어디로 가는지를 알지 못하였지만, 떠난 것입니다"(히 11:8)라는 말씀이었다. 나는 아내와 해외로 나갈 예정이었기 때문에, 내가 네덜란드에 있는 동안 사역할 기회를 얻게 되

9) 개혁주의 교회 전통이란 지금 우리가 스위스라고 부르는 곳에서 시작된 깔뱅주의에 뿌리를 둔 프로테스탄 전통을 일컫는 신학적 이름이다. 그것은 루터주의, 성공회, 재세례파와 함께 개혁파의 하나이다.

면 네브래스카로 돌아올 수 없으니 안수를 미리 해달라고 노회에 요청했다. 그래서 그들은 나를 순회 복음전도자로 임명해주었다.

네덜란드에서 지낸 4년은 우리의 삶에서 전환기였다. 나는 박사과정을 마치고 종합시험을 치렀다. 둘째 해에 섀론은 도르트레히트에서 듀퐁사 엔지니어들의 영어를 쓰는 자녀들을 위한 학교에서 가르치는 일을 하게 되었다. 나는 네덜란드 개혁교회의 영어회중교회를 조직하는 목사가 되었다. 우리 첫째 아들 매튜가 태어났다. 그 후에 우리는 펜실베니아 주 뉴 윌밍톤으로 이주했고, 나는 웨스트민스터 대학(UPCNA대학연합에 속한 6개 대학 중 하나)에서 가르칠 수 있었다.

2년 후, 나는 학위논문은 끝내기 위해 무급휴가를 가졌다. 섀론과 매튜와 나는 프린스턴에서 여름을 보내며 스피어 앤 파이어스톤 도서관을 이용했다. 그 후 우리는 런던으로 가서 대영박물관도서관 British Museum Library에서 6개월간 연구했다. 나는 각각 천 개의 인용 카드로 채워진 12개의 상자들을 네덜란드로 가져갔고, 내 박사논문 지도교수와 같이 작업했다. 10개월 동안 논문을 써서, 1967년 1월에 나는 "웨스트민스터 고백 속의 성경"[10]이란 제목의 논문과 함께 졸업을 했고 웨스트민스터대학으로 돌아와 계속 가르쳤다.

풀러신학교에서의 교수생활

4년 후, 나는 캘리포니아 주 파사대나에 있는 초교파적이면서 복음주의 신학교인 풀러신학교에서 종교철학을 가르쳐 달라는 요청을

---

10) Jack Bartlett Rogers, *Scripture in the Westminster Confession: A Problem of Historical Interpretation for American Presbyterianism* (Grand Rapids: Eerdmans, 1967).

받았다. 당시에 나는 G. C. 버쿠워 교수의 성경에 대한 2권짜리 책을 번역하고 편집하는 일을 하던 중이었다. 그래서 풀러에서의 첫 학기에 나는 버쿠워 교수의 성경 교리에 대한 세미나를 했다.[11] 내 기억엔 4명의 학생이 등록했다. 우리는 좋은 시간을 가졌고 나는 성경해석에 대한 나의 오랜 관심을 계속 추구했다.

풀러에서 철학적 신학의 교수로서 나는 복음주의 세계의 문화에 몰두했다. 근본주의에서 형성된 것과는 다른 복음주의를 발전시키려는 노력이 풀러신학교에서 진행되었다.[12] 1940년대 말에, 빌리 그래함, 해롤드 존 오켄가, 칼 F. H. 헨리 등이 복음주의라고 불리는 운동을 발전시켰다. 그 운동은, 주류 교회와 분리되어 있으며 또한 미국 사회의 변화에 반대하는 호전적인 근본주의와는 구별되었다.

나는 복음주의자를 신학적으로 다음 세 가지 명제를 받아들이는 사람으로 정의한다. (1) 사람들은 예수 그리스도에 대한 믿음을 통해 하나님과 개인적 관계를 가질 수 있고, 또 가져야 한다. (2) 성경은 구원과 크리스천 삶을 위한 최종적 권위이다. (3) 예수 그리스도 안의 하나님의 은총은 너무 기쁜 복음으로 모든 사람들이 그것에 대해 들어야 한다. 이 확신들에 무엇인가 보태려 한다면, 당신은 교파주의자거나 근본주의자가 되는 것이다. 이 확신들 중 어느 하나를 빼려고 한다면, 당신은 여전히 크리스천일 수 있지만 복음주의자는 아닐 것이다.

사회학적으로, 복음주의는 운동이지 교회가 아니다. 그것은 주류 교회들 내의 사람들의 느슨한 연합이었고, 크리스천들의 독립된

---

11) G. C, Berkouwer, *Holy Scripture*, trans and ed. Jack Rogers (Grand Rapids: Eerdmans, 1975).

12) George Marsden, *Reforming Fundamentalism: Fuller Seminary and the New Evangelicalism* (Grand Rapids: Eerdmans, 1987)을 보라.

제휴였으며 패러쳐치parachurch 조직체였다. 풀러신학교는 그것의 지적 센터로서 설립되었다. *Christianity Today*가 그들의 잡지였다. 빌리 그래함의 신앙부흥운동이 그 회원들의 원천이었다.

나는 신학적으로 복음주의자이며 늘 그래 왔다. 나는 복음주의의 하부문화에 전적으로 편안함을 느끼지는 않고, 그래본 적도 없었다. 나는 여러 운동들에 대해 불신감을 품고 있다. 나는 책임감과 의무에 대해 분명한 선을 갖고 있는 기성 조직체들을 선호한다. 나는 교단 내에서 문제들을 다루는 데 공적으로 알려진 과정들을 가진 교회에 소속할 필요가 있다. 나는 대의민주주의를 믿는데, 그 안에는 절차가 명확하고 상호견제와 균형을 통해서 다수가 전진할 때 소수도 그들의 견해를 계속 주장할 수 있다. 나는 은사를 받은 사람들이 스스로를 교회직분에 임명하는 비형식적인 기관들을 불신한다. 나는 심판자 역할을 하는 개인적 권위자보다 논쟁을 다루기 위한 공정한 절차들을 원한다.

매체들은 너무 자주 복음주의자들과 근본주의자들을 한 묶음으로 취급한다. 그래서 대중은 이 둘 사이의 차이들에 대해 혼동한다. 복음주의 안에 정치적이고 문화적인 문제들에 대해 우파, 좌파, 그리고 중도가 있다.[13] 근본주의는 복음주의보다 정치적으로 좀 더 획일적이고 신학적으로 좀 더 보수적이다. 제리 팔웰 같은 근본주의자

---

13) Richard N. Ostling, "복음주의자들의 플랫폼은 복잡한 정치적 측면을 보여준다," *Pasadena Star-News*, 2005년 1월28일, D5. Akron대학의 정치학자 존 C. 그린은 복음주의자들의 전국 연합이 복음주의의 실리적 센터라고 주장한다. 그린에게, 복음주의의 진보 또는 좌파는 *Sojourners*의 Jim Wallis와 그의 책 *God's Politics: Why the Right Gets It Wrong and the Left Doesn't Get It* (San Francisco: Harper& Row, 2005)에 의해 대표되고, 그리고 우파의 지도자들에는 Jerry Falwell과 Pat Robertson뿐만 아니라 Focus on the Family의 James Dobson과 남 침례교 간부 Richard Land가 포함된다. 이 극우파는 좀 더 적절하게 표현하면 근본주의자들이다.

들은 그것을 안다.[14] 그러나 그 혼동은, 그들이 실제보다 더 큰 기반을 가지고, 더 큰 영향력을 가진 것처럼 보이게 함으로써 근본주의자들의 목적을 돕는다.

성경무오inerrancy 교리, 즉 성경에는 전혀 오류가 없다는 교리는 근본주의의 보증 마크였고, 지금도 그렇다.[15] 몇몇 지지자들에게, 성경무오설은 성경의 권위에 대한 상징이고 그저 성경이 진리라고 확증한다. 다른 이들에게는 무오설이 성경해석에 대한 특정 이론이다. 무오설은 성경이 종교적인 문제들에 대해서 뿐 아니라 과학과 역사를 포함해 성경이 언급하는 모든 것들에 대해, 정확하고 최첨단인 정보를 준다고 주장한다. 그것은 성경의 문자적 독해를 촉구한다.[16]

내가 풀러신학교 교수진에 들어가기 바로 직전, 그 교수진은 성경을 오류 없는inerrant 것으로 간주하는 그 신학교 신앙 선언문의 한 구절을 삭제했다. 풀러 교수진은 "틀림없는infallibile"이라는 단어를 사용하기를 선호했는데, 이 말은 역사적으로 성경은 사람들을 하나님의 구원 지식으로 이끌고 크리스천 삶을 살도록 인도하는 그 본연의 목적을 이룬다는 것을 의미하는 것으로 교회에서 사용되어 왔다.

이런 신학적 변화는 풀러의 전직 부학장이었던 해롤드 린드셀이 "성경을 위한 전쟁"[17]이라는 제목의 책에서 풀러신학교를 공격하는

---

14) Jerry Falwell, ed., with Ed Dobson and Ed Hindson, *The Fundamentalist Phenomenon: The Resurgence of Conservative Christianity* (Garden City, NY: Doubleday & Co., 1981)

15) George Marsden 은 *Fundamentalism and American Culture: The Shaping of Twentieth-Century Evangelicalism: 1870-1925* (New York: Oxford University Press, 1980), 4에서 근본주의를 "호전적인 반 현대주의 개신교 복음주의"라고 묘사한다.

16) Jack Rogers, "Inerrancy," in *A New Handbook of Christian Theology*, ed Donald W. Musser and Joseph L. Price (Nashville: Abingdon Press, 1992), 254-56을 보라.

17) Harold Lindsell, *The Battle for the Bible* (Grand Rapids: Zondervan,

빌미가 되었다. 나의 복음주의에 대한 신임은 매우 커서, 데이비드 학장은 나로 하여금 린드셀에 대응하는 책을 편집하되 그 안에 역사적인 논의를 담은 챕터를 쓰게 했다. 그 책이 "성경의 권위"[18]였다. 나는 나의 친구이자 내 학생이었던 돈 맥킴에게 역사적인 논의 챕터를 준비하는 일을 도와달라고 부탁했고, 후에 이 주제에 대한 책을 같이 출판하기로 약속했다. 나의 1년간 안식년(1977-1978년) 후에, 돈 맥킴과 내가 공동 저술한 책이 "성경의 권위와 해석: 역사적 접근"이라는 제목으로 1979년에 나왔다.[19] 이 책이 나온 이후, 무오설을 성경에 대해 유일하게 수용 가능한 서술로 유지하고 회복시키려는 의도를 가진 사람들은 자기들끼리 내고 싶은 책만 출판했다.[20]

근본주의자들과 복음주의 극우파 사람들은 나를 달가워하지 않았다.[21] 그러나 풀러신학교는 복음주의의 중심에 선 선도적인 기관이었고 나는 그 중심 복음주의의 대표로 온전히 용납되는 사람이었다. 나는 종종 복음주의 교회들과 집회들에 강연하도록 초빙되었다.

1978년에 안식년을 마치고 풀러로 돌아오자마자, 나는 장로교 학생들 중 다수가 장로교 "목회준비 위원회"들로부터 풀러신학교가 아닌 다른 장로교 신학교로 옮기도록 압력을 받고 있다는 것을 알았다. 그에 대한 대응책으로, 나는 경영진의 도움을 받아, "장로교 목회 사무국"을 신설하고 그 책임자가 되었다. 우리는 장로교 목회 특

1976).

18) Jack Rogers, ed., *Biblical Authority* (Waco, TX: Word Books, 1977). 내 글은"성경의 권위에 대한 교회 교리(The Church Doctrine of Biblical Authority)," 15-46이다.

19) Rogers and McKim, *The Authority and Interpretation of the Bible*.

20) 예를 들면, John D. Woodbridge, *Biblical Authority: A Critique of the Rogers/McKim Proposal* (Grand Rapids: Zondervan, 1982)을 보라.

21) *Christianity Today*의 편집자 Kenneth Kantzer는 나를 "검은 야수(질색할 사람)"라고 불렀다.

징에 관한 네 개의 과목을 신설하고 장로교 학생들을 위해 월요일 아침 모임을 만들었고, 나는 신학교와 장로교 노회들 사이에 연결고리 역할을 했다. 나는 풀러신학교 입장을 장로교인들에게 설명했고, 또한 장로교인들 입장을 풀러신학교에 설명했다.

허바드 학장은 장로교회와 더 나은 관계를 갖기 위해 애쓰는 나의 노력을 지지했다. 풀러에 있는 동안 나는 운이 좋게도 3개의 전국적인 교단 위원회에서 일할 수 있었는데, 그 중에는 1978년에서 1982년까지 만났던 "성경의 권위와 해석에 대한 특별위원회Task Force on Biblical Authority and Interpretation"가 포함된다. 우리는 논쟁의 시대에 성경을 해석하기 위한 공식적 지침들guidelines을 만들어 냈다. 이 모든 노력들에서 나는 내가 가장 관심을 기울였던 문제인 성경의 해석 문제에 대해 연구할 수 있는 특권을 누렸다. 나는 신학적인 복음주의자로서의 나의 역할과 장로교 내에서 개혁주의 교회 신학자로서의 나의 직분 사이에 조화로움을 느꼈다. 교단 위원회의 멤버로서 또는 풀러신학교의 요청에 따라, 나는 거의 매년 장로교 총회에 참석했다.

교회가 성경의 해석과 동성애에 대해 논쟁하다

1976년에, 동성애자들의 직분 안수 문제가 볼티모어에서 열린 미국 연합장로교회UPCUSA 총회에서 처음 대두되었다.[22] 나는 거기에 있었고 위원회의 논의들과 여러 모임의 토론들에 함께 했다. 뉴욕시 노회는 총회에 "분명한 지침," 즉 목회사역을 위한 후보자가 다른 모든 면에서 사역을 위해 잘 준비되어 있지만 "자기 스스로 인

22) 미국 연합 장로교회는 1958년에 북미 연합 장로교회와 미국 장로교회가 연합한 결과이다.

정하고 실제로 동성애를 행하고" 있다면, 목사안수를 받을 수 있는지에 대한 공식적인 조언을 구했다. 총회는 동성애를 연구할 특별위원회를 신설함으로써 대처했다.

나는 그 특별위원회가 보고를 했던 1978년 총회에도 참석했다. 캘리포니아 주 샌디에고에서 열린 1978년 총회는 성경해석에 대한 토론으로 가득했다. 동성애를 연구한 그 특별위원회는 크고 작은 권고사항들을 포함한 201쪽짜리 연구보고서를 제출했다.[23] 그것에는 정신치료와 경험과학에서 나온 자료들도 포함되어 있었다. 그러나 총회에 참석한 대다수 사람들의 주목을 끈 것은 "동성애와 성경: 재검토"라는 제목이 달린 70쪽짜리 연구물이었다. 그 한 부분인 "성경을 어떻게 읽을 것인가? 성경의 권위와 해석의 문제점들과 모델들"은 가장 많은 논평을 이끌어냈는데, 왜냐하면 몇 십 년 만에 처음으로 장로교인들이 성경해석을 위한 네 개의 대안적 방법들을 알게 되었기 때문이다. 각각의 방법은 신학적 전제들로 뒷받침되었고, 권위있는 성경본문들을 인용하고, 그리고 적용방법들을 제시했다.

그 보고서는 A, B, C, D의 네 가지 모델로 이름을 붙였으며 각각의 모델은 특정한 신학적 학파와 대략적으로 연관되어 있었다. 모델 A는 오래된 프린스턴 학파 찰스 호지와 A. A. 호지, B. B. 와필드의 스콜라 신학scholastic theology으로, 이 신학은 1812년에서 1927년까지 북부 장로교를 지배했었다. 모델 B는 1930년대에서 1960년대까지의 신정통주의neo-orthodoxy로서, 칼 바르트, 에밀 브룬너, 디트리히 본회퍼, 그리고 1967년의 신앙고백을 인용했다. 모델 C는 해방신학liberation theology의 한 형태로, 특히 고든 카우프만, 도로테 죌

---

23) "교회와 동성애," *Blue Book I, 19th General Assembly (1978) of the United Presbyterian Church in the United States of America, San Diego, California, May 16-24,1978*, pp. D-1-D-201.

레, 폴 레만, 로즈메리 류터에 의해 뒷받침되었다. 모델 D는 해방신학 모티프의 계속이지만 노만 피텐저, 존 캅, 데이비드 그리핀, 다니엘 데이 윌리엄즈에 의해 대표되는 과정신학process theology의 강조점들을 더했다.[24]

모델 A는 동성애인 사람들의 직분 안수를 하나님의 법에 근거해서 금지해야 한다고 제안했다. 모델 B는 같은 결론에 도달했지만 그리스도의 성령 때문이라고 했다. 모델 C는 동성애자들의 직분 안수가 정의에 근거해 허용돼야 한다고 주장했다. 모델 D는 직분 안수를 지지하며 좀 더 나아가 사랑을 이유로 뒷받침했다.

그 특별위원회의 다수 14명은 모델 C와 D의 성경적이며 신학적 근거들이 자격을 갖춘 게이들과 레즈비언들의 직분 안수에 적절하다고 생각했다. 한편 5명의 소수는 동성애 행위가 죄이며 모델 A와 B에서 주어진 이유들을 근거로 직분 안수를 거부해야 한다고 보고했다. 소수는 동성애적 지향은 그 자체가 죄는 아니라서 게이들과 레즈비언들이 교인이 될 수 있지만, 성적으로 적극적 동성애자들은 동성애의 "실행"이 죄이기 때문에 교회직분에 임명될 수 없다고 주장했다.[25]

총회는 동성애를 연구한 특별위원회의 다수 보고서가 아니라 소수 보고서를 채택했다. 동시에, 총회는 동성애자들에게 시민적 권리를 승인했다. 총회의 발표는 법이라기보다는 조언으로, "분명한 지침"의 형태를 취했다. 총회는 말씀과 성례를 행하는 목사들의 직분

---

24) 조금 더 깊은 토론을 위해, Jack B. Rogers and Donald K. McKim, "Pluralism and Policy in Presbyterian Views of Scripture," in *The Confessional Mosaic: Presbyterians and Twentieth-Century Theology*, ed. Milton J Coalter, John M. Mulder, and Louis B. Weeks (Louisville, KY: Westminster/John Knox Press, 1990), 37-58을 보라.

25) UPCUSA, 총회 회의록, 1978b, 61-62.

안수는 노회의 직무이지 전국적 총회의 일이 아니라고 인정했다.[26]

이 총회가 민감했던 또 다른 이유는 장로교인들이, 말씀과 성례의 목사들에게 적용되는 치리규칙들을 집사들과 장로들에게도 적용하는 유일한 개신교 교파라는 점 때문이었다. 이처럼 세 그룹의 안수 후보자들 모두 직분 안수를 위한 똑같은 8개의 질문들에 긍정적으로 답해야 한다.[27] 그런 후, 각 그룹은 각각의 특정 기능에 적용되는 한 개의 추가 서약을 한다—집사들에게는 봉사, 장로들에게는 치리, 말씀과 성례의 목사들에게는 설교, 가르침, 목회적 돌봄, 그리고 치리 서약이 그것이다. 그러므로 동성애자들을 교회 직분에 임명하지 못하게 하는 장로교 규칙들은 목사직에만 영향을 끼쳤던 몇몇 다른 개신교단들의 규칙들보다 조금 더 보편적으로 적용이 된다.

성경적 권위와 해석 연구하기

1978년 미국연합장로교회UPCUSA 총회에 상정된 두 번째 보고서는 성경에 조금 더 초점을 맞추었다. 1976년 "다원주의에 대한 위원회Committee on Pluralism"는 교회 내의 충돌의 원인들을 연구하기 위해 만들어졌다. 그 보고서는 다음과 같이 결론을 내렸다.

> 우리 교단 안의 불화에 기여하는 모든 요소들 중에, 성경을 어떻게 해석해야 하는가 하는 문제보다 더 넓고 근본적인 것은 없다는 것을

26) 총회 위원회 회장인, Tom gillespie는 위원회가 총회에 "구조적인 해석을 할 권리를 행사해서는 안 된다"고 권하고 있다고 발표했다. 그는 그렇게 하는 것은 직분 안수 과정에서 노회들의 구조적 권리에 이의를 제기하게 되는 것이 될 것이라고 말했다. 위원회는 "오히려, 요청된 '분명한 지침서'를 제공하기를" 제안했다. *Church and Society* 68, no.5 (May-June 1978): 22-24를 보라.

27) *The Constitution of the Presbyterian Church (U.S.A), Part II, Book of Order, 2003-2004* (Louisville, KY: Office of the General Assembly, 2003), G-14.0207 and G-14.0405를 보라.

> 위원회는 알게 되었다. 다른 말로 하자면, 구약과 신약을 받아들이고, 해석하고, 적용하는 방식들에 대한 크게 다른 견해들을 평신도들, 성직자들, 신학자들이 계속적으로 언급했다. 오늘날 우리 교단 내의 가장 널리 퍼진 분쟁의 원인이 그런 것처럼… 우리의 의견은 우리 교회가 이 문제를 검토할 때까지, 우리 교단은 계속해서 선교와 사역에서 방해를 받을 것이며, 그렇지 않으면 우리는 곧 파괴적 분열 속으로 빠져들게 될 것이다.[28]

(이 마지막 선언은 예상대로 되었다. 1979년과 1981년 사이에 거의 60개 교회가 미국연합장로교회UPCUSA를 떠났다. 이 교회들 대부분이 떠난 이유는 성경의 권위에 대한 "더 높은 입장"을 주장했다.)

동성애와 성경에 대한 이 두 보고서의 일치점은 미국연합장로교회(북부 성향) 안에서 성경 해석상의 큰 다양성을 입증했으며, 또한 총회로 하여금 1978년에 성경의 권위와 해석에 대한 특별위원회를 만들도록 했다. 나는 그 특별위원회의 멤버로 임명되는 특권을 누렸고, 그 위원회는 1982년에 미국연합장로교회에 보고서를 제출했다.

그 특별위원회를 향한 가장 중요한 요구 사항은 "신학적 논쟁에서 성경을 적극적으로 사용하기 위한—제한적 사용이 아닌—추천된 지침들"을 제시하는 것이었다.[29] 그 특별위원회의 한 부서는 당시 9개의 신학적 문서들이 포함된 미국연합장로교회의 신앙고백서*Book of Confessions*를 치밀하게 연구했는데, 그 문서들에는 니케아신조부

---

28) "미국연합장로교회 190번째 총회(1978년)에 제출된 교회의 다원주의에 대한 위원회의 보고서," 의사록, 1978, Part I, p. 293.

29) 그 특별위원회의 세 가지 요구상항에 대한 토론을 위해서, Jack B. Rogers와 Donald K. McKim, "Pluralism and Policy in Presbyterian Views of Scripture," in *The Confessional Mosaic*, 49-52를 보라.

터 개신교 개혁을 거쳐 20세기 신학 선언들까지 포함되어 있었다. 그 부서는 이 자료들로부터 성경해석을 위한 6개의 지침들을 도출해냈다. 우리 보고서가 총회에 도달했을 때, 이 보고서를 검토하도록 선정된 대표단은 적절한 일곱 번째 지침을 발전시켰다. 나는 이 책 4장에서 이 지침들을 다룬다.

1979년, 미국장로교회(PCUS, 장로교의 남부 성향)는 "미국장로교 내의 성경 이해와 사용"[30]에 대해 유사한 연구를 시작했다. 1983년 미국남부장로교회PCUS 결과 보고서는 미국연합장로교회UPCUSA의 7개의 지침들을 포함시켰으나 그것들을 9개로 재조정하고 확대시켰다. 이 보고서는 신앙고백서*Book of Confessions*에서 광범위하게 인용하며, 지침들의 근거 자료들을 밝혔다. "성경에 대한 장로교의 이해와 사용"이라는 제목의 이 보고서는 1982년에 미국연합장로교회가 채택한 지침들과 조화를 이루는 유용한 교재 문서가 되었다.

북부 장로교와 남부 장로교는 성경해석을 위한 지침들을 설정함으로써 1983년에 재연합을 기대하게 되었다. 성경에 관한 해석을 전담했던 그 두 특별위원회는 서로 연구 논문들을 교환하고, 서로 회의에 방문자를 보내고, 의도적으로 조화를 이루는 보고서들을 만들었다. 그 두 보고서는 나중에 한 권의 책자로 출판되었다.[31]

---

30) 결과를 보려면, *Presbyterian Use and Understanding of Scripture, a Position Statement of the General Assembly, Presbyterian Church (U.S.A)*(New York and Atlanta: Office of the General Assembly, 1983), n.p 를 보라.

31) 그 두 보고서들을 포함하고 그것을 위해 제목이 달린 소책자가 1992년 장로교 총회 사무국에 의해 루이즈빌에서 출판되었다. PCUS 보고서 "Presbyterian Understanding and Use of Scripture"와 UPCUSA 보고서 "Biblical Authority and Interpretation"가 이 소책자 안에 인쇄되어 1992년 총회 사무국에 의해 출판되었고, Presbyterian Distribution Service, Louisville, KY, as #OGA-92-003으로 이용가능하다.

동성애에 대한 논쟁의 발전

1993년 총회에 참석한 게이들과 레즈비언들은 더 많은 인정과 수용을 요구했다. 어느 한 순간, 약 30여 명의 게이 레즈비언들이 기회를 얻어 무대 위에 올라가 마이크를 잡고 짧게 말했다. "제 이름은 아무개입니다. 저는 게이(또는 레즈비언)입니다. 저는 교회에서 봉사하고 싶습니다." 이 평화롭고 존중할 만한 시위는 후에 위원들이 동성애자 직분 안수 금지를 "규례서*Book of Order*"에 넣어 교회법으로 만들려 했던 동의안의 통과를 막을 만큼 충분히 영향을 끼쳤다. 대신에, 총회는 교회에게 3년간 그 문제에 대해 연구하도록 요청했다. 미국복음주의루터교회, 그리스도연합교회, 그리고 연합감리교회 역시 1990년대에 이와 비슷한 연구 과정을 시도했다.[32]

게이들과 레즈비언들에 대한 수용이 눈에 띄게 증가하는 것을 염려하며, 몇몇 보수주의자들은 원위치로 돌아갔다. 신학적으로 보수적인 대형교회 목사들이 만나 조직을 만들었는데, 이 조직은 나중에 "연합The Coalition"이라고 불린 우산 같은 단체로 성장했다.[33] 그 공식적인 첫 번째 행동은 한 통의 편지였는데, 올랜드 총회에서 준비되었다. 1993년 6월 8일자로 된 그 편지에서, 그 단체는 동성애자들의 직분 안수에 대한 문제를 연구하도록 요청했던 것을 후회하지만 그 3년의 연구는 교회의 전통적인 입장(반대)을 "확신과 분명함"으로 이야기할 근거가 될 수 있다고 했다. 나는 거의 2백 명의 장로

32) Jeffrey S. Siker, ed., *Homosexuality in the Church: Both Sides of the Debate* (Louisville, KY: Westminster John Knox, 1994), 195-208은 적절한 문서들과 함께 부록을 제공한다. 그는 감독교회의 오래 전 선언문들과 남침례교 규정들도 포함시켰다. 그 때까지의 로마 가톨릭의 최종적 선언을 39-37에서 찾을 수 있다.

33) 연합체The Coalition는 이제 다양한 목적을 가지는데, 일반적으로 보수적인 방향에서 모두 장로교의 개혁과 갱신과 관련되어 있다.

교 교인들, 장로들, 집사들, 선교사들, 목사들이 그 편지에 서명했다.

1996년까지 장로교회들 중 3%가 안 되는 교회들이 그 문제에 대한 공부에 참가했던 것으로 보고되었다.[34] 이렇게 매우 낮은 비율을 보인 이유는 많은 사람들이 연구할 것이 없다고 생각했기 때문이고, 반면 어떤 이들은 성sex에 대해 이야기하는 것을 불편해했기 때문이었다. 교인들을 포함한 대부분의 미국 문화는 동성애가 죄라고 가르쳐왔다. 그들은 더 탐구할 필요가 없다고 느낀다. 실제로 어떤 높은 직위의 장로교 목사는 내 앞에서 말했다. “우리 할머니는 나에게 그것이 잘못이라고 말씀하셨다. 나에게 그거면 충분하다.”[35]

1993년에서 1996년까지 장로교는 공식적인 교단 연구를 내놓기 위해 아무 노력도 하지 않았고, 결과적으로 사람들이 대응할지도 모를 새로운 공식적 문서들도 없었다. 진보와 보수 양편의 저자들 모두 그 공백을 메꾸려고 노력했다. 연구 기간이 끝나갈 즈음 동성애자들의 직분 안수에 관한 결정에 압력이 가해지기 시작했다. 1996년에 앨버커키에서 열린 장로교 총회는 게이와 레즈비언들의 직분 안수와 관련해 51개의 건의안들(입법 활동을 위한 제안들)을 받았다.

교회나 문화적인 면에서의 변화에 반응하는 학자들의 새로운 글들이 종종 소개된다. 책을 쓰고 출판하는 일에는 긴 시간이 소요된다. 동성애에 관해 저명한 학자들이 저술한 책은 1996년에 6권뿐이었다. 그 중 2권이 장로교 신학교 교수진이 쓴 논문집 『성경 윤리학과 동성애』(*Biblical Ethics and Homosexuality: Listening to Scripture*,

---

34) “Correction,” *Presbyterian Outlook* 179, no. 8(March 3, 1997): 2. 이에 따르면 5%, 즉 620개 교회가 공부에 착수했으나, 이중 반에서만 당회가 그 문제를 다루었다. 그러므로 2.5%의 교회만이 교회에서 공부를 한 셈이다.

35) 개인적 담화였지만, 공적인 상황이었다.

1996)와 『동성애와 크리스천 공동체』(*Homosexuality and Christian Community*, 1996)였는데, 1996년 7월 총회 전까지 이 두 권이 출판되지 않았기 때문에 총회 결정에는 별 영향을 끼치지 못했다.

1996년 이후, 동성애자들의 직분 안수를 지지하거나 반대하는 양편 모두에서 새로운 글들이 꾸준히 계속 나오고 있다. 다양한 교회 배경을 대표하는 학자들이 성경 전통을 해석하는 새로운 접근방법들을 탐구하고 있다. 이것은 미국성공회, 그리스도연합교회, 연합감리교회, 미국복음주의루터교회, 미국침례교회, 로마가톨릭 학자들에게 당면한 문제들이며, 내가 이 책에서 인용한 것들은 그 일부분이다.

1996년, 미국장로교회PCUSA는 게이와 레즈비언들의 직분 안수 금지법을 규례서*Book of Order*에 넣어, "분명한 지침"에 있던 것을 교회법에 넣음으로써 그 금지법을 강화시켰다. 그것은 다음과 같다.

> 교회 직분에 부름 받은 사람들은 성경에 순종하고 교회의 역사적인 고백적 기준들에 일치하는 삶을 살아야 한다. 이 기준들 중에 필수적인 것은 남자와 여자의 결혼서약을 엄수하거나… 또는 독신의 정절을 지키며 사는 것이다. 신앙고백이 죄라고 부른 어떤 스스로 인정한 행위에 대해 회개하기를 거절하는 사람들은 집사, 장로, 혹은 말씀과 성례의 목사로 안수/임명될 수 없다.[36]

다른 교단들은 이와 비슷한 금지법을 그들의 장정과 전통을 반영하는 표현으로 제정했다. 동성애에 대한 논쟁은 모든 종교적 경계선을 넘어서며 미국 문화에서 중요한 관심사이다. 이 문제는 조만간

---

36) *Book of Order*, 정치 형태, G-6.0106b. 이 부분은 보통 G-6.0106b라고 부른다.

사라질 문제가 아니다. 우리는 우리 모두에게 영향을 끼치는 것에 건설적으로 대처하기 위해 가능한 한 잘 알고 있어야 한다.

우리 모두를 위한 문제

나는 이 문제를 연구하면서 배운 것들을 여러분과 나누고 싶다. 나는 당연히 장로교인으로서의 나의 맥락에서 이야기할 것이다. 그러나 레즈비언, 게이, 양성애자 그리고 성전환자를 하나님의 눈에서 온전한 인간으로 또한 다른 사람들과 동등하게 받아들이는 문제는 장로교만의 문제가 아니다. 1991년까지 동성애에 대해 100개 이상의 선언문들이 47개 교단과 종교단체들에 의해 발표되었다.[37]

우리의 각기 다른 교회 정치 형태 때문에 관심의 초점이 교단마다 다를 수 있다. 장로교인들에게는 이 문제가 동성애자가 집사, 장로, 또는 말씀과 성례의 목사로 교회직분에 임명될 수 있느냐는 문제에 초점이 맞추어져 있다. 성공회 교인들에게는, 누군가 주교로 선출될 때까지는 이 문제가 중요하지 않았다. 2003년 11월, 공개적으로 인정한 게이 진 로빈슨Gene Robinson 신부가 주교로 서품되면서 교인들 사이에 감정적 분열이 생겼다. 일부 남침례교인들에게는 문제가 동성애자에게 직분 안수, 고용, 시민적 혜택을 주는 것에 대한 어떠한 승인도 회피하는 교단의 태도였다. 그러나 모든 경우에, 우리는 우리 교회의 멤버인 신앙적인 크리스천들의 운명에 대해 논

37) J. Gordon Melton, *The Churches Speak on Homosexuality: Official Statements from Religious Bodies and Ecumenical Organizations* (Detroit: Gale Research, 1991)을 보라. Siker, ed., *Homosexuality in the Church*, "부록: 동성애에 대한 교단들의 선언들," 195-208은 미국성공회, 미국복음주의루터교회, 장로교회, 남침례교 통합, 그리스도연합교회, 연합감리교회가 만든 선언들을 인용하고 있다.

쟁하고 있는 것이다.

교회의 이런 상황들은 미국의 사회정치적 생활과 평행을 이룬다. 새로운 세기의 첫 10년인 지금, 동성결혼 문제에 대한 논쟁이 정치의 중앙 무대로 옮겨졌다. 2000년 7월 1일, 버몬트 주는 동성커플 간의 민법상 결합을 법적으로 인정한 최초의 주가 되었다. 2003년 6월 26일, 미연방대법원은, 로렌스 대 텍사스 사건에서 동성애자들의 항문성교만을 범죄로 보았던 텍사스 법을 뒤엎었다.[38] 2003년 11월 18일, 매사추세츠 대법원은 동성커플이 매사추세츠 헌법 아래에서 결혼할 수 있는 법적 권리를 가졌다고 판결했다.[39]

두 달이 못되어 2004년 1월 20일, 조지 부시 대통령은 연두교서에서 미국이 "결혼의 신성함을 지켜야 한다"고 선언했다.[40]

2004년 2월 12일, 샌프란시스코 시장 개빈 뉴솜은 시청 공무원에게 동성커플들에게 결혼증서를 내줄 권한을 주었다. 이어서 2월 24일에는 부시 대통령이 연방하원에게, 연방헌법에서 결혼을 한 남자와 한 여자 사이의 결합으로 정의하는 수정안을 통과시키도록 요청했다.[41] 하원의 공화당원들은 그 수정안을 가장 우선적인 법안으로 만들었다.

2004년 11월 선거에서, 11개 주의 투표자들은 결혼을 한 남성과

---

38) "sodomy"에 대한 정의는 오랜 시간을 거쳐 바뀌었다. 중세시대에 그것은 생산과 연결되지 않는 성적 표현으로 간주되었다. 그 후, 항문성교에 집중되었다. 20세기가 될 때까지, 그런 성적 표현은 이성애 커플에 의해서건 동성애 커플에 의해서건 잘못된 것으로 여겨졌고 종종 불법적인 것으로 간주되었다. 그 후, 그 법은 미국 내에서 점점 좁아져 동성애자들에게만 적용되었다. Alan A. Brash, *Facing Our Difference: The Churches and Their Gay and Lesbian Members* (Geneva, Switzerland: WCC Publication, 1995), 37을 보라.

39) *Boston Globe*, November 18, 2003

40) *Boston Globe*, January 20, 2005.

41 *Boston Globe*, February 24, 2004.

한 여성간의 결합으로 정의하는 국민투표에 승인했다. 누가 결혼을 할 수 있는지, 또는 누가 아이들을 돌볼 권리를 가지는지, 누가 사랑하는 사람과 병원에 가는지, 또는 커플로서 민법상 계약을 맺는 것 등을 입법화하는 일은 우리 모두에게 영향을 끼친다. 모든 미국인이 동성인 사람들 간의 결혼 문제를 알고 있고, 대부분의 사람들이 우리 모두가 현재 상태를 유지하는 것과 새로운 방향으로 나아가는 것 사이의 싸움에서 어떤 식으로든 영향을 받고 있다는 것을 인정한다.

어떤 사람들은 동성애자들을 향한 태도 변화가 우리가 알고 있는 서양문명의 종말을 뜻하는 것이 될 것을 우려한다.[42] 예를 들어, "가족에 초점 맞추자Focus on the Family"란 단체의 제임스 돕슨은 "기적을 막아버리면 5천 년 이상 알려진 가족은 무너질 것이며 서양문명 자체의 몰락을 초래할 것이다."[43]라고 말한다. 다른 사람들은 LGBT인 사람들에게 새롭게 문을 여는 것이 한 국가로서 모두를 위한 자유와 정의를 향한 우리의 의무를 다하는 것이 될 것으로 믿는다. 동등한 권리를 동성애자들에게 확대하는 것은 우리 시대를 위해 중대한 문제다. 동성애자 문제를 어떻게 다루느냐 하는 것이 상당 부분 우리가 어떤 국민이 되며, 어떤 교회가 되며, 어떤 국가가 될 것인지를 결정할 것이다. 이 책은 이처럼 중요한 논의에 공헌하기 위해 의도된 책이다.

---

42) 어느 큰 장로교회의 목사가 그런 말로 내게 편지를 보냈다. 미국 상원 후보인 알란 키이즈Alan Keyes는 결혼에 대한 정의definition가 "우리나라의 자유와 도덕성의 생명과 죽음을 결정할 것이다"라고 단언했다(Emma Schwartz and Kathleen Hennessey, "A Marriage-Minded Protest," *Los Angeles Times*, October 16, 2004, A8에서 인용).

43) Dr. James Dobson, *Focus on the Family Newsletter*, April 2004, 그리고 그의 March 24, 2004, 라디오방송; Jeff Lutes, *A False Focus on My Family* (Lynchburg, VA: Soulforce, 2005), 8, http://www.soulforce.org/pdf/false_focus.pdf에서 재인용.

내 생각이 어떻게 바뀌었는가

나는 생각과 마음에 변화를 겪었다. 나는 정말로 교회 안에서 동성애자들의 지위 문제에 대해 연구를 해 본적이 없었다. 나는 반사적으로 동성애에 반대했다. 그것이 내가 생각하기에 크리스천들이 마땅히 취해야 할 입장이었다. 그러나 처음으로 이 문제에 대해 깊이 연구하면서, 나는 성경본문들과 우리 교회를 향한 하나님의 뜻을 새롭게 이해하게 되었다. 그 과정은 매우 진지했고 또한 고통스러웠다. 나는 문화에 의해 흔들리지도 않았고 학계의 동료들로부터 압력을 받지도 않았다. 나는 무엇보다도 성경으로 돌아가서 우리의 삶을 위한 그 중심 메시지를 진지하게 다룸으로써 생각을 바꾸게 되었다.

그 이후, 나의 새로운 확신은 많은 자료들을 통해 보강되었다. 나는 교회가 다른 윤리적 문제들에 대해 어떻게 그 생각을 바꾸었는지를 연구했다. 나는 성경을 이해하는 데 성령님의 인도하심을 받은 교회가 어떻게 아프리칸 계통의 미국인, 여성, 그리고 이혼이나 재혼한 사람들의 직분 안수를 금지하던 입장을 바꾸었는지를 자세히 검토했다. 나는 문자적인 성경해석에서부터 예수 그리스도의 구원하시는 삶과 사역의 렌즈를 통해 성경을 보는 방법으로 바뀐 것에 대해 확실히 깨닫게 되었다. 나는 우리의 개혁주의 신앙고백들에서 발견되는 성경해석의 원칙들을 연구했고, 역사를 관통해 오늘날 우리의 최선의 관행들에까지 이어진 그 원칙들의 계속성을 찾아냈다. 나는 동성애에 관한 논의에서 주로 인용되는 성경본문들과 씨름했고 그 본문들에 대한 새로운 이해에 도달했다. 나는 많은 게이와 레즈비언들을 알게 되었고 또한 복음을 향한 그들의 깊은 증언들을 통해 나의 크리스천 삶이 풍요로워졌다. 나는 모든 신학적이며 이데올로기적인 경계선을 넘어, 성경에 대한 우리의 최선의 이해에 기초하여, 그리스도의 성령이 우리로 하여금 모든 세례교인들에게 리더십의 직위에 맞는 자격을 허락하는 일에서 일치하도록 인도하신다고 확신하는 많은 사람을 만났다.[44] 나의 소망은 동성애자들에 관한 논의를 재구성해서 우리가 교회 안에서 서로를 더 잘 이해하고, 분열을 치유하고, 함께 앞으로 나아갈 수 있게 하는 것이다.

나는 하룻밤 만에 나의 결론에 도달하지 않았다. 나는 당신이 그러리라고 기대하지도 않는다. 만약 당신이 내가 그랬던 것처럼, 동성애자 문제에 많은 관심을 기울이지 않았다면, 이 책을 통해 당신이 그 문제를 좀 더 온전하게 재고해볼 기회가 되기를 바란다. 만일에 당신이 크리스천 동성애자들을 포함해서 모든 동성애자들은 교회와 사회에서 동등한 권리를 가져서는 안 된다고 확신한다면, 나는 당신이 나와 함께 다음의 내용들을 같이 읽어보고, 당신이 시작도 하기 전에 거부하는 대신에, 최소한 내가 전하는 내용들을 당신이 숙고해보기를 바란다. 예수께서는 제자들에게 "너희가 나의 말에 머무르면, 참으로 나의 제자가 되고, 진리를 알게 될 것이요, 진리가 너희를 자유롭게 할 것이다."(요한 8: 31-32)라고 말씀하셨다. 제자들이 예수님으로부터 배울 때는 여러 차례 그들의 생각을 바꾸어야만 했다. 나 역시 그래야만 했다.

---

44) *Book of Order*, G-5.0202를 참조하라: "활동하는 멤버는 교회의 모든 권리와 특권에 자격이 되는데… 투표하고 선출된 **권리**를 포함한다." 우리가 게이 레즈비언 신자들에게 위법적으로 부인하고 있는 것은 임직에 대한 **자격** 자체이다.

제2장

억압을 정당화하기 위한 성경 오용의 패턴

동성애 문제는 장로교회가 씨름하면서 격한 감정을 불러일으킨 첫 번째 사회적 이슈가 아니다. 많은 이슈들로 인해서 당시에는 교회의 연합을 위협하고 실제로 교회의 존재 자체를 위협하는 것처럼 보였었던 문제들이 있었다. 안식일 성수가 그 중 하나였다. 금주법이 또 다른 하나였다. 1926년에 미국장로교 총회는 담배를 피우는 사람들을 복음 사역에 임명할 수 있는가에 대해 논쟁했다.[1]

미국인들의 경험에서 교회들이 대응했었던 가장 중요한 사회적 이슈들은 노예제도/인종분리와 여성의 역할 문제였다. 또 하나의 문제는, 내가 다음 장에서 다루게 될, 크리스천들의 이혼과 재혼의 문제이다. 이 각각의 문제들에 대해, 교회는 한때 거의 만장일치였지만, 시간이 지나면서 고통스럽게 거의 정반대되는 입장으로 태도를 바꾸었다. 교회가 과거에 이런 문제들을 어떻게 다루었는가 하는 데에서 우리는 무엇을 배울 수 있을까?

동성애자들에게 온전한 권리의 교회 멤버십을 주는 것에 대해

1) Jack Rogers, "연합장로교회는 동성애자들에게 목사안수를 주어야 하는가?"(Boston: The Case Study Institute, 1976), 18.

반대하는 많은 사람들은 이런 역사적 유사성을 무시한다. 그 밖의 사람들은 즉각적으로 흑인 또는 여성이라는 조건과 "동성애 행위"와 같은 의지적 행동은 매우 다른 것이라고 주장한다. 이런 사람들은 성경이 노예제도와 여성에 관해 다양한 관점들을 분명히 보여주고 또한 교회가 지금 취하는 입장을 향한 힌트들의 증거가 되는 것으로 읽는다. 동시에, 이들은 성경이 어떤 형태의 동성애적 행태에 대해서도 한결같이 또한 끊임없이 부정적이라고 읽는다.[2]

이런 모든 주장들은 중요한 점을 놓치고 있다. 문제는 노예제도와 여성에 대해 우리가 **지금** 어떻게 생각하느냐가 아니다. 문제는 미국 크리스천들이 지금 우리가 생각하는 것과는 완전히 달랐던 **과거** 200년 이상 동안 이 주제들에 대해 어떻게 생각했었느냐는 것이다. 일반 문화 속의 거의 모든 사람이 믿었던 것과 마찬가지로 크리스천들은 이 문제들에 대해 어떻게 믿었었는가? 도대체 어떻게 대부분의 크리스천들은 성경에 다른 관점이 있다는 것을 전혀 눈치 채지 못한 채, 200년 이상 동안 노예제도와 여성의 예속을 받아들일 수 있었는가? 선량하고 지적이며 경건한 크리스천들이 도대체 어떻게

2) Robert A. J. Gagnon, Dan O. Via와 Robert A. J. Gagnon의 『동성애와 성경: 두 가지 관점』 (Minneapolis: Fortress Press, 2003), 44-47에 들어 있다. Gagnon의 주장을 더 자세히 살피고자 한다면, 다음의 책을 참조하라. Robert A. J. Gagnon, *The Bible and Homosexual Practice: Texts and Hermeneutics* (Nashville: Abingdon Press, 2000), 442-52; Thomas E. Schmidt, *Straight and Narrow: Compassion and Clarity in the Homosexuality Debate* (Downers Grove, IL: InterVarsity Press, 1995), 26-27: Christopher Seitz, "동성애와 성경의 분명한 의식: 기독교 공동체와 하나님의 법," in *Homosexuality, Science, and the "Plain Sense" of Scripture*, ed. David L. Balch (Grand Rapids: Eerdmans, 2000), 182; Ray S. Anderson, "동성애와 교회사역: 신학적 목회적 고찰들," in *More Than a Single Issue: Theological Considerations concerning the Ordination of Practising People Who are Homosexual*, ed. Murray A Rae and Graham Redding (P.O. Box 504, Hindmarsh SA 5007: Australian Theological Forum, 2000), 75.

성경의 기록 속에서 지금은 우리가 노예제도와 여성의 예속을 완화시키는 가르침들로 인정하는 본문들을 보지 못했는가? 왜 우리는 노예제도와 여성에 대한 생각을 바꾸었는가? 어떻게 우리는 생각을 바꾸었는가? 어떻게 교회는 그 길을 바꾸는가? 최소한 우리는 이런 질문들에 대한 답을 찾음으로써 동성애에 대한 우리의 논의와 관련된 교훈을 배울 수 있을 것이다.

나는 안식년 동안, 북장로교회와 남장로교회가 모두 어떻게 노예제도/인종분리와 여성의 역할을 다루었는지를 연구했다. 놀랍게도 각각의 경우에 똑같은 패턴이 드러났다. 그 패턴은 무엇이었는가? 노예제도와 여성의 역할 문제에서 우리는 널리 퍼진 사회적 편견을 먼저 받아들이고 난 다음에, 그 편견을 성경 속에 대입해서 읽었던 것이다. 우리는 특정한 성경본문을 그 문맥에서 떼어내어 문자적으로 읽기를 주장했기 때문에, 그 구절들이 적용되는 이들에게는 비극적인 결과를 초래했다.

우선 노예제도와 인종분리라는 추한 역사와 또한 성경이 그런 억압을 정당화하기 위해 어떻게 사용되었는지를 살펴보자. 200년 이상 동안, 크리스천들을 포함하여 대부분의 미국인들은 노예제도와 인종분리에 관해 세 가지 생각을 공유했다. 대부분의 사람들은 이렇게 믿었다. (1) 성경은 흑인에 관해 처음 언급할 때부터 아프리카 사람들의 죄에 대한 하나님의 심판을 기록하고 있다. (2) 아프리카 사람들은 도덕적인 면에서 열등하고, 온전한 백인들의 "크리스천 교양"의 수준까지 올라갈 수 없다. (3) 아프리카 사람들은 고집스럽게 죄로 가득하며, 종종 성적으로 난잡하고 위협적이며, 그래서 그들 자신의 행위에 대해 벌을 받을 만하다.[3] 우리는 지금 이런 견해들

3) John D'Emilio and Estelle B. Freedman, *Intimate Matters: A History of Sexuality in America* (New York: Harper & Row, 1988), xvi: "백인들은 흑

을 혐오하지만, 대부분의 크리스천들은 과거에 이런 견해들을 "자연적이고 상식적인" 것으로 생각했다. 그 증거들을 살펴보자.

성경은 노예제도를 정당화하기 위해 어떻게 사용되었는가?

함과 가나안에 대한 저주

창세기 9:20-26은 노예제도를 정당화하기 위해 이용되었던 중심 본문이다.

> 그리고 노아는, 처음으로 농부가 되었고, 포도나무를 심었다. 그리고 그는 포도주를 마시고 취하였다. 그리고 그는 자기 장막 안에서 아무것도 덮지 않고 있었다. 그리고 가나안의 조상 함이 자기 아버지의 벌거벗음을 보았고, 바깥으로 나가서 그의 두 형제들에게 알렸다.… 노아는 술에서 깨어났고, 작은 아들이 자기에게 한 일을 알고서 이렇게 말했다, 가나안은 저주를 받을 것이다. 가장 천한 종이 되어, 저의 형제들을 섬길 것이다. 그리고 그는 말했다. 셈의 주 하나님은 찬양받으실 분이시다. 가나안이 그의 종이 될 것이다.[4]

비록 성경본문 어디에도 함이 흑인종의 선조라고 언급되어 있지 않지만, 서양의 신학전통은 그를 그렇게 지명했다. 함에게 내려진 저주는 노예제도에 대한 정당성으로 이용되었다. 그의 아들 가나안이 언급된 이래로, 그 저주는 함을 넘어서까지 계속되어 검은 피부

인 여성들에 대한 강간과 흑인 남성들에 대한 구타를 정당화하기 위해 동물 같은 성적 이미지를 흑인들에게 입혔다."

4) *Authorized Version of the English Bible*, 1611, 보통 킹 제임스 버전으로 알려져 있다. 이 번역판은 식민 시대부터 1950년대까지 영어로 된 표준이었다.

색을 가진 함의 모든 후손들에게 적용되는 것을 당연하게 여겼다.

함의 정확한 죄가 본문 속에 명기되어 있지 않기 때문에, 이 본문에 대한 해석은 유대 랍비들부터 고대와 중세교회를 거쳐 19세기 미국에 이르기까지, 인류가 두려운 "타자"의 탓으로 돌리는 많은 악을 통합시켰다. 성적 비행에 대한 암시가 늘 그 배경에 잠재해 있다.

성 아우구스티누스는 "하나님의 도성*City of God*"에서 실제로 교회 교리가 되어버린 공식을 제공했다. 그는 노예제도는 노예된 자의 죄 때문이기에 정당화된다고 주장했다. "정의와 함께, 노예의 상태는 죄의 결과라는 것을 우리는 믿는다. 그리고 이런 이유로, 정의로운 노아가 그의 아들의 죄를 이 이름으로 명명할 때까지, 우리는 성경 어디서도 '노예'라는 단어를 찾을 수가 없다. 그러므로 그것은 죄에 의해 처음 생겨난 이름이지 자연적으로 생겨난 것이 아니다."[5]

스티븐 헤인즈는 그의 책 "노아의 저주*Noah's Curse*"에서 이 창세기 성경본문을 어디에 어떻게 적용시켰는지를 보여준다. 즉 유대교 랍비들부터 초기 기독교 신학자들, 중세 기독교, 종교개혁, 현대 초기, 계몽주의 시대를 거쳐 19세기까지, 노예제도에 대한 정당화, 성적인 죄, 검은 피부색을 함에게 전가한 문서 자료들을 보여준다.[6] 그러므로 나는 그런 주장들에 초점을 맞출 것인데, 왜냐하면 그런 주장들이 미국의 흑인 노예화를 옹호하기 위해 사용되었기 때문이다.

남북전쟁 전에, 심지어 남북전쟁 후에도 얼마동안, 장로교회의 선도적인 신학자들은 흑인들이 저주를 받았고 그들 본성상 그리고 그들의 의도적인 죄 때문에 노예가 될 만하다고 절대적으로 확신했

5) *City of God* 19.15; Stephen R. Haynes, *Noah's Curse: The Biblical Justification of American Slavery* (New York: Oxford University Press, 2002), 225 n.14에서 재인용.

6) Haynes, *Noah's Curse*, esp. chap 2.

다. 이런 신학자들은 본질적으로 나쁜 사람들은 아니었다. 그들은 당시에 최고 사상가들이었고 또한 교회 지도자들이었다. 교회는 전폭적으로 그들의 생각에 동의했다.

제임스 헨리 쏜웰

제임스 헨리 쏜웰(James Henley Thornwell, 1812-62)은 그런 생각의 신학자였다. 쏜웰은 목사였고 대학 학장이었으며, 1855년부터 50세에 죽을 때까지 컬럼비아신학교의 설교와 논쟁 신학 교수였다. 그는 또 적극적으로 교회에 관여했다. 1845년 보수 장로교 총회 대의원으로서, 그는 아내에게 이렇게 썼다. "나는 의심의 여지없이 총회가 대다수에 의해 노예제도는 죄가 아니라고 선언하고, 그것은 하나님의 말씀에 의해 허락되었고, 순전히 민간의 관계에 관한 것이기에 교회는 간섭할 권리가 없으며, 노예제도 폐지는 본질적으로 사악하고 혼란을 일으키며 파괴적이라고 주장할 것이라고 믿는다오."[7]

1850년의 설교에서 쏜웰은 크리스천들은 노예제도를 지지하고 무신론자들은 그것에 반대한다고 천명했다. "이 논쟁의 양편은 그저 폐지론자들과 노예소유주들이 아니다. 한 편에 무신론자들, 사회주의자들, 공산주의자들, 붉은 공화당원들, 급진주의자들이 있고, 다른 편에는 질서와 통제된 자유의 친구들이 있다. 한 마디로, 세상은 전쟁터이다. 기독교와 무신론이 서로 전투를 벌이고 있으며, 인류의 진보가 걸려 있다."[8]

---

7) Ernest Trice Thompson, *Presbyterians in the South,* vol. 1, 1607-1861 (Richmond: John Knox Press, 1963), 530. 이 장의 내용들 중의 몇몇은 나의 책 *Reading the Bible and the Confessions: The Presbyterian Way* (Louisville, KY: Geneva Press, 1999)에서도 찾을 수 있다.

8) James Oscar Farmer Jr., *The Metaphysical Confederacy: James Henley Thornwell and the Synthesis of Southern Values* (Macon, GA: Mercer

1861년에 남부 장로교회들이 북부 장로교회들로부터 분리할 때, 세계를 향해 그들의 행동을 정당화하는 선언문을 쓰도록 요청받은 사람이 바로 쏜웰이었다. 17페이지에 달하는 소책자가 제출되어, 1861년 12월 4일 조지아 주 오거스타에서 열린 아메리카 남부 연방 내의 장로교회에 의해 만장일치로 채택되었다.

이 선언문에서, 쏜웰은 노예제도를 정당화하기 위해 성경해석에서 문자주의를 사용했고, 결과적으로 성경의 특정 구절들이 성경해석에 대한 개혁주의 교회의 원칙들과는 모순되게 일반적인 원칙들보다 우선하게 되었다.

쏜웰은 사회질서에 대한 몇 가지 중요한 문화적 전제들을 천명하는 것으로 시작했다. 남성의 "가장 숭고한 지상의 관심사는 그의 나라와 인종이다."[9] 그는 또한 계급제도는 자연적이고 성경적이며 필수적이라고 단언하고, "사람들이 이 문제에 대한 결론을 성경에서만 도출했다면, 노예제도를 죄로 비난하는 것이 군주제, 관료제나 가난을 죄로 비난하는 것과 같다"[10]고 말했다.

쏜웰에 따르면, 인간의 권리는 하나님께서 제정하신 위계적 계급제도에 종속되어 있다. 그는 아프리카인들은 함의 후손으로, 본성상 백인들보다 열등하고, 따라서 하나님에 의해 노예 신분으로 정해졌다고 단언했다. 그러므로 그 신분은 노예들의 최선의 이익을 도모하는 것으로 생각해야 한다. 왜냐하면 하나님께서는 각 사람에게 자신의 의무를 수행할 능력에 따라 위치를 정해주셨기 때문이다. 노예에 대해 언급하며, 쏜웰은 "다른 사람들, 예를 들어 그의 주인에게

University Press, 1986), 222: and Thompson, *Presbyterians in South*, 1:536.

9) 지구상의 모든 예수 그리스도의 교회들에게 보내는 미국연합장로교 총회 연설문, 1861년 12월, 조지아 주 오거스타의 총회 기관에서 만장일치로 채택되었다 (n.p.: Published by order of the Assembly, n.d.), 5.

10) Ibid., 11.

속한 많은 권리들이 노예에게는 없다. 그런데 그는 다른 사람들을 소유할 자격이 있는가?… 자유와 덕성에 대한 인간의 교육은 광대한 신의 섭리에 의한 계획이고, 하나님은 현명하고 성스러운 법령에 의거하여 모든 사람들에게 그가 인류의 거대한 도덕적 학교에서 차지할 정확한 위치를 정하신다."[11]고 말했다.

쏜웰은 노예제도가 미국 내에서 선하고 필요하며, 아프리카인들의 정상적 상태라고 보았다. "흑인들이 상대적인 저열함 속에서 백인들과 나란히 공존하는 한, 노예 신분은 그들의 정상적 상태이다… 참으로, 우리가 남부 여러 주들에 있는 그들의 상태를 심사숙고하여 그들 이전의 조상들의 상태와 비교하고 또한 현재 그들의 고향에 있는 그들의 형제들의 상태와 비교하면, 우리는 그들이 그처럼 많이 우리나라에 오게 되었고, 야만과 죄의 속박에서 구원된 것을 은혜로운 하나님의 섭리로 받아들이지 않을 수가 없다."[12]

이어서 쏜웰은 "그러면, 노예제도는 죄인가?"라고 묻고 그의 대답을 위한 기초를 놓기 시작했다. "교회가 이 질문에 대해 대답할 때, 판단의 유일한 법칙은 하나님의 기록된 말씀임을 분명히 마음에 기억하도록 합시다."[13] 쏜웰에게는, 하나님의 기록된 말씀과 그의 19세기 "상식"이 늘 맞아 떨어졌다.

그런 다음 쏜웰은 질문 두 개를 던졌다. 첫째로, 성경이 직접적으로 노예제도를 정죄하는가? 그의 대답은 "아니다!"였다. "노예제도는 전혀 새로운 것이 아니다… 그것은 전 세계에서 여러 세기 동안 존재해왔을 뿐만 아니라, 하나님의 교회 안에서, 은혜의 언약의 모든 섭리 아래에서 존재해왔었다."[14]

---

11) Ibid,, 15.

12) Ibid., 14.

13) Ibid., 11.

둘째로, 성경이 간접적으로 노예제도를 정죄하는가? 또다시 그의 대답은 "아니다!"였다. 그는 사랑과 정의가 필수적임을 인정하면서 이렇게 말했다. "사랑의 법칙들과 폭정과 억압에 대한 정죄가 논리적으로 노예제도에 대한 정죄와 관련된 것처럼 보인다는 것을 잠시 인정합시다." 이어서 그는 자신의 새로운 이론의 방법을 밝힌다. "그러나 만일 노예제도가 나중에 분명히 언급되고 하나의 합법적 관계로 간주된다면, 성경을 그 자체로 모순되는 것으로 해석하지 않는다는 것을 전제로, 노예제도는 그 정죄에서 예외적이라는 뜻이 된다."[15] 이렇게 해서, 성경에 기록된 고대 근동 문화의 한 사악한 관행이 예수님의 중심적인 가르침을 무효로 만들어버렸다.

쏜웰은 성경해석의 한 방법을 발전시켰는데, 그것에 따르면 성경의 특정 구절이 일반 원칙들보다 우선하는 것이다. 즉 무엇인가 명백히 금지되지 않으면, 그것은 행할 수 있다. 구체적인 성경의 보장이 없으면 아무것도 행해서는 안 된다. 따라서 특정 구절들이 있느냐 없느냐가 일반 원칙들보다 우선하고, 일반 원칙들에는 그리스도의 복음도 포함된다.

이런 성경해석 방법으로부터 "교회의 영성"이라는 쏜웰의 교리가 자라나, 거의 한 세기 동안 남부 장로교회의 중심 원칙이 되었고 노예제도와 인종분리주의를 정당화하기 위해 사용되었다. 쏜웰을 따르면서, 남부 장로교인들은 성경이 노예제도와 인종분리를 확증한다고 주장했다. 게다가, 그들은 교회가 그런 세속적인 사회문제를 다루는 데 연루되어서는 안 된다고 믿었다. 노예제도와 인종분리에 대한 판단은 개인의 양심과 주정부의 법규에 맡겨지게 되었다.

쏜웰은 또한 자연법을 주장했다. 그는 자신의 상식이 받아들였

14) Ibid.

15) Ibid., 12.

던 것은 자연법의 성스런 특징을 가지고 있다고 당연히 생각했다. "보편적인 것은 무엇이든 자연적이다. 우리는 노예제도가 이 기준에 의해 판단되기를 바란다."[16] 그는 자신감 넘쳐서 계속 말했다. "그러나 인류의 압도적인 다수가 그것을 승인했다면 어쩔 것인가? 철학자들과 정치가들이 그것을 정당화하고, 모든 나라의 법들이 그것을 인정했다면 어쩔 것인가?"[17] 쏜웰은 그의 논거를, 모든 사람이 노예제도를 정당화하는 자연법을 인정했다는 주장에 두었다.

1862년 그의 죽음 직전에 쏜웰은 그의 아내에게 이렇게 썼다. "우리가 주장하는 원칙들의 가치에 대한 나의 의식이 매일매일 커가고 있다오. 만일 우리가 진다면, 인류의 희망들은 한 세기 이상 후퇴하게 된다오."[18] 쏜웰에게는 인류가 위계적인 구조를 가지고 있었다. 그에게는 아프리카 사람들과 같은 "열등한 계급"의 행복은 지배계급의 권력과 자비심에 달려 있었는데, 이 경우에 지배계급은 남부 백인 남성들을 뜻하는 것이었다.

로버트 루이스 대브니

로버트 루이스 대브니Robert Lewis Dabney는 1865부터 1892년까지 남부 장로교회의 최고 신학자였다. 그는 쏜웰이 죽은 후, 남부 장로교회를 대표하는 인물이 되었다. 대브니는 버지니아의 유니온신학교 교수였다. 1861년, 대브니는 남부군에 입대하여 처음엔 군목

---

16) Ibid., 15.

17) Ibid.

18) Eugene D. Genovese, "확실치 않은 트럼펫: 남부 기독교인들은 어떻게 성경과 노예제도를 화해시키려 했는가,"에서 재인용. 이 글은 *Books & Culture*, January/February 1999, 36에 있다. 1861년 12월, 노스캐롤라이나의 J. Henry Smith 목사는 거의 같은 말을 했다: "우리가 실패한다면, 문명의 진보가 한 세기는 위로 돌아가게 될 것이다."

으로 일했고, 이어서 개인적인 친구인 토마스 (스톤월) 잭슨 장군의 참모부에서 소령으로 일했다.[19]

남북전쟁 동안, 대브니는 "버지니아의 변호*A Defense of Virginia*" 제1권을 출판했고, 그 안에는 자신의 성경해석에 바탕을 둔 100페이지에 달하는 노예제도 옹호 글이 포함되었다. 1867년에 제2권이 뒤따랐다. 그의 입장은 남부가 패한 후에 더 강해졌다.

대브니는 그 두 권에서 흑인과 백인은 서로 다르고 동등하지 않은 종이라고 주장하면서, 아프리카인의 열등함에 대한 유전적 논증을 펼쳤다. 그에게 이 말은 삶의 대부분의 영역에서 흑인들이 백인들보다 능력이 떨어진다는 뜻이었다. "우리는 '하나님께서 한 피로 모든 민족을 만드셔서 한 하늘 아래 살게 하셨다'고 믿기는 하지만, 아프리카인들은 잘 알려진 자연사의 법에 따라, 오랜 세월의 영향에 의해 백인들과는 특징들로 구별되는, 별도의 인종species of the race이 되었는데, 이것은 신체적으로, 정신적으로, 도덕적으로 거의 속genus의 특징들처럼 고정적이고 영구적이다."[20]

대브니에 따르면, 흑인들에게 사회적인 동등을 허용한다는 것은 생각할 수 없는 일이었다. 그는 북부의 목적이 흑인들과 백인들의 결혼을 장려함으로써 남부의 "순수한 인종적 유산"을 희석시키려는 것이라고 믿었다. "그러므로 혼혈 자식은 잡종임에 틀림없고, 잡종의 모든 약함으로 각인되어 있다. 그리고 이것은 분명히 우리의 승리자들이 예상하는 숙명이다. 실제로, 그들이 마나사스(미국 버지니아주 북동부의 도시. -역자주) 영웅들의 피와 아프리카 늪지대에서 나오는

---

19) S.V. "Dabney, Robert Lewis," in Randall Balmer and John R. Fitzmier, *The Presbyterians*, Denominations in America 5, ed. Henry Warner Bowden (Westport, CT: Greenwood Press, 1993), 147.

20) Ernest Trice Thompson, *Presbyterians in the South*, vol. 2, 1861–1980 (Richmond: John Knox Press, 1993), 200.

불결한 개울물을 섞을 수 있다면 말이다."[21]

대브니는 "함의 점잖지 못하고 비정상적인 죄"를 넌지시 언급함으로써 성적인 요소를 그림에 보탰다. 비록 그는 그 죄가 무엇인지 구체적으로 언급하지는 않았지만, 그는 노예제도를 "그 인종의 일부가 특별히 도덕적으로 타락한 것에 대한… [하나님의] 처벌이고 구제책"이라고 생각했다.[22]

남북전쟁 후, 몇몇 저명한 백인 남부 목사들은 성직을 포함해 교회 내에서 아프리카 계통 미국인들의 온전한 평등을 주장했다. 1867년, 버지니아 주의 몇몇 장로교 목사들은 대브니가 노회 회의에 결석한 틈을 타서 다음과 같이 제안했다. "복음 사역에 대한 성직 안수는 사람이 누구냐에 상관없이 그 사역에 소명을 받고 자격이 있는 모든 사람들에게 줄 것을 결정한다."[23]

이 동의안에 대한 결정은 미루어졌고, 다음 날 대브니는 연설할 기회가 주어졌다. 그는 당시 상황을 묵시적인 관점에서 이해하여, "교회의 생사가 걸린 순간"[24]이라고 말했다. 그는 아프리카계 미국인들에게 직분 안수하는 것에 대해 강하게 반대했다. "교회, 국가, 그리고 문명 자체의 존립 여부에 대한 모든 희망이 니그로 참정권의 교리를 반대하는 우리의 힘든 노력에 달려 있다."[25]

---

21) Ibid., 200.

22) Haynes, *Noah's Curse*, 71에서 재인용; Dabney, *A Defence of Virginia (and through Her of the South), in Recent and Pending Contests against the Sectional Party* (New York: E. J. Hale & Son, 1867)를 인용하고 있다.

23) Thompson, *Presbyterians in the South*, 2:217.

24) Thomas Cary Johnson, *The life and Letters of Robert Lewis Dabney* (Richmond: Presbyterian Committee of Publication, 1903), 320에서 재인용.

25) "흑인들의 교회적 관계," 버지니아 노회에서 로버트 L. 대브니 목사의 연설, 11월 9일, 1867년; 우리 교회에서 흑인 설교사들의 교회적 평등과 백인 기독교인들을 통치하는 그들의 권리에 반대하며 (Richmond: Printed at the Office

대브니는 그의 백인 남성 청중들 마음 깊이 자리한 두려움에 호소했다. "이 모든 것이 어디로 가는지 모르는 사람은 진실로 '순진함'에 틀림없습니다. 왜냐하면 우리의 압제자들이 끝장내려고 획책한 것이기 때문입니다. 그것은 (제가 그 끔찍한 단어를 말해도 될까요?) **혼혈**amalgamation입니다!"[26] 대브니는, 만약 아프리카계 미국인들이 직분 안수를 받는다면, 그것은 "여러분이 소유한 이 니그로가 백인 당회의 기록을 검토하고 비판하고, 백인들이 아마도 백인 숙녀들이 제기한 탄원서들을 판단한다는 것"일 수 있다고 떠들어댔다.[27] 그는 이어서 인종간의 물리적 혼합 가능성에 대해 강조했다. "여러분은 이 니그로를 여러분의 토론에, 투표에, 설교단에, 아프거나 죽게 되어 누워 있는 침대에, 결혼과 장례식에 오도록 허용한 후에, 그를 여러분 집 응접실이나 식탁에서는 여전히 배제하겠다고 말하는 것입니까?… 제가 단언컨데, 신사 여러분, 이 교리는 그것이 아무것도 아닌 게 아니라면 혹은 양키들의 위선을 뜻하는 것이 아니라면, 결국 **혼혈**을 뜻하는 것입니다."[28]

대브니의 연설은 그가 단순히 미국 노예제도의 결과에 반응하는 것이 아니라는 것을 분명히 했다. 오히려 그는 백인들의 우월성에 대한 교리를 주장했던 것이다. 그는 자신이 이해한 멕시코 사람들의 인종적 열등을 순수 혈통의 스페인 정복자들과 비교함으로써 자신의 관점을 호소했다. "우리는 그들[양키들]의 악마 같은 계획에 대한 증거를 멕시코에서 우리의 눈으로 볼 수 있습니다. 멕시코에서 우리는 처음에 찬란한 식민지 제국을 보았지만, 먼저 노예제도 폐지

---

of the "Boys and Girls' Monthly," 1868), 8. Cf. Thompson, *Presbyterians in the South,* 2:218.

26) Dabney, "교회적 관계," 8.

27) Ibid., 10.

28) Ibid., 8.

로 인해 그 제국이 기울어졌습니다. 그 다음에는 유색인종과 스페인 사람들 사이의 평등을 주장함으로써 미친 평등화가 이루어졌습니다. 마지막에는, 모든 고딕 양식 가운데 가장 장엄했던 스페인 혈통이 혼혈로 말미암아 이제는 그 땅의 치욕과 재앙이 되어버린 잡종의 오합지졸이 되고 말았습니다."[29]

하나님께 소명을 받고 자격을 갖춘 모든 사람들에게 직분 안수를 개방하려던 그 동의안은 좌절되었다. 그의 연설을 통해서 대브니는 남부 장로교회의 태도를 인종통합의 가능성에서부터 유색인을 위해 따로 분리된 교회를 만드는 체제로 바꾸었다.[30]

노예해방 후 23년이 지난 1888년에도 대브니는 여전히 이런 주장들을 펼쳤다. "권리에 대한 반反 성경적 이론들"이라는 제목의 글에서 그는 노예제도를 옹호했다. 그의 주장에 따르면, "급진적 사회 이론은 '모든 인간이 자유롭고 평등하게 태어난다'고 말한다."[31] 그는 강력히 주장하기를, "신약성경을 배우는 정직한 학생은 가정의 노예, 즉 하나님의 말씀 안에서 정의되었고 바울의 편지들에서 명령된 방식으로 실행되었던 가정 노예는 과거만이 아니라 현재의 새로운 경륜 아래서도 여전히 합법적인 관계라고 주장할 수 있다."[32]

대브니는 자기 주장의 근거를 함과 가나안에 대한 고대 이야기에서 찾았다. "창세기 9장 25-27절에서, 노아의 아들 함은 자식으로서 있을 수 없는 죄를 지었다. 그의 후손들은 그와 함께 죄를 선고받고 오늘날까지 벌을 받고 있다. 출애굽기 20장 5절에서, 하나님은 아비의 부정을 삼사 대까지 벌하신다고 선언하셨다."[33]

---

29) Ibid.

30) Thompson, *Presbyterians in the South,* 2:218-19.

31) Robert L. Dabney, "권리에 관한 반 성경적 이론," *Presbyterians Quarterly* 2, no. 2 (July 1888): 215-42, 219.

32) Ibid., 232-33.

대브니와 남부 교회에게는 아프리카인 후손들을 노예로 삼게 된 근거가 그들의 조상들이 고의적으로 죄를 지었으며, 이처럼 죄가 많은 상황과 그에 대한 처벌이 후손들에게 계속 전해져 내려왔다는 믿음이었다. 대브니는 아프리카계 미국인들이 "타락한 인종"으로, 계속해서 현재에도 죄로 가득 찬 행동을 한다고 믿었다.

대브니에게는 인종적 순수성이 궁극적 가치였고, 백인의 순수성을 지키기 위해 인종분리는 필수적이었다. 남북전쟁의 패배는 이미 "명예, 환대, 고결, 남부적인 특징들을 구성하는 모든 것"을 잃었음을 뜻했다. 무슨 수를 써서라도 지켜야 하는 것은 백인종의 우월성이었는데, 이런 우월성은 남부 출신 백인들이 "지배계층"이라는 사실 가운데 잘 드러나 있다.[34]

이처럼 노예제도를 정당화하기 위해 사용되었던 똑같은 논리가 남성에 대한 여성의 복종을 정당화시키는 데도 사용되었다.

성경은 여성을 억압하기 위해 어떻게 사용되었는가?

우리는 앞에서 선도적인 기독교 신학자들이 세 개의 비성경적인 생각들을 어떻게 아프리카인 후손들에게 적용했는지에 대한 생생한 실례들을 보았다. 똑같은 전제들이 또한 남성들에 의해 여성들에게 200년 이상 동안 적용되었다. 남성들의 주장에 따르면, (1) 여성이 성경에 처음 언급된 때부터 성경은 여성의 죄에 대한 하나님의 심판을 기록하고 있다(하와에게 내려진 저주). (2) 여성들은 도덕적 성품에서 열등하고, 온전한 백인 남성 기독교인들의 문명의 수준에까지 올라올 수 없다(왜냐하면 여성들은 감정적이고 이성적이지 않아 보

33) Ibid., 223-24.

34) Genovese, "불확실한 트럼펫," 36.

이기 때문이다). (3) 여성들은 의지적으로 죄가 많고, 종종 성적으로 난잡하고 위협적이고 그들 자신의 행동에 벌을 받기에 합당하다(여성은 남성을 유혹한다).[35]

하와에게 내려진 저주

여성들에 대한 이런 왜곡된 관점을 뒷받침하기 위해 사용되는 성경본문은 창세기 3:1-16(선택된 구절들) 안에 있다.

> 1 뱀은, 주 하나님이 만드신 모든 들짐승 가운데서 가장 간교하였다. 뱀이 여자에게 물었다. "하나님이 정말로 너희에게, 동산 안에 있는 모든 나무의 열매를 먹지 말라고 말씀하셨느냐?… 6 여자가 그 나무의 열매를 보니… 보암직도 하였다. 그뿐만 아니라, 사람을 슬기롭게 할 만큼 탐스럽기도 한 나무였다. 여자가 그 열매를 따서 먹고, 함께 있는 남편에게도 주니 그도 그것을 먹었다… 13 주 하나님이 그 여자에게 물으셨다. "너는 어쩌다가, 이런 일을 저질렀느냐?" 여자도 핑계를 대었다. "뱀이 저를 꾀어서 먹었습니다." …16 여자에게는 이렇게 말씀하셨다. "내가 너에게 임신하는 고통을 크게 더할 것이니 너는 고통을 겪으며 자식을 낳을 것이다. 네가 남편을 지배하려고 해도 남편이 너를 다스릴 것이다."

3세기의 초기 교회 신학자 테르툴리아누스는 계속해서 하와를 죄의 기원과 동일시했다. "**당신은** 악마의 입구다. **당신은** 금지된 나무를 개봉한 자이다. **당신**은 하나님의 법을 처음으로 저버린 자이다.

35) D'Emilio and Freedman, *Intimate Matters,* 28: "서양문화는 전통적으로 여성의 성적인 탐욕을 두려워했다. '약한 용기weaker vessel'로서, 여성은 자신의 열정에 덜 지배적이어야 하며 조심스럽게 통제되어야만 했다.

당신은 악마가 용기를 내서 공격할 수 없는 그를 설득했던 여자다. **당신**은 남성 안의 하나님 이미지를 너무 쉽게 파괴했다. **당신의** 죄과, 다시 말해 죽음 때문에, 하나님의 아들조차 죽어야 했다."[36]

전통적인 교회 문화는 오랫동안 여성을 성적인 유혹자로 그려왔다. 여성은 자신의 원초적인 성적 충동을 거의 통제하지 못하는 것으로 여겨졌다. 남성들은 여성들에게 유혹받아 몰락하지 않도록 여성들을 피하도록 계속해서 경고를 받았다.[37]

19세기에는 여성들에 대해 좀 더 점잖게 말하기는 했지만 그럼에도 불구하고 계속해서 권력의 자리에서는 치밀하게 차별을 받았다. 미국은 농업사회에서 산업사회로 바뀌고 있었다. 남자들이 농장을 떠나 공장으로 가면서, 여자들의 역할도 바뀌었다. 이제 여성들은 농장에서 같이 일하는 동료노동자가 아니었고, 남성들과 분리된 영역인 가정이 주어졌고, 자녀 양육이 최우선 과제였다. 빅토리아 시대에 미국은, 베티 드버그가 지적한 것처럼, "상당히 빠른 전환이 이루어졌다. … 여성들이 감각적인 유혹자에서부터 '성적인 욕구가 거의 없는 수동적 파트너'로 바뀌었다."[38] 남자들의 주장은 여전히 남자들은 이성적인 반면에 여자들은 감정적이기 때문에 공공의 영역에서 리더십의 자리를 맡기에 적절치 않다는 것이었다.

심지어 장로교회 첫 번째 총회가 미국에서 1789년에 개최된 이후, 20년이 흐른 후에야 비로소 여성들이 장로교회의 공식 문서에서 처음 언급되었다. 여성들이 처음 인정되었던 것은 선교와 자선과 개혁을 위한 자발적 조직들에서 수고했던 때문이었다. 1811년 총회는

36) *Minutes*, PC (USA), 1987, 643에서 재인용.

37) Betty A. DeBerg, *Ungodly Women: Gender and the First Wave of American Fundamentalism* (Minneapolis: Fortress Press, 1990), 20.

38) Ibid., 20에서 재인용.

교회 안에서의 여성들의 긍정적 역할에 대해 처음으로 공식적으로 인정했다. "경건한 여성들을 일깨워 자발적인 헌신(교회를 향한)을 통해 돕는 목적으로 연합한 것은 하나님을 기쁘시게 했다… 자선은 늘 매력적인인데, 여성의 형태로 차려 입게 되면 특별한 매력을 가지게 된다… 우리가 지금 이야기하는 가치 있는 여성들을 이끌었던 그 영이 널리 퍼져 다른 가슴들도 뛰게 하기를 바란다."[39] 같은 해에, 장로교 목사 매튜 라 류 페린은 여성들이 그들의 기관에서 같이 일하는 것을 지지하긴 했지만, 전형적인 거만한 투로 말했다. "약한 그릇vessels에게 영예를 주고, 그들을 하나님의 처소 안에서 장식적이고 유용하도록 만들기 위해 애쓰는, 유쾌하고 성스러운 일에 기쁘지 않을 사람이 있겠는가?"[40]

장식적인 여성성

1825년에서 1855년까지, 보수적인 장로교회의 선도적인 세 명의 신학자들이 여성의 역할에 대해 가르치려고 했다. 프린스턴신학교 교수들인 찰스 호지, 아치볼드 알렉산더, 사무엘 밀러는 "성경의 보고와 프린스턴 평론*Biblical Repertory and Princeton Review*"에 "장식적인 여성성Ornamental Womanhood"에 대한 글을 썼는데, 그 글에서 여성들의 활동은 결혼과 육아에서 경건, 근엄, 정의로 제한되어야 하며, 또한 여성은 어떤 권한을 맡으려고 해서는 안 된다고 충고했

39) *Extract from Minutes of the General Assembly,* PCUSA, 1803-1811, 310; Karen (Bear) Ride Scott, "사역의 지평선 넓히기: 미국 장로교에서 성직옷을 입은 여성들"(Dmin Diss. Project, San Francisco Theological Seminary, 1990), 84에서 재인용.

40) Lois A. Boyd and R. Douglas Brackenridge, 『미국의 장로교 여성들: 2세기 동안의 지위 찾기』, Contributions to the Study of Religion 9, A Publication of the Presbyterian Historical Society (Westport, CT: Greenwood Press, 1983), 6.

다. 위에 언급한 세 명을 포함하는 "프린스턴 신사들의 연합"은 "장식적인 여성성"이라는 그들의 개념을 아마도 뉴잉글랜드 목사인 코튼 매더Cotton Mather의 1692년 논문에서 가져온 듯한데, 그는 "정숙한 여성의 특징과 행복에 대한, 시온의 딸들을 위한 장식들"이란 제목의 여성들을 위한 매뉴얼을 썼다. "장식물들"이란 여성의 특징을 표현하는 필수적 특성이었다. 여성들은 자신들의 신앙을 사적으로만 표현해야 한다. 공적인 영역은 남성들만을 위한 것이었다. "여성"은 빛나는 그러나 조용한 존재로서 남성의 역할을 보충하는 것이었다.[41]

우리는 특히 이 "신사들" 중 중심인물인 찰스 호지Charles Hodge (1797-1878)의 영향력과 여성들에 대한 장로교회의 태도를 형성하는 데 끼친 초기의 영향에 대해 주목할 필요가 있다. 호지는 58년 동안 프린스턴신학교 교수진의 한 명이었다. 그는 3000명의 신학생을 가르쳤는데, 19세기의 어느 교수보다 많이 가르친 셈이다. 1835년에서 1867년까지 한 해만 빼고 매년, 그는 총회의 활동에 대한 영향력 있는 논평을 썼다. 1872년에 출판된 그의 세 권짜리 "조직신학"은 프린스턴에서 표준 교재로 계속 사용되었고, 미국의 많은 신학교에서 1930년대 초까지, 그리고 몇몇 곳에서는 심지어 1960년대까지 교재로 사용되었다.[42]

우리는 호지가 당시 대부분의 남자들과 함께, 공교육, 노예폐지, 여성의 참정권에 반대했다는 것을 알고 놀랄 필요는 없다. 여성에 대한 호지의 태도는 그가 결혼과 가족의 가치를 어떻게 이해하느냐

41) Ronald W. Hogeland, "찰스 호지, 신사들의 연합과 장식적인 여성성: 1825-1855," *Journal of Presbyterian History* 53, no. 3 (Fall 1975): 245.

42) John W. Stewart, "재발견된 찰스 호지," *Princeton Seminary Bulletin* 18, no. 3(November 1997): 287. Edward N. Gross가 편집한 Hodge의 『조직신학』의 요약판으로 Baker Book House에 의해 1988년 출판되었다.

에 중심을 두고 있다. 그는 "결혼은 하나님이 당신의 영광을 위해 그리고 남자들의 행복을 위해 정해놓으신 성스러운 제도이다."라고 썼다. 결혼예식 때 남편은 "성실하고 사랑하겠다"고 서약는 반면, 여성은 "순종하겠다"는 서약을 덧붙여야만 했다.

어떤 책 평론에서, 호지는 노예제도를 옹호하기 위해 여성들의 필수적인 복종을 비슷한 사례로 이용했다.

> 만일에 하나님께서 여성들에게 부과하신 법에 여성들이 복종하는 것으로부터 해방된다면… 만일 하나님의 권위에 대해 심사숙고한 후 모욕하는 태도로 우리가 결혼서약 때, 순종에 대한 모든 주장을 버린다면, 우리는 곧 메리 월스톤크래프트(Mary Wollstonecraft, 18세기 영국 철학자로서 여성의 권리를 주창함)의 정신이 지배하는 나라를 갖게 될 것이다. 그러나 그 나라에서는 모든 질서와 모든 미덕이 빠르게 사라질 것이다… 여성이 자신의 본성을 잊고 남성의 일과 권리를 주장하는 것보다 더 깊은 혐오감을 느끼게 될 인간의 특징의 변형은 없다.[43]

남부 장로교회PCUS에도 같은 부류가 있었다. PCUS의 신학자인 로버트 대브니는 교회에서 여성들의 리더십을 부정하는 근본적인 이유를 설명했다. 그의 주장은 하와에게 내리신 하나님의 저주는 늘 여자들에게 적용되고, "'그 여자가 처음으로 죄를 지었고,' 그것 때문에 하나님은 하와에게 두 가지 벌을 내리셨는데(창세 3:16), 남편에 대한 복종과 육아의 고난이라고 단언했다. 신약성경(디모데전서 2:11-끝)은 하와의 딸들이 이 세상 끝날까지 계속해서 이 벌들을 견뎌내야

43) Hogeland, "Charles Hodge," 247-48에서 재인용.

하는 것이 옳다고 선언한다(베드로전서 3장 1절-6절 참조)."[44] 대브니는 여기서 랍비들이 세운 해석 전통으로서 고대와 중세 교회를 거쳐 19세기 미국에까지 전해진 전통을 되풀이했다. 동시에 그는 여성들이 "하와의 죄" 때문에 저주받았다는 일반적 개념과 문화적인 수용에 의지했다. 대브니는 여성들의 권리에 대해 비난하며, "또 하나의 적의에 찬 깃발이 이미 펼쳐졌고, 하나님의 말씀에 대한 새로운 공격에 수백만 명의 비신앙인들이 집결했다"고 선언했다.[45]

1891년 PCUS(남부 장로교) 총회는 남녀가 섞인 모임에서 여성들이 연설하고, 기도를 이끌고, 공개 토론에 참여할 수 있는 권리를 부인했다. 그러나 여성들이 자기들끼리 "경건한 대화와 기도로 서로 교화하고 위로하기 위해" 모임을 갖는 것은 적절하다고 했다.[46] 여성들이 스스로 봉사를 위해 더 큰 모임(예컨대 노회 차원의 모임)을 조직할 수 있다는 생각에 대해 PCUS 목사들은 "비성경적이며, 장로교적이지 않고, 여성적이지 않은" 것으로 비난했다. 그 선언 때문에 PCUS의 한 여성은 남자들이 "우리의 속치마 안에서 여성 참정권의 찢어진 발굽"을 볼 수 있다고 선언했다.[47]

1916년 PCUS 총회는 이전 총회들에서 채택된 행동규정들을 재확인하면서, 여성들이 강단에서 "공적으로 하나님의 말씀에 대해 강론"하거나 목사 안수를 받거나 설교자 자격을 얻는 것을 금지하는 결의안을 채택했다. 그러나 이 결의안은 여성들이 "남녀가 함께 참석한 모임들"에서 말할 수 있는 권리에 대한 언급을 빼고, "여성들의 다른 모임들은 그 모임의 판단과 우리의 크리스천 여성들의 계몽

44) Dabney, "Rights," 223.

45) Ibid., 219.

46) Boyd and Brakenridge, *Presbyterian Women in America*, 208에서 재인용.

47) Ibid., 217-18에서 재인용.

된 양심에 달려 있다"고 맡겼다. 61명의 위원들은 즉시 그 결의안이 너무 멀리 갔고 여성들에게 지역 교회의 기도모임에서 말하도록 허가할 수도 있으며, 그것은 성경적 재가가 없고 PCUS의 입장과는 반대라고 항의했다. 총회는 즉시 대답했다. "성경의 권위를 떨어뜨릴 수 있는 것은 단지 그 계명들을 위반해서만이 아니라, 의심스럽게 해석된 본문에 대해 교회법정이 하나님의 백성들의 양심을 묶어버리는 시도를 할 때도 마찬가지다."[48] 그러므로 20세기 초에 PCUS의 한 총회는 교회에서 여성의 권리를 제한하는 전통적인 성경해석에 대한 의구심을 인정했다. 그러나 교회의 대다수 남자 목사들은 계속해서 인종차별의 정당성과 여성의 온전한 사회참여에 대한 권리를 억압할 것을 주장했다.

교회와 사회가 어떻게 잘못하게 되었는가?

도대체 어떻게 쏜웰, 대브니, 호지 같은 대표적 학자들이 "네 이웃을 네 몸과 같이 사랑하라," 그리고 "남들이 네게 해주기를 바라는 대로 다른 이들에게 하라!"와 같은 성경의 기본 원칙들을 무시할 수 있었을까? 그리고 도대체 왜 다른 사람들은 그들의 신학적 주장들을 그렇게 무비판적으로 받아들였는가? 사람들이 고대 근동 지역의 관습을 19세기 미국에 그대로 적용할 수 있도록 허락한 지적인 근거는 무엇이었는가? 지금 우리는 그들이 그토록 잘못되었다고 믿고 있는데 도대체 어떻게 몇몇 신학자들과 목사들은 자신들이 성경을 올바로 이해한다고 그렇게 확신할 수 있었는가? 우리가 지금은 거의 이해할 수 없는 방식으로 사람들의 생각을 이끌었던 초기 미국

48) Ibid., 212.

의 주된 철학적이며 신학적인 원천은 무엇이었는가?

이 질문들에 대한 답은 스코틀랜드 상식철학Scottish Common Sense philosophy과 프란시스 터레틴Francis Turretin의 스콜라 신학 Scholastic Theology의 영향을 검토함으로써 찾을 수 있다.

19세기 미국의 주도적인 신학 전통은 1812년에 설립된 프린스턴신학교에서 완전히 발전했으며, 그 전통은 1940년대까지 이어졌다. 아치볼드 알렉산더는 1812년에 프린스턴신학교의 커리큘럼을 확립했다. 그는 스코틀랜드 상식철학을 성경해석의 방법으로 추천했다. 그가 선택한 신학 교재는 깔뱅도 아니고, 웨스트민스터 신앙고백서를 작성한 어떤 저자도 아닌, 17세기 후반 스위스의 스콜라학자인 프란시스 터레틴의 "주제들*Loci*"을 택했다. 이 영향력 있는 지적인 파급들에 대해 각각 차례대로 간단히 살펴보자.

스코틀랜드 상식철학

상식철학은 스코틀랜드에서 토마스 레이드Thomas Raid(1710-96)에 의해 발전되었다. 스콧 존 위더스푼이 1768년에 총장이 되었을 때, 이 철학이 뉴저지대학에 들어왔다(이 학교는 후에 프린스턴대학교가 되었다). 미국의 단과대학들과 종합대학들이 세워질 당시, 상식철학은 널리 퍼진 철학적 입장이 되어 매우 큰 영향을 끼쳤다.49

스코틀랜드 상식철학에 따르면, 사람들은 모든 인류에게 상식인 것을 받아들여야 한다. 이것은 우리가 세계의 실상을 정확히 있는 그대로 알고 있다는 뜻이다. 모든 사람은 자연의 "사실들"을 단순히 관찰함으로써 과학자가 될 수 있다. 찰스 호지는 상식의 열렬한 추종자로서, "성경과 신학자의 관계는 자연과 과학자의 관계와 같다.

49) Jack B. Rogers and Donald K. McKim, 『성경의 권위와 해석: 역사적 접근』 (San Francisco: Harper & Row, 1979), 242-43.

그것은 그의 사실들의 보고이다."라고 주장했다.[50] 책 속의 단어가 호지에게는 사실이었고, 꼭 사물이 자연 속에서 그런 것과 같은 방식이었다.

게다가, 모든 사람은 시공간의 구별 없이 똑같이 생각하는데, 적어도 "더 나은 계급의" 사람들은 그런다는 것이다. 예를 들어, 모든 사람이 고대 언어나 문화에 대한 지식이 없어도 사도 바울이 생각했던 바를 정확히 알 수 있다. 스코틀랜드 상식은 해석에 문제가 있다는 것을 받아들이지 않았다. 진리는 분명하다.[51]

이처럼 본질적으로 민주주의적이고 평등주의적인 철학은 미국의 사고방식에 맞았다. 1789년 파리에서 토마스 제퍼슨은 듀골드 스튜어트라는 이름의 레이드 철학파의 제자를 만났다. 마음을 뺏긴 채, 그는 스튜어트를 위대한 사상가들 중 한 명으로 선언했다. 제퍼슨이 독립선언문에서 썼던 첫 문장, 즉 "우리는 이런 진리들을 **자명한** 것으로 생각한다."는 문장은 스코틀랜드 상식에서 직접 나왔을지도 모른다.[52] 진리는 분명하다.

독서를 좋아하고 조숙했던 제임스 헨리 쏜웰은 나중에 신학적인 논증을 펼쳐 노예제도를 지지했는데, 열여섯 살에 듀골드 스튜어트의 "인간 정신의 철학의 요소들*Elements of the Philosophy of the Human Mind*"의 복사본을 만나게 됐다. 후에 쏜웰은 "나의 행운을 만났다"고 느꼈다고 했다. 그의 전기 작가 벤자민 팔머는 스코틀랜드 상식 철학을 "후에 그의 지적인 역사 전체가 달리는 중심축"[53]이었다고 말했다.

---

50) Ibid., 293.

51) Ibid., 235-42.

52) Ibid., 242. 강조는 저자가 첨가한 것이다.

53) Farmer, *Metaphysical Confederacy*, 138.

상식 사상가로서 쏜웰은 당시로서는 진실을 증명하는 "현대적" 방법을 갖고 있었다. 그는 두 세트의 "사실들"을 이용해서, 우리는 "자연의 사실들을 받아들이는 것처럼 계시의 사실들을 받아들여야 한다고" 주장했다.[54] 쏜웰의 두 세트의 사실들은, 19세기 남부 백인 미국인의 문화가 상식적으로 가정하는 것들 위에 대략적으로 세워진 합리적인 체계 내에선 서로 잘 맞았다.

이처럼 합리적이고 문자주의적인 성경 사용은 쏜웰이 노예제도를 옹호하도록 허락했다. 성경이 그것을 명시적으로 정죄하지 않는 한, 그리고 그것이 보편적으로 실행되는 한, 그것은 합법적이라고 가정할 수 있다.[55] 성경본문을 고대 근동의 문화적 배경에서부터 꺼내다가 19세기 미국의 보편적 법으로 사용할 수 있었던 것이다.

프란시스 터레틴

프란시스 터레틴Francis Turretin은 깔뱅 이후 백 년 넘게 지나고 또한 웨스트민스터 신앙고백이 영국에서 발표된 지 십 년이 지난 후 제네바에서 활동한 신학 교수였다. 터레틴의 신학은 성경의 "사실들"이 맞추어질 수 있는 틀을 제공했다. 찰스 호지는 "그래서 성경은 신학자가 수집해서, 진짜임을 증명하고, 배열하고, 그것들 서로 간의 내부적인 연관성에서 보여줘야 하는 진리들을 담고 있다"라고 단언했다.[56] 스코틀랜드 상식철학은 신학자로 하여금 자신이 자연에서 관찰했거나 성경에서 읽었던 "사실들"의 "자연적인" 의미를

54) Ibid., 134-35.

55) Morton H. Smith, 『남부 장로교 신학의 연구들』(Amsterdam: Jacob Van Campen, 1962), 202와 205를 보라. Smith는 20세기 중반의 남부인으로서 글을 쓰면서, 대브니를 칭찬하고 노예제도에 관한 그의 주장들에 동의했다.

56) Rogers and McKim, *Authority and Interpretation*, 293에서 재인용.

확신하게 해주었다. 터레틴의 신학은 이런 "사실들"이 적절하게 배열될 수 있는 틀을 제공했다.

신앙보다 "사실들"을 강조하고 그 "사실들"을 체계화하기 위해 자연법을 사용함으로써, 터레틴과 그의 추종자들은 사회적 편견이 성경적인 재가를 얻도록 하는 방법을 만들어냈다. 만약 노예제도가 성경에 언급되어 있다면 그래서 노예제도가 역사를 통틀어 있었다면, 그들은 성경이 노예제도를 지지하며 하나님도 재가하신 것이 틀림없다고 생각했다.

사람들이 어떤 해석 이론을 사용하든 그것은 그들이 성경을 어떻게 이해하느냐에 크게 영향을 끼친다. 상식철학과 터레틴의 신학은 겉보기에 선량하고 지적이며 독실한 사람들이 성경의 기본 원칙들과 가르침을 무시하고 다른 인간들을 노예화시킴으로써 그들을 비인간화시키도록 허용했다. 상식철학과 터레틴의 결합은 사람들로 하여금 일반적인 문화적 편견에 대한 종교적인 정당성을 주장하기 위해 성경을 남용할 수 있게 했다.

프린스턴의 신학자들과 19세기에 미국 전역에 퍼져나간 그 졸업생들은 자신들에게 어떤 특정 지식의 방법이었던 것을 가지고 있었다. 스코틀랜드 상식철학으로 자연과 성경 속에서 "사실들"을 확인하고, 터레틴의 신학 체계 속에서 그것들을 정리하는 방법이었다. 남부의 신학자들은 북부 신학자들처럼 똑같은 철학적 신학적 방법들을 채택했다. 많은 사람들이 남북전쟁 후에도 노예제도 폐지 반대와 노예제도 찬성 입장을 고집했다.

노예제도 폐지론과 성경 전체

쏜웰, 대브니, 호지는 성경이 노예제도, 인종적 위계질서, 그리고 여성억압 같은 것들을 명령했다고 자신 있게 주장했지만, 다른 무리의 미국인들은 성경을 읽고 다른 주장을 펼쳤다. 예를 들면, 크리스천 노예폐지론자들은 노예제도가 "미국 기독교의 특성에 묻은 오점"이라고 생각했다.[57]

노예제도 폐지론자들은 전체로서의 성경에 호소하고 또한 그 중심 주제에 우선권을 두었다. 특히 예수님이 성경의 중심인물이며 그분은 늘 사랑을 보여주셨고, 그 사랑은 억압받는 자들을 향한 불공평을 고치기를 요구하셨다는 것이다.[58] 장로교의 선도적인 노예폐지론자인 존 랜킨John Rankin은 이 주장을 다음과 같이 요약했다: "성경 전체는 노예제도를 반대한다. 이 거룩한 책은 자비의 거대한 계획이다. 사랑과 자비의 빛이 모든 페이지에서 뿜어져 나오는 반면, 정의의 소리가 억압자를 비난하며 그의 끔찍한 파멸에 대해 말한다."[59]

크리스천 노예제도 폐지론자들은 대각성Great Awakening 운동, 즉 19세기 처음 몇 십 년 동안 미국을 휩쓸고 지나갔던 복음주의적 부흥운동인 대각성 운동에 영향을 받았다. 개인은 자신의 죄를 회개

57) William B. Gravely, "기독교적 노예폐지론," in *The Social Gospel: Religion and Reform in Changing America*, ed. Ronald C. White Jr. and C. Howard Hopkins (Philadelphia: Temple University Press, 1976), 18. 노예제도의 점차적 폐지를 주장했던 사람들과 달리, 노예폐지론자들은 즉각적 폐지를 주장했다.

58) Aileen S. Kraditor, 『미국 노예폐지론의 방법과 목표들: 개리슨과 전략과 전술에 대한 그의 비평들, 1834-1850』 (New York: Pantheon Books, 1967), 41 and 83.

59) John R. McKivigan, 『노예제도에 찬성하는 종교에 반대하는 전쟁: 노예제도 폐지론지론과 북부 교회들, 1830-1865』(Ithaca, NY: Cornell University Press, 1984), 31.

하고 지역 공동체의 도덕적 개선을 위해 일하도록 요구되었다.

노예제도 폐지론자들은 또한 후천년설postmillennialism, 즉 이상적이고 도덕적인 사회가 건설된 후 그리스도께서 다시 이 땅에 오셔서 통치하시리라는 생각에 의해 영향을 받았다.[60] 이 생각은 크리스천 노예제도 폐지론자들에게 세상에서 미국의 아프리칸 노예제도 사회에 묻은 크리스천답지 못한 오점을 없애게 하는 강력한 동기를 부여했다. 노예제도를 끝내기 위해 일함으로써, 노예제도 폐지론자들은 그리스도의 재림을 위한 길을 준비했던 것이다.

노예상태의 아프리카인들은, 비록 공식적으로 교육을 받지는 않았지만, 성경을 제대로 이해한다면, 성경이 억압을 재가하지 않는다는 것을 알고 있었다. 좀 더 큰 교단 내의 노예제도 폐지론자들은 "노예제도와 교제 불가"의 원칙에 따라, 종종 뒤로 물러나 새로운 반노예제도 교회들을 세우기도 했다.[61] 이들 중에 웨슬리안 교회들과 자유 감리교회들Free Methodist Churches과 아프리칸 감리교 감독교회African Methodist Episcopal와 아프리칸 감리교 감독교 시온African Methodist Episcopal Zion과 같은 몇몇 흑인 교단들이 있었고, 퀘이커들Quakers, 연합 형제회United Brethren, 그리고 서약자들Covenanters과 같은 작은 교단들은 시종일관 반노예제도 편이었다.

그러나 다른 노예제도 폐지론자들은 교회들이 노예제도를 정죄하는 데 실패하는 것에 점차 진력을 냈다. 예를 들어, 뉴잉글랜드의 선도적인 노예제도 폐지론자인 윌리엄 로이드 개리슨William Lloyd Garrison은 자신의 목사 리만 비쳐가 노예폐지론을 "칭찬할 만하나, 잘못된"[62] 거라고 주장하며 노예들에 대한 즉각적 해방을 반대했을

60) Ibid., 20.

61) Gravely, "기독교적 노예폐지론," 18.

62) MaKivigan, 『노예제도에 찬성하는 종교』, 13

때, 매우 실망했다. 개리슨과 그의 추종자들 중 몇 명은 성직자의 권위와 성경의 거룩한 영감을 거부함으로써 이에 맞대응했다.[63]

물론, 우리는 이제 크리스천 노예폐지론자들이 옳았다는 것을 안다. 그들의 성경해석 방법은 성경을 전체적으로 보고, 그 중심 주제, 특히 예수님이 성경의 중심인물이며 그분이 우리가 추구하고 모방할 분임에 우선권을 둔다. 그들의 성경해석 방법은 한 세기 후에 "크리스천 주류Christian mainstream"가 예수 중심의 성경해석 방법을 채택하게 되는 일에 앞지른 셈이다.

결론

우리가 인종과 여성의 역할에 대한 교회의 역사적 입장을 연구할 때, 분명한 패턴이 드러난다. 각각의 경우에, 교회 지도자들은 다음과 같이 주장했다. (1) 성경에 처음 아프리카계 후손들과 여성이 언급될 때부터 성경은 그들의 죄에 대한 하나님의 심판을 기록하고 있다. (2) 아프리카계 사람들과 여성들은 도덕적 특질에서 어떤 식으로든 열등하며 온전한 백인 남성의 수준, 즉 "기독교 문명"으로 올라갈 수 없다. (3) 아프리카계 사람들과 여성들은 의지적으로 죄가 많고, 종종 성적으로 난잡하고 위협적이며, 그래서 그들의 행위 때문에 벌을 받을 만하다.

도대체 교회 지도자들이 어떻게 이처럼 잘못된 것을 주장했는가? 그들은 예수 그리스도의 가르침을 신뢰하기보다 스코틀랜드 상식철학과 프란시스 터레틴의 신학을 따랐기 때문이다.

이런 사례들에서 배울 것은 오늘날 동성애자들에 대해서도 비슷

---

63) Ibid., 58.

한 패턴이 나타난다는 점이다. 동성애를 반대하는 사람들은 다음과 같이 주장한다. (1) 성경에 처음 동성애가 언급된 때부터 성경은 동성애라는 죄에 대한 하나님의 심판을 기록하고 있다. (2) 동성애자들은 도덕적 특질에서 어떤 식으로든 열등하고 온전한 이성애자의 "기독교적 문명"의 수준에 올라갈 수 없다. (3) 동성애자들은 의지적으로 죄가 많고, 종종 성적으로 난잡하고 위협적이며, 그래서 그들의 행위 때문에 벌을 받을 만하다.

교회는 과거의 잘못을 다시 한 번 되풀이하고 있다. 그리고 내가 다음의 장들에서 제시하는 것처럼, 많은 사람들이 예수님의 복음을 동성애에 적용하지 못하는 이유는 그들이 다시 "상식"의 성경해석 방법을 사용하고 또한 터레틴의 신학과 유사한 방법을 가진 근본주의적 신학자들의 지도를 따르기 때문이다.

대부분의 크리스천들은 더 이상 인종과 성별에 따른 위계질서를 믿지 않는다. 왜? 무엇이 우리의 생각을 바꾸었나? 교회는 어떻게 바뀌게 되었나? 다음 장에서 우리는 성경해석에 새로운, 그리스도 중심의 접근방법이 노예제도 폐지론자들의 통찰들을 받아들여 확대하고 적용했던 방식을 살펴볼 것이다. 성경 전체를 사용하고, 예수님을 중심인물 겸 해석자로 삼는 이 그리스도론적인 접근방법은 교회가 인종과 여성에 대한 생각과 마음을 바꾸게 했다. 이 새로운 방법을 같이 검토해보자.

3장

성경 해석의 획기적 진전

교회가 어떻게 생각을 바꾸게 되었는가?

교회가 어떻게 인종차별과 여성의 권리에 대한 생각을 바꿀 수 있었을까? 주류교회의 백인 남성들은 자신들의 경험이 모든 것에 표준이 된다고 주장할 엄청난 권력을 갖고 있었다. 결국, 그들은 교회와 정부의 모든 요직을 차지했다. 그들은 사회에서 특권을 가진 지위에서 자신들의 삶의 경험에 따라 실상을 해석했다. 이것이 그들에게 다른 사람들을 열등하다고 부를 자유를 주었다. 사회를 온전히 지배하면서, 그들은 자신들의 편견을 "상식"으로 간주할 수 있었다.

19세기 중반에 이르러, 성경해석에 대한 미국 주류 장로교회의 합의가 분열되었다.[1] 두 개의 사건이 결정적이었다. 하나는 남북전쟁이었는데, 그 전쟁에서 크리스천들은 노예제도에 대한 성경해석으로 남과 북으로 나뉘었다. 다른 하나는 1859년 다윈의 "종의 기원"의 출간이었다. 다윈의 진화론에 대한 반응은 주류 장로교 사람들을 두 진영으로 나뉘게 했다.

1) 더 깊은 토의를 위해, Jack Rogers, 『중심임을 주장하기: 교회들과 충돌하는 세계관들』 (Louisville, KY: Westminster John Knox, 1995), 15-17를 보라.

현대주의자들modernists은 이 새로운 과학을 수용해야 하는 것으로 생각했다. 그들은 인류가 하나님을 향해 나아가고 있고, 성경은 인류의 진화하는 경험을 나타내고 있으며, 신조들은 단지 종교적인 경험을 표현하는 인간의 시도일 뿐이라고 믿었다.

반면에, 근본주의자들fundamentalists이라고 불리게 된 사람들은 하나님이 세상을 유일회적으로once and for all 어떤 특정한 방법으로 창조하셨고, 성경은 인간들에 의해 기록된 대로 하나님의 말씀을 문자 그대로 포함하고 있으며, 신조들은 교리적인 진리의 체계적 표현을 나타낸다고 믿었다.[2]

이런 교회들에서 현대주의자들과 근본주의자들은 성경의 의미를 놓고 수십 년 동안 서로 싸웠다. 현대주의자들은 성경의 어떤 부분의 신빙성을 부정했지만, 근본주의자들은 성경 전체가 최초 필사본에서부터 오류가 없다고 주장했다. 이런 근거로, 근본주의자들은 하나님이 성경의 저자이므로, 성경적이라고 여겨지는 것에 대한 그들의 견해와 과학이 충돌하면 과학을 무효로 만들고, 성경이 말하는 것은 무엇이든 현재 상황에 그대로 적용될 수 있다고 생각했다. 이런 입장에 만족하지 못한 현대주의자들은 현대인들에게 더욱 큰 영향력을 갖고 있는 관찰과 실험이라는 과학적인 방법에 호소했다.

이처럼 서로 다투던 이 두 진영은 20세기 초반 근본주의자 대 현대주의자의 논쟁이라고 부르는 교착상태에 이르렀다. 장로교 근본주의자들은 모든 목회 후보자들이 수락해야만 하는 5개의 “본질적이고 필수적 교리들”로 된 목록을 만들고, 교단이 채택해주길 설득했다: (1) 성경의 무오성, (2) 예수의 처녀 탄생, (3) 십자가에서 대속하신 속죄, (4) 그의 육체 부활, (5) 그의 위대한 기적들의 능력이

---

2) Ibid., 34-35.

다.[3] 1910년, 1916년, 그리고 1923년에 장로교 총회는 근본주의자들의 다섯 가지 "본질적이고 필수적인 교리들"을 믿는 것이 목사 안수를 받으려는 모든 후보자들에게 의무적이도록 했다.

수십 년 동안 계속된 장로교 내의 근본주의자들과 현대주의자들의 충돌은 1925년 총회에서 위기에 달해 교회가 분열될 것 같았다. 총회장 찰스 에드먼은 대응책으로 총회장직을 그만두고,[4] 교회 안의 "불안요소들"을 알아내기 위한 특별위원회를 만드는 동의안을 제출했다. 두 진영의 대표적 대변인들은 양쪽 다 그 동의안에 재청했다.

1927년, 이 영향력 있는 위원회는 총회를 포함해서 어느 누구도 어떤 짧은 본질적인 교리 목록을 만들거나 그 교리 목록에 따를 것을 요구할 수 없도록 제안했다. 교회의 교리는 신앙고백들에서 찾아야 한다고 했는데, 당시의 신앙고백들은 웨스트민스터 신앙고백서와 대요리문답과 소요리 문답이었다. 만약 어떤 사람이 교리에 대해 "양심의 가책"을 느끼거나 반대한다면, 지역 통치 기관인 노회가 사법적 절차를 통해 그 충돌을 판결하도록 했다.[5]

1927년 총회는 그 위원회의 보고서를 압도적으로 수용했다. 성

---

3) 이 "필수요소들"의 원본이며 완전한 단어들을 보려면, *The Presbyterian Enterprise: Sources of American Presbyterian History*, ed. Maurice W. Armstrong, Lefferts A Loetscher, and Charles A. Anderson (Philadelphia: Westminster Press, 1956), 281를 참조하라. 비교단적 근본주의 운동은 이 5개의 필수요소를 채택하고 그것들은 #2 그리스도의 신성과 #5 그리스도의 전천년 재림으로 수정했다. 이것들이 "5개 근본요소들"로 명명되었다.

4) 보통의 의회법규들에 따르면, 모임에 의장직을 수행하는, 다시 말해 대표가 되는, 사람은 발의를 할 수 없다. 따라서 에드먼은 적절한 절차를 밟아, 모임을 주재하는 의장직을 부의장에게 넘기고, 그런 다음, 그 자신이 발의를 하도록 허용되었다.

5) Jack B. Rogers and Donald K. McKim, *The Authority and Interpretation of the Bible: An Historical Approach* (San Francisco: Harper & Row, 1979), 366-67를 보라.

경의 오류 없음을 포함해서 다섯 개의 "본질적인 것들"에 대한 확증이 더 이상 목사 안수에 필수적이지 않게 되었다.[6] 그러나 총회는 그 "본질적인 것들"이 틀렸다거나 개혁주의 전통과 맞지 않는다고 선언하지는 않았다. 그래서 애매모함 때문에 몇몇 사람들은 그 후에도 여전히 이 "근본적인 것들"에 호소했고, 마치 그것들은 권위를 가지며 총회의 결정에 의해 간과되었을 뿐이라고 주장했다.

사실은 그 반대였다. 당시 교회는 강력한 신학적 중심을 가지고 있었다. 예를 들어, 1924년에 큰 그룹의 목사들이 "오번 확약Auburn Affirmation"[7]이라 부르는 문서에 서명했다. 이 영향력 있는 목사들 중에는 "본질적인 것들"에 대해 다양한 신학적 입장을 지닌 사람들이 포함되어 있었다. 그러나 그들 모두 그 다섯 개의 "본질적이고 필수적인 교리들"을 교회법으로 강요하는 것에는 반대했다. 오번 확약의 서명자들은 그들이 고수하는 크리스천 신앙의 "사실들"과 "이론들," 즉 그들이 다르게 생각할 수도 있는 "본질적인 것들"에 구체화되어 있는 "이론들"을 구분할 수 있다고 말했다.[8]

신학이 성경해석을 인도한다

근본주의자들과 현대주의자들 사이의 논쟁이 1930년대에 끝나가면서, 신선한 신학적 미풍이 유럽에서 불어왔다. 이 신학적 운동은 근본주의자들과 현대주의자들 사이의 논쟁의 교착상태를 깨고

6) Jack Rogers, *Reading the Bible and the Confessions: The Presbyterian Way* (Louisville, KY: Geneva Press, 1999), 92-98.

7) 이 그룹은 교단의 거의 13%의 목사들로 구성되었다. 그들 중 많은 수가 대형교회 목사들이어서 상당한 영향력을 발휘했다. Charles E. Quick, "A Statistical Analysis of the Signers of the Auburn Affirmation," *Journal of Presbyterian History* 43, no 3 (Fall 1965): 182-96, esp. 183 and 193을 참조하라.

8) "확약이란 미국 내에서 장로교의 통합과 자유를 보호하기 위함이다," Auburn, NY, nd., p. 6, 저자의 *Reading the Bible and the Confession*, 96에서 재인용.

교회로 하여금 그리스도를 향한 새로운 책임 속에서 앞으로 나아갈 수 있게 해주었다.

이 운동은 신깔뱅주의Neo-Calvinism, 신프로테스탄티즘Neo-Protestantism, 신개혁주의Neo-Reformation 신학이라고 다양하게 불렸다.[9] 가장 익숙하고 또 가장 자주 사용된 이름은 신정통주의neo-orthodoxy였다. 그것은 "새로운" 접근방법이었는데, 왜냐하면 근본주의나 그 반대자인 현대주의 어디에도 의존하지 않는 새로운 접근방법이었기 때문이다. 그것은 성경에 기록된 대로 사람들의 관심을 예수 그리스도께로 향하게 하고 또한 설교를 통해 성경의 메시지를 살아 있게 만든다는 점에서 "정통"이었다. 신정통주의는 기독교 신앙의 전통적 교리들에 초점을 맞추기는 했으나 현재의 학문적 관점에서 그 교리들을 새롭게 보았다.

스위스 신정통주의 신학자들인 칼 바르트와 에밀 브루너의 이름은 1940년대와 1950년대에 미국 신학교들에서 흔히 듣는 이름이었다.[10] 이 신개혁주의 신학자들은 사람들에게 종교개혁 운동의 원천, 특히 깔뱅과 루터를 연구하도록 촉구했다. 종교개혁 신학자들을 읽고, 그들에 의해 영향을 받았던 당시의 신학자들은 성경에 대한 존경심을 가졌으며 성경을 이해하기 위해 당대의 학문의 모든 도구를 사용하는 새로운 종류의 신학을 만들어 냈다.

유럽에서 가장 "문명화된" 나라들 중 몇몇이 관련된 제1차 세계대전은 인간의 본성에 대한 기존의 자유주의적 낙관주의를 부숴버

---

9) Donald McKim, *Westminster Dictionary of Theological Terms* (Louisville KY: Westminster John Knox, 1996), s.v. "Neo-orthodoxy."

10) 바르트, 브루너, 신정통주의로 지칭되는 다른 5명의 신학자들의 사상에 대해 최근 이루어진 주석과 평가를 보기 위해서는, Douglas John Hall, *Remembered Voices: Reclaiming the Legacy of "Neo-Orthodoxy"* (Louisville, KY: Westminster John Knox, 1998)을 보라.

렸다. 인간의 노력이 하나님 나라를 가져오는 것으로 보이지도 않았고, 인간의 이성이 하나님을 알기에 적절한 것으로 판명되지도 않았다. 덴마크의 철학자 쇠렌 키에르케고르에게서 비롯된 신정통주의의 명확한 통찰은, 사람과 하나님을 이성적 분석에 의해서가 아니라, 개인적인 만남에 의해 알게 된다는 것이었다.[11] 하나님의 계시는 영감을 받은 책 안에서 오는 게 **아니라**, 인간이 되신 하나님 예수 그리스도라는 인격 안에서 온다는 것이다.[12] 성경은 그리스도에 대한 증언이다. 그러므로 성경해석에 대한 이 접근방법은 "그리스도론적 christological"이라고 불렸다. 이것에 대한 실례로, 스위스 바젤의 칼 바르트의 책상 뒤에 걸려 있었던 그림은 프랑스 콜마르에서 가져온 마티아스 그뤼네발트의 이젠하임 제단화였다. 그 그림에서 세례 요한은 성경의 역할을 상징하는데, 그의 길고 앙상한 손가락을 십자가 위의 그리스도에게로 향하며 서 있다. 세례 요한처럼, 성경은 그 자체가 아닌 그리스도를 가리키고 있기 때문에, 성경 안에서 찾아볼 수 있는 오류들에 대한 문제는 바르트에게 상관이 없었다. 그에 따르면, 성령의 활동에 의해, 설교를 통해서, 성경은 신앙인들에게 하나님의 말씀이 **된다**.

현대주의도 근본주의도 제2차 세계대전을 겪으면서 변화할 수밖에 없었다. 제2차 세계대전 동안, 현대과학은 또다시 수백만 명을 죽인 무기들을 생산하는 데 사용되었다. 유럽의 파시즘은 의견의 다양성을 허락하지 않는 완고한 세계관의 위험성을 입증했다. 유럽과 미국의 많은 사람들은 하나님에 대해 생각하고 경험하는 새로운 방식들을 받아들일 준비가 되어 있었다. 주류 교회의 신학자들은 신정

11) McKim, *Dictionary*, s.v. "Kierkegaardian."

12) 『성경의 권위와 해석에 대한 장로교적 이해와 이용』 (Louisville, KY: Office of the General Assembly, 1992), 38-44.

통주의의 메시지를 환영했다. 사람들은 성경이 가리키는 그리스도에 초점을 맞출 수 있었고, 또한 동시에 성경을 해석하기 위해 학문의 모든 도구를 사용하도록 격려를 받았다.

신정통주의는 신학과 성경연구에 대한 새로운 접근방법을 제공했다.[13] 성경 연구에서 이 생각의 전환은 "성경신학 운동"이라고 불렸다.[14] 신정통주의와 "성경신학"의 차이는 일차적으로 그 추종자들이 가르친 학문에서 나타났다. 신정통주의는 조직신학자들과 교리사가들의 관점들에 적용된 이름이었다. 구약과/또는 신약의 본문을 연구한 학자들은 성경신학 운동의 부분이었다.[15] 성경신학자들과 조직신학자들은 함께 성경 속에 나타난 하나님의 자기계시에 초점을 맞추었으며, 또한 역사적 사건들을 기록하는 것과 관련된 매우 인간적 요소들을 인정했다. 두 분야의 신학자들 모두 고대 근동의 종교들에 비추어 성경적 종교의 독특성을 강조했다. 그들은 모든 과학적 성경 연구에 열려 있었고, 또한 성경 안에 선언되어 있는 하나의 전체를 아우르는 신학을 주장했다.[16]

신정통주의에 영향을 받은 성경신학자들은 근본주의자들과 현대주의자들이 서로 논쟁했던 문제, 즉 "신뢰할 만한 성경의 권위" 대 "인간적인 저작" 문제를 놓고 더 이상 논쟁하지 않았다. 그들은 성경을 오류가 없는 사실들의 기록으로 보지는 않았지만, 진짜 사람

---

13) 신정통주의로 알려진 신학자들을 보려면, 위의 제1장, p. 9를 보라.

14) W. Eugene March, "'성경신학,' 권위와 장로교인들," *Journal of Presbyterian History* 59, no. 2 (Summer 1981): 118.

15) "G. Ernest Wright, Floyd V. Filson, James D. Smart, John Wick Bowman, John A. Mackay, Joseph Haroutunian, Otto Piper, Arnold Rhodes, John Bright, Donald G. Miller, Balmer H. Kelly, 그리고 그 외의 사람들을 포함한 장로교 신학자들이 1940년대와 50년대의 새로운 '성경신학'을 주장하는 길을 인도했다." (ibid., 118)

16) Ibid., 118-19.

들과 실재하는 하나님 사이의 매우 사실적인 만남을 신뢰할 만하게 기록한 매우 인간적 문서들로 보았다.[17] 성경학자 유진 마치는 다음과 같이 말했다. "돌이켜 생각해보면, 40년대와 50년대 성경신학자들의 주된 관심은 자유주의와 근본주의 양편 모두의 잘못들을 피해가는 방식으로 성경적 권위의 타당성을 주장하는 것이었다."[18] 그 이전의 신학을 지배했던 상식철학과 터레틴의 이성주의는 이제 좀 더 그리스도 중심적 성경해석 방법에 의해 대체되었다.[19]

몇몇 근본주의자들은 이런 새로운 신학적 관점의 등장에 대해 강력하게 반발했다. 1940년, 노스캐롤라이나 주 샬롯 출신인 톰 글래스고우Tom Glasgow라는 사업가가 신앙의 전통적 해석이라고 자신이 생각했던 것을 지키지 못했다는 이유로, 유니온신학교 교수였던 E. T. 톰슨을 공격했다. 글래스고우는 19세기와 20세기 초반에 프린스턴신학교 교수였던 찰스 호지와 B. B. 와필드의 신학이 교회를 위한 규범으로 남아야만 한다고 믿었다. 성경의 영감에 대해서, 글래스고우는 성경이 "무슨 말을 하든, 하나님이 말씀하신 것이라는 뜻에서 하나님의 말씀이며, 신탁의 책이다"라는 오래된 프린스턴신학교의 입장에 동의했다.[20]

글래스고우가 교회 법정에서 정식으로 이단 혐의로 공격하기를 거절했기 때문에, 톰슨은 자신을 변호할 기회가 없었다. 그래서 톰슨은 자신이 속한 노회에 자신을 검토해 달라고 요청했다. 노회는 그렇게 했고, 톰슨의 혐의에 대해 무죄임을 밝혔다. 이 판결은 구체적으로, 신학 교수는 선배들에 의해 만들어진 고백의 해석들을 수용

17) Ibid., 119.

18) Ibid., 121.

19) Ibid., 121-22.

20) E. T. Thompson, Presbyterians in the South, vol. 3, 1890-1972 (Richmond: John Knox Press, 1973), 336.

해야만 한다는 것을 부인했다는 점에서 선례가 되었다.[21] 이 결정은 성경의 무오론biblical inerrancy과 웨스트민스터신앙고백이라는 낡은 프린스턴 해석에 대한 태도에서, 남부 장로교 안에서 점차적이지만 뚜렷한 변화의 시작을 알리는 표시가 되었다.

사회적인 변화

신정통주의와 성경신학 운동의 영향은 교회로 하여금 억압적인 사회기관들을 새롭게 볼 수 있게 해주었다. 신학자들과 그들이 가르친 목사들은 더 이상 터레틴의 신학이나 스코틀랜드 상식철학에 묶이지 않았다. 증거 본문 찾기proof-texting, 즉 성경의 특정 구절을 그 문맥에서 떼어내어 마치 보편적 법칙들인 것처럼 다루는 대신에, 그들은 문화적 상황context 속에서 성경의 전체성을 살폈다. 그들은 예수 그리스도와 함께 시작했다. 예수님의 구원의 삶과 사역이라는 렌즈를 통해 성경의 각 단락들을 읽었다. 이것을 출발점으로 하여 그리고 미국 사회의 변화에 의해 자극을 받아, 교회 지도자들은 논쟁적인 사회적 이슈들에 대해 다시 생각하기 시작했다.

인종 문제를 바라보는 새로운 시각

사회적이고 문화적인 사건들이 사회적인 이슈들에 대한 새로운 성경적 이해를 실행에 옮길 수 있는 기회를 제공했다. 1954년 5월 17일, 미국 대법원이 브라운 대 토피카 교육위원회 사건에서 공립학교 내의 인종통합을 명령했을 때, 남부 장로교회(PCUS)는 준비가 되어 있었다. 5월 27일, PCUS 총회는 대법원 결정의 원칙을 받아들였

---

21) Ibid., 3:338.

고, 인종통합 때문에 기소된 사람들을 지지하도록 촉구했다.[22] 총회는 더 나아가 크리스천 관계에 대한 위원회의 권고사항, 즉 "총회는 강요된 인종차별은 기독교 신학과 윤리에 어긋나는 차별임을 확인한다."를 채택했다. 총회는 지역 당회에서부터 총회에 이르기까지, 교회는 모든 인종의 사람들에게 열려 있어야 한다고 촉구했다.[23]

PCUS는 대법원의 결정을 받아들인 미국 내 첫 번째 주요 교단이었다. 많은 사람들은 대법원이 그런 결정을 발표하지 않았어도, PCUS 총회는 인종차별을 비판할 준비가 되어 있었다고 믿었다.[24]

그 후 1956년에, 여성 평등을 위한 성경적 정당성에 대한 PCUS 보고서는 또한 분명히 노예제도에 대한 성경적 정당성을 부인했다. 성경 해석의 원칙들에 대한 마지막 진술에서, 그 위원회는 다음과 같이 말했다.

> 현재에 가까워질수록, 우리는 더 이상 인간의 노예제도가 성경에 의해 정당화된다고, 그리고 하나님의 뜻에 맞는다고 주장하지 않는다. 우리 선조들 중 몇몇은 그렇게 주장하면서, 노예제도가 하나님의 영원한 제도라고 단언했다. 성령의 빛을 통해, 우리는 이 주제에 대한 다른 이해에 도달하게 되었다. 그들이 인용했던 성경의 단락들은 성경을 전체적으로 보는 더 큰 맥락 속에서는 지탱되지 않는다는 것을 우리는 알고 있다.[25]

---

22) Ibid., 3:339.

23) Ibid., 3:539.

24) Ibid., 3:540.

25) "교회에서 여성의 지위에 대한 성경적 연구를 하는 임시 위원회의 보고서" (Report of the Ad Interim Committee on a Biblical Study of the Position of Women in the Church)," *Minutes, PCUS*, 1956, 141.

이 말은 특정 본문이 일반적인 원칙보다 우선해야 한다는 쏜웰의 1861년 이론에 대한 직접적 거부였다. 성경해석의 새로운 방법들은 성경을 전체적으로 이해하는 것에 초점을 맞추었다. 이 말은 성경의 중심 주제를 구원과 봉사로 이해했고, 그리스도의 삶과 사역을 중심적인 해석 원칙으로 삼았다.

여성의 역할에 대한 새로운 시각

성경적이고 신앙고백적인 해석의 새로운 원칙들을 적용시킨 가장 뚜렷한 사례 중 하나가 여성의 지위에 대한 1956년 남부 장로교회PCUS 보고서였다. 북부 장로교회에서는 여성들이 1930년 이후 장로 안수를 받았으며, 1956년 이후에는 목사 안수도 받게 되었다. 그 해에, 남부 장로교회에서는 여전히 교회에서 여성의 성직 임명 문제로 고전하고 있었다. 여성의 지위를 다루던 위원회는 교단의 신앙고백적 자세에 기초한 접근방법을 진전시켰다. 그들은 해결책이 웨스트민스터 신앙고백의 원칙, 즉 "성경해석의 틀림없는 잣대는 성경 자체이므로, 어느 성경 구절(여러 번 나오는 구절이 아니라, 한 번 나오는 구절)의 참되고 온전한 의미에 대해 질문이 생기면, 좀 더 분명하게 말해주는 다른 구절들을 통해 그 뜻을 찾을 수 있고 알 수 있다"라는 원칙과 일치하는 선에서 찾아질 수 있다고 믿었다.[26]

그 위원회는 이 원칙을 적용하여, "우리는 하나님께서 성경시대에 그의 백성 중에 적어도 몇몇 여성들에게 리더십을 부여했었다는 사실이 성경에 명확히 틀림없이 진술되어 있다는 것을 안다. 그러므로 우리는 하나님께서 행하셨고 또 하시기로 약속하셨던 것(행 2:17)이 우리 시대에도 행해질 수 있다고 결론을 내렸다."[27]

---

26) 신앙고백서, 6. 009; "Report … Women," *Minutes*, PCUS, 1956, 139에서 인용.

이렇게 해서, 1950년대 장로교인들은 1640년대로 되돌아가서, 복음을 새로운 상황에 적용시킬 수 있게 한 원칙을 웨스트민스터 신앙고백에서 도출해 냈다. 이처럼 하나님의 뜻을 좀 더 넓게 이해함으로써 새로운 힘을 받은 남부 장로교인들은 여성들도 교회의 모든 직분에 대한 안수를 받을 수 있게 했고, 1965년에 최초로 여성이 말씀과 성찬의 목사직 안수를 받았다.

이혼과 재혼에 대한 새로운 시각

PCUSA(미국 장로교회)과 PCUS(남부 장로교회)는 1926년부터 교인들과 목사들 양편 모두의 애매함을 드러내어 (1) 어떤 이혼이든 금지시켜 교회법을 엄격하게 하려고 시도했다가, 다시 (2) 이혼과 재혼을 허용하는 예외조항들을 확대시켰다. 그 이후 30년 동안, 장로교회들은 조심스럽게 결혼의 의미에 대한 새로운 이해로 접어들었는데, 이것은 제2차 세계대전 이후 확고해진 그리스도론적 성경 해석을 적용하는 것과 관련되었다.

이혼과 재혼에 대한 오늘날의 좀 더 목회적인 태도는 1929년에 두부크 노회가, 이전 총회가 모든 예외조항을 없애고 어떤 경우에도 이혼을 금지하려고 한 시도에 대해 반대했을 때 시작되었다. 두부크의 건의안은 엄격한 율법주의가 "문제를 해결하는 게 아니라, 고난과 부당성을 초래할 수 있다"고 주장했다.[28]

1930년에 PCUSA 총회는 교회 안에서의 이혼과 결혼에 대해 행해진 세심한 연구를 받아들였다. "결혼, 이혼, 재혼 위원회"는 성경

27) "Report … Women," *Minutes*, PCUS, 1956, 139.

28) *Minutes*, PCUSA, 1929; James G. Emerson Jr., "미국 장로교에서 이혼했던 사람들의 재혼" (Ph.D. diss., Divinity School of the University of Chicago, 1959), 125.

과 신앙고백들에 대해 율법주의적이라기보다 영적인 접근방법을 취했다. 마태복음 19:3-13과 마가복음 10:2-12에 표현된 이혼에 대한 예수님의 태도는 젊은이들이 따르기 위해 애써야 하는 이상으로서 제시되었는데, 왜냐하면 그것이 "결혼의 의미와 가치를" 구체화하고 있기 때문이다.[29]

그 위원회의 보고서는 당시의 기준에 변화를 요구하지 않았다. 당시 이혼에는 오직 두 가지 이유, 즉 간통과 회복될 수 없는 유기 desertion만 인정되었는데, 어떤 경우이든, 무죄한 쪽만 이혼 후 재혼이 가능했다. 그러나 그 보고서는 웨스트민스터 신앙고백과 교리문답에 대해 좀 더 확대된 영적 이해와 적용을 제공했다: "결혼 관계가 죽음에 의해 끝난다는 사실 외에 더 나아가 서약했던 두 사람 중 한 명이 약속했던 맹세에 충실치 못하다고 드러나 결혼이 깨어질 수 있다."[30] 위원회는 "글자는 죽이지만 영은 살게 한다."는 성경구절을 인용하고 다음과 같이 결론을 냈다: "사랑을 죽이고 결합의 정신을 죽이는 모든 것이 간통infidelity이다."[31] 이 해석과 함께, 그 보고서는 이혼을 정당화하기 위해 죽임에 해당되는 윤리적 개념을 도입했다.

약 20년이 지난 후, 제2차 세계대전이 끝나고, 1952년에 "신앙고백 안에서 변경할 것들에 대한 제안을 다룬 특별위원회"의 보고서는 "성경에 명확히 언급된 이유에서 또는 그리스도의 복음에 암시되어 있는 이유에서 허가된 이혼 후의 재혼은 그리스도의 구원의 복음과의 조화 속에서 용인될 수 있다."고 썼다.[32] 웨스트민스터 신앙고

29) *Minutes*, PCUSA, 1930, 86-87.

30) Ibid., 87.

31) Ibid., 88.

32) James G. Emerson Jr., 『이혼, 교회, 그리고 재혼』 (Philadelphia: Westminster Press, 1961), 127.

백의 수정을 위해 요청된 이 조항은 노회들에 의해 승인되었고 1953년에 PCUSA 총회에서 채택되었다. 이런 신학적 근거들에 의해 이혼과 재혼에 대한 변화가 허락되었다.

같은 기간에 남부 장로교회도 마찬가지로 애쓰고 있었다. PCUS 위원회는 1929년에 이혼을 위한 이유로서 "유기desertion"를 없애기 위해 윤리적 죽음이라는 개념을 도입했다. 당시 멤피스 남서부대학 총장 찰스 E. 디얼 박사는 "우리는 일곱 번째 계명의 위반 또는 그에 해당하는 윤리적 행위를 이혼을 위한 유일한 이유로 인정한다."라고 주장했고, 유기desertion, "그리고 어쩌면 다른 이유들이 '그에 해당하는 윤리적 행위'라 불릴만한 것들이다."라고 주장했다.[33]

제2차 세계대전이 끝난 1945년에, PCUS는 이혼 사유와 재혼과정에 관한 교회법규들에 대해 세심한 연구를 수행하도록 교회에 요청하는 건의를 받아들였다.[34] 1950년, "크리스천의 인간관계 위원회"는 "이혼과 재혼"에 관한 그들의 첫 번째 보고서를 제출했다. 그 보고서는 제2차 세계대전 이후 채택된 새로운 PCUS 접근방법을 반영하는 방식으로 성경해석에 대해 논평했다: "몇몇 고립된 '증거 본문'에 입각해서 결혼과 이혼에 대한 기독교 교리를 세우려는 어떤 시도도 적어도 두 가지 이유로 늘 실패하게 될 것이다: (a) 보통의 '증거 본문'에 대해서는 하나 이상의 해석이 가능하며, (b) 증거 본문들은 인간의 개인적 책임과 사회적 관계와 관련된 예수님의 전체 가르침이 함축하는 것들에 대해 적절하게 다루지 못하기 때문이다.[35]

---

33) *Minutes*, PCUS, 1938, 110. Cf. Thompson, *Presbyterians in the South*, 3: 516.

34) *Minutes*, PCUS, 1946, 104.

35) *Minutes*, PCUS, 1953, 89.

그 보고서는 나아가 “간통infidelity은 육체적일 뿐 아니라 정신적일 수도 있고, 그 자체가 여러 형태로 나타난다. 그러므로 간통의 두 형태중 하나에 의해 결혼이 깨져야만 이혼이 가능하다고 주장하는 것은 비현실적이다.”[36] 그 보고서는 다음과 같이 결론을 내렸다. “개신교 교회들이 오늘날 인간관계에 대한 예수님의 전체 가르침의 관점에서 이 문제를 연구하는 곳에서는 어디서든, 엄격한 율법주의적인 접근방법이 아니라 좀 더 섬세하고 근본적으로 영적인 접근방법의 경향을 보이는 추세이다.”[37]

PCUS의 “크리스천의 인간관계 위원회”는 1952년 총회에 보고하기를, 이혼 후 재혼의 근거를 간통과 유기로 제한하는 것은 “자신이 통제할 수 없는 힘의 희생자가 된 다수의 상처 입은 사람들에게 심각한 불공평을 끼치는 것일 수 있다.”고 했다. 정직하게 그 위원회는 “실제로 그들[PCUS 목사들]은 우리 주님의 정신과 전체적 가르침에 맞고 또한 삶의 실제 현실과 기독교적 정의의 요구에 맞는다는 이유로 교회법의 글자들을 무시하고 있다.”고 주장했다.[38]

1959년, 교회 내에서 14년간 논쟁한 후, PCUS는 이혼에 관한 웨스트민스터 신앙고백을 수정했다. 노회들은 비록 수식어들과 수많은 성경본문을 각주로 달기는 했지만,[39] 웨스트민스터 고백의 PCUSA 개정본과 비슷한 새로운 표현을 압도적으로 승인했다: “이혼한 사람들의 재혼은 죄와 실패에 대한 충분한 회개가 분명하고, 기독교적 결혼의 확고한 목적과 결혼 후의 노력이 명백한 경우, 그리스도의 구원의 복음과의 조화 속에서 교회에 의해 허가될 수 있

36) Ibid., 90.

37) Ibid.

38) Ibid.

39) *Minutes*, PCUS, 1959, 68-70: Thompson, *Presbyterian in the South*, 3:518-19.

다."[40]

이처럼 1950년대에, 미국 장로교회의 두 분파 모두 이혼과 재혼에 대한 웨스트민스터 신앙고백을 개정하는 데 뚜렷한 진전을 이루었다. 두 문제 모두에서 장로교인들은 강조점을 공공적 규범으로부터 관련된 당사자들의 이익으로 바꾸었다. 결혼의 일차적 목적은 더 이상 사회의 이익을 위한 것이 아니라, 결혼계약을 하는 당사자들의 이익을 위한 것이 되었다.[41]

장로교단들은 성경과 신앙고백 본문들에 관한 문자적인 해석에 기초해서 결혼과 이혼에 대한 율법주의적인 접근방법이라고 생각했던 것에서 돌아섰다. 이제 그들은 예수님의 정신과 전체 가르침이 목회적 접근방법을 명령하는 것으로 받아들여, 과거의 규칙들에 대한 예외를 허용했다. 이것은 신앙고백서를 수정함으로써 확고해졌다.

어떻게 이것이 우리 교회의 동성애자 교인들에게 평등을 허락하는 일과 연관되는가? "이혼은 간음과 같다"는 예수님의 말씀은 성경 속에서 윤리적 문제에 대해 가장 분명하게 언급한 것들 중 하나이다. 웨스트민스터 신앙고백도 분명했다. 비록 간통과 유기의 경우에 예외를 허용한다는 선례를 두기는 했지만 말이다. 우리가 이혼에 대한 예수님의 가르침을 문자적으로 받아들인다면, 우리는 이혼하고 재혼한 사람들을 여전히 교회 성직자로 받아들이지 않을 것이다. 그러나 교회법은 우리에게 동성애적 행동에 대한 분명치 않은 언급들을 문자적으로 받아들이라고 요구한다. 이것은 이중 잣대이다. 즉 현재 교회법은 이성애자인 사람들을 위해서는 결혼과 이혼에 대해

---

40) *Minutes*, PCUS, 1959, 69; *Book of Confessions*, 6.137-6.138.

41) Eric Mount Jr. and Johanna W. H. Bos, "Scripture on Sexuality: Shifting Authority," *Journal of Presbyterian History* 59, no. 2 (Summer 1981): 224.

목회적 접근을 허락하고, 동성애자인 사람들을 향해서는 율법주의적인 접근을 명령한다.

우리는 북부와 남부 장로교회들이 율법주의적인 증거 본문 찾기에서부터 예수님의 삶과 사역이라는 렌즈로 성경을 이해하는 쪽으로 천천히 바뀐 방식에서 배울 수 있다. 예수께서는 사람들을 부러뜨리기 위해 불변의 법칙을 말씀하신 것은 아니다. 오히려, 우리 모두가 목표로 삼고 애써야 하는 이상, 즉 평생 결혼관계에 충실할 것을 말씀하셨다. 이런 이상은 이성애자 커플들에게 뿐만 아니라 게이나 레즈비언 커플들에게도 적용될 수 있다.[42]

개인적인 메모

1952-53년에 나는 네브래스카대학교 2학년이었다. 토론은 나의 주된 과외 활동이었다. 그 해에 토론 선생님들은 내게 웅변대회에 나가보라고 제안했다. 젊은 크리스천으로서 나는 이혼에 대해 많이 걱정했고 내 웅변을 그 토픽으로 해보기로 결정했다. 연합장로교회 교인으로서, 나는 당시 PCUSA와 PCUS 교단에서 이혼과 재혼에 대한 격렬한 논쟁이 진행 중인 것을 몰랐다. 내가 이용할 수 있는 경험을 얻기 위해, 1952년 크리스마스 전날, 이혼법정에 참관했다. 나는 어떤 격렬한 감정적 폭발들을 보게 되리라 기대했었다. 그러나 그렇기는커녕, 얼마나 빨리 그리고 쉽게 이혼이 성립되는지에 충격을 받았다. 내가 웅변을 통해 말한 것처럼, "나는 일생 동안 지속되기로 했던 파트너십이 성가대가 찬송가 3절을 부를 정도의 시간에 끝날 수 있다는 것을 알고 깜짝 놀랐다."[43]

---

42) 요한복음 7:53-8:11, 간음중의 잡힌 여인을 참조하라.

43) Jack Rogers, "크리스마스 전날," in *On Speech and Speakers: An Anthology of Writings an Models*, ed. H. Bruce Kendall and Charles J.

나는 그 웅변에서 이혼에 대해 아주 강경한 어조를 사용했다. 나는 다음과 같이 주장했다. "사람들을 그들 자신들로부터 보호하기 위해, 우리는 법규를 아주 엄격하게 만들어서 이혼이 거의 불가능하게 만들어야 한다…. 더 이상 같이 살고 싶어 하지 않지만 그들의 상황이 예외적인 경우가 아닌 커플들을 위해서는 합법적으로 별거하도록 해야 한다."44

나는 이제 문제들을 다르게 이해한다. 북부와 남부 장로교 교단들은 1950년대에 무엇인가를 배웠다. 나도 그 후에 같은 교훈을 배웠다. 마태복음 19장과 마가복음 10장의 예수님의 말씀은 죄인들과 의인들을 나누기 위해 의도된 불변의 법이 아니다. 오히려, 예수님은 우리 모두에게 희망을 주는 이상을 보여주신다. 나의 친구들 중에는 이혼한 사람들과 재혼한 크리스천 커플들이 많다. 나는 그들의 지금 모습과 그들이 경험했던 온전함wholeness 때문에 하나님께 감사한다. 한 때 너무나 확신했던 어떤 것에 대해 내가 마음을 바꿀 수 있다는 것을 깨닫는 것은 도움이 되고 겸허하게 만든다.

신앙고백에서 신학적인 합의를 강화하기

1940년대, 1950년대, 그리고 1960년대의 신정통주의와 성경신학 운동이라는 신학적 합의는 장로교 교단들로 하여금 2백년 역사상 처음으로 아프리카계 미국인들과 여성에 대한 차별을 거부하고 또한 이혼하고 재혼한 사람들을 조금 더 인격적으로 또한 목회적으로 대하도록 만들었다. 그 후, 교회들은 신앙고백 안에 그것을 구체화시킴으로써 성경해석에 대한 그 합의를 강화하려고 했다.

북부 장로교회에서는 그 과정이 1956년에 시작되었는데, 아마

Stewart (New York: Holt, Rinehart & Winston, 1968), 233.

44) Ibid., 234.

릴로 노회(PCUSA)가 총회에 웨스트민스터 소요리 문답을 현대 언어로 다시 써야 한다고 건의했던 때였다. 총회에서 임명된 위원회가 일 년간 심사숙고 한 후, 다음과 같은 대안을 제시했다: 위원회를 만들어서 "1958년에 연합이 달성된 후 짧은 현대적인 신앙선언문이 교회 헌법에 포함되게" 입안한다. (1958년의 이 연합은 미국장로교회(PCUSA)와 북미 연합장로교회(United Presbyterian Church of North America[UPCNA])의 연합을 말한다. 결국, 미국연합장로교(United Presbyterian Church in the United States of America [UPCUSA]가 되었다.)

이 새로운 신앙 선언문의 논리적 근거는 "그것이 우리 교회의 모든 교인들에게 이 신학의 감격적인 부흥에 동참한다는 어떤 의식을 가져다주어야 한다."는 것이다. 그 "감격적인 부흥"이란 물론, 1940년대와 1950년대에 발전하기 시작했던 신정통주의와 성경신학 운동의 합의를 말한다.[45]

1958년의 연합 총회는 짧은 현대적 신앙 선언문을 만들 위원회에 9명을 지명했다. 프린스턴신학교의 에드워드 다위 주니어Edward A. Dowey Jr.가 위원장으로 임명되었다. 이후 4년 동안, 몇 명의 초창기 멤버가 빠지면서, 한 명의 여성인 E. 해리스 하비슨 장로를 포함해서, 11명의 위원들이 그 위원회에 추가되었다.[46] 그 위원들 대다수는 1940년대와 50년대의 신정통주의 부흥에 의해, 종교개혁의 근본으로 돌아가려는 신학적 배경을 갖고 있었다.

위원장 다위와 대다수 위원들에게 중요했던 것은, 바르트와 마찬가지로 예수 그리스도를 통한 계시였다. 그들은 신정통주의가 성

---

45) Jack Rogers, "성경적인 권위와 신앙고백의 변화," *Journal of Presbyterian History* 59, no. 2 (Summer 1981): 136-37.

46) 모든 단계에서 이 위원회의 전체 목록을 보려면, *Report of the Special Committee on a Brief Contemporary Statement of Faith* (Philadelphia: Office of the General Assembly, 1965), 10을 보라.

경의 '오류 없음'이라는 보수적 프린스턴 교리로부터 성경을 구했다고 믿었다.

1966년 총회는 수정위원회를 임명했는데, 이 위원회는 1965년에 제출된 새 신앙고백서를 수정할 수 있는 권한을 갖고 있었다. 원래의 입안 위원회는 예수 그리스도만을 하나님의 말씀으로 선포하기를 원했고, 수정위원회는 성경도 하나님의 말씀으로 선언하기를 주장했는데, 이 둘 사이에 절충안이 만들어졌다. 결과적으로 1967년에 만들어진 신앙고백서에서 성경에 대한 마지막 초안은 다음과 같았다. "하나의 충분한 하나님의 계시는 하나님의 말씀이 육신이 되신 예수 그리스도인데, 이에 대해 성령님께서 성경을 통해 독자적이고 권위 있게 증거하시며, 성경은 글로 쓰인 하나님의 말씀으로서 받아들이고 순종해야 한다." 대문자 W는 그리스도가 하나님의 말씀으로 언급될 때 사용되고, 하나님의 말씀으로서의 소문자 w는 성경을 지칭한다.[47] 절충안이 받아들여져, 신앙고백서는 채택되었다.

1967년 신앙고백서가 끼친 사회적 영향들

1967년 신앙고백서에서 그리스도론적인 성경해석은 인종간의 화해에 대한 책임에 기초가 되었다. 1967년 신앙고백서의 저자들은 예수 그리스도를 통한 하나님의 화해 작업이 어느 시대나 복음의 핵심이었고, 그 세대의 교회는 특히 화해의 사역에 소명을 받았다고 믿었다.[48] 인종차별을 언급하면서, 1967년 신앙고백서는 다음과 같이 말했다. "하나님은 세상의 사람들을 하나의 보편적 가족이 되도

47) Rogers, "성경적인 권위와 신앙고백의 변화," 142-43.

48) Edward A. Dowey Jr., *A Commentary on the Confession of 1967 and an Introduction to the Book of Confessions* (Philadelphia: Westminster Press, 1968), 40-41.

록 창조하셨다. 그분의 화해시키는 사랑 안에서, 그분은 형제들 간의 장벽을 극복하셨고, 실제이건 가상이건 인종간의 혹은 종족간의 차이에 기초한 모든 종류의 차별을 철폐하셨다… 따라서 교회는 모든 인종적 차별의 폐지를 위해 노력하고 그 때문에 상처받은 이들을 보살핀다."[49]

이 새로운 그리스도론적 해석은 또한 남부에도 뿌리를 내렸다. 1976년에 PCUS 총회는 다음과 같이 말하는 "신앙선언문"을 채택했다. "성경이 우리에게 믿고 행하라고 가르치는 것 안에서 분명한 긴장과 대립을 마주하게 될 때, 마지막 호소는 그리스도의 권위여야 한다."[50] 인종에 대해서는 이렇게 말했다. "인종들, 민족들, 그리고 이웃들 사이의 반목은… 하나님께 대한 우리의 죄의 표시이다."[51] 그리스도론적 성경해석은 마침내 노예제도와 인종차별의 죄에 대한 장로교 교회의 침묵을 극복했다.

신학적인 반발: 여성들의 목사안수

1965년에 이르러서야 장로교의 여성들은 북부와 남부 모두에서 교회의 모든 직분에—집사, 장로, 그리고 말씀과 성례의 목사로 허입되었다. 그러나 여성의 리더십에 대한 작은 저항들은 계속되었다. 1958년에 북미연합장로교회UPCNA와 미국장로교회PCUSA가 연합할 때, 한 가지 아주 큰 이슈가 공론화 되지 않았고 해결되지 않은

---

49) *Book of Confessions*, 9.44.

50) "신앙선서 (미국 장로교)," *The Proposed Book of Confessions with Related Documents*에 들어 있는데, 116차 총회에 의해 승인되었고 장로교회들에게 충고와 동의를 위해 추천되었다(Atlanta: Presbyterian Church in the United States, 1976), 제 6장, 줄 65-67. 이 선언문은 PCUS 법령의 한 부분이 되기 위해 필요한 3/4의 투표를 얻지 못했지만, 교회들에서 널리 이용되었다.

51) "Declaration of Faith," 제2장, 122-25행.

채 남아 있었다. 즉 북미연합장로교회UPCNA는 여성을 장로나 목사로 안수하지 않았던 것이다.

이 해결되지 않은 문제는 1970년대에 피츠버그신학교의 졸업반이었던 월터 윈 케논Walter Wynn Kenyon이 관련된 사건으로 터져버렸다. 케논은, 찰스 호지와 B. B. 와필드의 보수적 프린스턴 신학의 연장선에서 깔뱅주의를 가르쳤던 존 거스트너 주니어John H. Gerstner Jr. 교수를 열렬히 추종하던 일단의 학생들 중 한 명이었다. 이 무리가 확신하는 것들 중의 하나는 성경이 "분명히 여성들에게 교회의 공식적 가르치는 자리와 통치 사역에서 복종적('침묵해야') 이어야 한다고 가르친다"는 것이다.[52]

케논을 포함해 거스트너의 추종자들은 여성안수 문제가 장로교 교리와 통치에서 비본질적 세부사항이라고 주장했다. 그러므로 그들은 1792년의 채택 법Adopting Act에서 사용된 언어로, 이 점에 "양심의 가책을 느끼지만"(다시 말해 반대하지만), 교단 내의 상당한 지위의 목사가 되는 것에는 아무런 문제가 없다고 생각했다.[53] 이런 정신에서, 케논은 피츠버그 노회의 "목사후보자와 자격위원회"에 자신은 성경이 여성의 목사안수를 금한다고 믿는다고 분명히 표명했다.

"목사후보자와 자격 위원회"는 케논의 목사안수를 반대했는데, 왜냐하면 그가 목사안수를 위한 다섯 번째(여덟 개 중) 질문, 즉 "당신은 우리 교회의 통치를 지지하고, 그 규율을 존중하시겠습니까? 사역하는 동료들의 친구가 되어, 같이 일하고, 하나님의 말씀과 성

52) Jack Rogers, "The Kenyon Case," in *Women and Men in Ministry*, ed. Roberta Hestenes (Pasadena, CA: Fuller Theological Seminary, 1985), 148.

53) The Adopting Act of 1729에 대한 짧은 토의를 위해, Rogers, *Reading the Bible and the Confessions*, 91-92를 참조하라.

령님의 질서에 복종하시겠습니까?"라는 질문에 긍정적으로 대답할 수 없었기 때문이었다.[54]

케논, 거스트너, 그리고 몇몇의 동료들은 그들의 입장을 설명하고 옹호하는 소책자를 작성했다:

> 우리의 목적은 단지 우리가 믿는 바가 실제적인 이슈라는 것을 보여주는 것이다: 성경의 권위… 성경은 교회와 가정에서 여성은 종속적인 위치에 놓인다고 일관되게 가르친다. 누구도 성경을 읽고 그 안에 "대서특필된" 권위를 보지 않을 수 없다. 곳곳에서 우리는 명령의 상하관계를 만난다… 하나님을 사랑하고 두려워하는 모든 사람들은 하나님의 말씀이 명령조로 교회 내에서 권위—남성의 권위—를 세우고 있음을 인정해야만 한다.[55]

노회는 위원회의 결정을 뒤엎고 케논의 목사안수를 추천했다. 이 결정은 대회synod에 상소되었고, 거기서 노회와는 반대로 케논에게 목사안수를 주어서는 안 된다고 결정했다. 대회의 이런 결정은 다시 총회사법위원회Permanent Judicial Commission에 상소되었고, 거기서는 케논에게 안수하지 않기로 한 주총회의 결정을 지지했다.

1974년 결정에서, 케논 사건을 다룬 사법위원회PJC는 1967년의 신앙고백서를 인용했다. PJC 결정은 여성과 남성의 평등이 장로교 신학의 필수라고 진술했다: "하나님 앞에서 모든 사람이 평등하다는 우리 믿음의 중요성에 대한 질문은 이 사건 처리에 필수적이다. 하나님의 성령이 우리를 인도하시어 하나님 앞에서의 이러한 평등을 새롭게 이해하게 해주셨다고 교회가 믿는 것은 우리 교회의 신앙

54) Rogers, "Kenyon Case," 148.

55) Ibid., 157-58.

고백 기준에서 명백하다."[56]

교회 리더십에서 여성과 남성의 평등을 단언하는 이 결정은 모든 인종의 평등에 관한 1967년 신앙고백서의 통찰에 근거한 것이었다. PJC는 1967년의 신앙고백서를 인용했다: "동료 인간을 배제하거나 지배하거나, 혹은 후견인 같은 태도를 취하는 교회나 개인이나 크리스천 단체는, 아무리 미묘하다 해도, 하나님의 성령을 방해하고 그들이 고백한 신앙을 경멸하는 것이다."[57] PJC는 다음과 같이 선언하면서 그 인용을 뒤따랐다. "UPCUSA는 예수 그리스도께 순종하고, 성경의 권위 아래 (그리고 그 신앙고백들에 의해 인도되어), 모든 사람이 하나님 앞에서 평등하다는 이해를 발전시켰다."[58] 여기서 우리는 1940년대에 풍미하고 1967년 신앙고백서에서 구체화된 성경해석 방법이 교회로 하여금 이전의 문자주의적 성경해석 방법을 거부하도록 만든 것을 보게 된다.

여성에 대한 짧은 신앙 선언

1991년에는 여성과 남성의 평등이 분명한 신앙고백으로 표현되었다. 1983년 PCUS와 UPCUSA의 재결합을 좌우했던 합의조례Articles of Agreement는 재결합할 미국장로교회PC(USA)가 총회장에게 "재결합된 교회 안의 다양한 관점들과 그룹들을 대표하는 위원회를 임명해서 신앙고백서*Book of Confessions*에 포함시킬 '개혁주의 신앙의 짧은 선언Brief Statement of Faith'을 준비하도록" 지시했다.[59]

---

56) Ibid., 150.

57) *Book of Confessions*, 9.44

58) Rogers, "Kenyon Case," 150.

59) Jack Rogers, *Presbyterian Creeds: A Guide to the Book of Confessions* (Louisville, KY: Westminster John Knox Press, 1991), 231–32.

이 위원회는 개혁주의 신조 형성의 역사에서 두 가지 이유로 독특했다. 첫째로, 이 위원회는 특히 신조의 다양성 때문에 구성된 것이었으므로 연합을 고취시킬 문서를 작성하도록 기대되었다. 둘째로, 처음으로 상당수의 여성들이 신앙고백 문서를 마련하는 위원회의 멤버였다는 것이다.

가장 중요한 것은 개혁주의 신조 역사에서 처음으로, 여성이 남성과 평등하다고 선언되었고 교회의 모든 사역에 임직될 수 있음이 승인되었다. 미국장로교회PC(USA) 신앙고백서*Book of Confessions* 안의 "짧은 신앙선언"은 모든 사람들의 평등을 분명히 했다: "하나님은 최고의 사랑으로 세상을 선하게 창조하셨고, 모든 사람들을 하나님의 형상으로, 즉 모든 인종과 민족의 남성과 여성을 평등하게 하나의 공동체로서 살게 하셨다."[60] "짧은 신앙선언"은 또한 성령님이 "여성과 남성을 교회의 모든 사역으로 부르신다."고 선언하면서, 여성안수에 대한 분명한 신앙적 보장을 제공했다.[61]

일부 사람들에게, 이 "짧은 신앙선언"의 가장 놀라운 혁신은 하나님을 지칭하는 데서 남성적 언어뿐 아니라 여성적 언어도 사용했다는 점이다: "우리를 여전히 사랑하시는 하나님은 우리를 언약의 그리스도와 함께 상속자로 삼으셨다. 엄마가 키우는 아이를 버리지 않는 것처럼, 아버지가 달려 나가 탕자를 집으로 들인 것처럼, 하나님은 여전히 신실하시다."[62] 하나님을 어머니와 아버지에 비유하는 글들은 성경본문에서 직접 인용한(어머니는 이사야 49:15-16에서, 아버지는 누가복음 15:11-32에서) 것이다.

이처럼 은유적 언어를 사용한 것은 또한 성경언어 사용의 순진

---

60) *Book of Confessions*, 10. 3, lines 29-32.

61) *Book of Confessions*, 10. 4, line 64.

62) *Book of Confessions*, 10. 3, lines 47-51.

한 문자주의와 선명하게 대조된다. "짧은 신앙선언"의 저자들은 하나님은 남성도 여성도 아니라는 것을 알고 있었다. 그들은 우리가 사용하는 언어들이, 우리의 최선의 인간적인 사례들을 넘어서는 하나님의 인격적인 사랑의 실재를 가리키기 위해 인간적인 표현들을 사용한다는 것을 인정했다.[63]

신학적, 사회적, 신앙고백적인 과거에서 배우기

교회는 1940년대와 50년대에 신정통주의의 안내를 받아, 책임감을 가지고 사회적 이슈들을 다루기 시작했다. 그리스도 중심의 성경 이해를 통해, 교회는 인종차별에 반대했고, 여성을 안수했고, 이혼한 사람들과 재혼한 사람들에게 교회의 온전한 멤버십을 허용했다.

그러나 이제 동성애 문제와 직면해서, 많은 교회들은 과거의 잘못을 반복하고 있다. 교회가 새로운 상황에서 억압받는 사람들이 문화적 현상유지status quo에 대해 의문을 제기할 때, 많은 사람들은 본능적으로 방어적이 되어서 뒤로 물러선다. 문화적 변화에 대처하지 못하는 것을 정당화하기 위해, 그들은 성경에서 증거본문을 찾기에 분주하다. 다시 말해서, 그들은 몇 구절들을 전체 맥락과 상관없이 끄집어내서 보편적인 법으로 만들어 버린다. 많은 사람들이 성경을 예수님의 삶과 사역이라는 렌즈로 읽지 않고, 성경을 법전으로 만들고 자기들이 동의하지 않는 사람들에게만 선택적으로 적용하려고 해왔다.

이럴 필요가 없다. 크리스천들이 성경을 예수님의 은혜로운 삶

---

63) Rogers, *Presbyterian Creeds*, 268-69.

과 사역이라는 렌즈로 읽는다면, 레즈비언, 게이, 양성애자, 성전환자들을 여타의 모든 인간적인 문제들을 가졌지만 하나님께 똑같이 사랑받는 그들의 자매와 형제로 볼 수 있게 될 것이다.

신정통주의가 1940년대에 소개했던 성경해석 방법은 16세기 개신교 개혁주의자들이 사용했던 성경해석 방법에 뿌리를 두고 있다. 바르트와 브루너를 비롯한 신학자들이 미국 장로교인들에게 깔뱅과 루터를 읽도록 용기를 북돋우었을 때, 학자들은 19세기 프린스턴 신학에 의해 빛을 잃은 유산을 발견하기 시작했다. 레이드의 상식철학과 터레틴의 신학체계 모두 16세기 개혁주의자들과 웨스트민스터 신앙고백 이후에 나왔다. 그래서 1940년대에 새로 소개된 것들은 신학자들과 성경학자들로 하여금 이전의 개혁주의 전통으로 돌아가게 했다.

1980년대 초반에 장로교인들은 자신들의 개혁주의 유산을 재확인했고 또한 개혁주의 신앙고백서에서 발견되는 성경해석의 원칙들을 사용하여 신학적 논쟁의 지침들guidelines을 만들었다. 이런 지침들을 제대로 따르기만 한다면, 교회 내에서 동성애자들에게 온전한 멤버십의 권리를 허용해야 하느냐 마느냐 하는 논쟁에서 매우 유용할 것이다.

다음 장에서 우리는 이 지침들과 그 신앙고백적 원천들을 검토할 것이며, 이런 지침들을 동성애자들에게 적용하는 과제에 대해 살펴볼 것이다. 성경을 해석하는 데서 우리의 최선의 원칙들과 방법들을 유지하는 것이 우리가 신앙공동체로서 함께 전진하도록 도와줄 것이다.

4장

논쟁의 시대에 성경 해석하기

장로교인들은 성경의 권위와 해석에 대해 매우 정통적이며 공식적인 입장을 가지고 있다.[1]

1982년과 1983년에 북부와 남부 장로교회들은 성경해석을 위한 지침들guidelines을 채택했다. 이 두 교단의 보고서들은 스스로 의식할 정도로 조화를 이루었는데, 왜냐하면 둘 다 개혁주의 신앙고백에 대한 연구에 기초했기 때문이다. 그 성경해석 지침들은 다시 결성된 미국장로교회PC(USA)에 의해 다음과 같은 논평과 함께 1992년에 출간되었다. "그 두 문서는 다양한 교회가 성경을 이해하고 사용하는 데서 공통된 기초가 필요하다는 점에 응답하여 작성되었다."[2]

---

1) 나의 책, *Reading the Bible and the Confessions: The Presbyterian Way* (Louisville, KY: Geneva Press 1999)에서 이 가이드라인들에 대해 토의했다. 이번 장 안의 일부, 특히 개혁주의 신앙고백들에서 가져온 인용들은 전에 출판되었던 것들과 겹쳐지게 될 것이다.

2) *Presbyterian Understanding and Use of Holy Scripture and Biblical Authority and Interpretation* (Louisville, KY: Office of the General Assembly, 1992), 서문. 이 두 보고서는 다음 논평과 함께 하나의 책자로 모아졌다: "이 소논문 두 개는 성경을 이해하고 사용하는 데서, 다양한 교회들에게 공통된 기초가 되어줄 필요성에 응답하여 쓰여졌다." 앞으로는 Guidelines으로 인용된다.

성경해석의 이런 원칙들은 장로교에만 국한되는 것은 아니다. 이런 원칙들은 오늘날 대부분의 주류 교단들이 사용하고 있는 것들과 본질적으로 같은 원칙들이다. 이런 원칙들은 개신교 종교개혁의 공통된 유산에서 나온 것이다.

신정통주의를 넘어서서

1967년의 신앙고백을 연합장로교회가 채택할 즈음, 신정통주의 시대는 거의 끝나가고 있었다. 칼 바르트를 비롯한 신정통주의 신학자들이 다루지 않았던 새롭고 중요한 이슈들이 1970년에는 분명히 드러났는데, 문화적 다원주의, 여성주의, 세계 인구 2/3의 높아진 의식, 과학의 주장들, 특히 사회과학의 주장과 같은 이슈들이었다.

신정통주의는 성경 이해의 새로운 장을 열었는데, 그것은 그리스도 중심적이었고 또한 학자들의 본문연구에 개방적이었다. 그러나 신정통주의의 독특한 요소는 오직 그리스도만이 하나님의 말씀이고 또한 성경만이 그리스도에 대한 유일한 증거라는 것이었는데, 이제는 더 이상 도움이 되지 않는 것처럼 보였다.

1980년대에 채택된 지침들은 개혁주의 신앙고백에 따라, 예수 그리스도는 살아 있는 말씀이고, 성경은 하나님의 기록된 말씀이라고 부르는 것이 적절하다고 확인했다.[3] 학자들은 그리스도 안에 나타난 하나님의 구원 메시지를 발견하기 위해, 기록된 말씀에 가장 치밀한 주의를 기울이는 것으로 바뀌었다.

성경의 역사적이고 문화적 상황context 속에서 표현된 인간의 말에 가장 엄밀한 주의를 기울임으로써, UPCUSA 보고서(1982년)는 우리가 오직 고대 근동의 독특한 역사적 상황에 대해서만 이야기한

3) 이 토의의 상황에 대해 더 구체적인 것들을 알고 싶다면 앞의 3장을 참조하라.

다기보다는, 우리 인간의 상태에 대해 말씀하시는 하나님의 메시지를 이해하는 데 도움을 받았다고 지적했다.[4] 그 보고서는 이렇게 끝났다. "믿음과 사랑으로 행해진 학문적 도구들뿐 아니라 성령님의 인도하심에 마음을 여는 일이 작용을 해서 그 메시지를 적용해야 하는데, 특히 논쟁이 되는 분야에서 그렇다."[5]

얄궂게도, 그 지침들은 논쟁의 시대에 사용할 목적이었는데, 교단의 보고서들이 마침내 출판된 1992년에 이르러서는, 동성애자들에 대한 논쟁에서 사람들은 이미 각자 자기의 진지를 구축한 채, 낡고 신통치 않은 근본주의자들 대 현대주의자들의 논쟁과 너무 흡사하게 견고한 입장을 갖춘 상태였다. 실제로 몇몇 사람들은 아무런 도움도 되지 않는 그 싸움을 다시 하고 싶어 하는 것 같았다.

이 지침들을 이용한다고 해서 우리 모두 즉시 의견이 일치하게 될 것이라고 보증할 수는 없다. 그러나 우리는 적어도 우리가 같은 것에 대해 이야기하고 있고, 단지 편협한 한 부분에 대해서가 아니라 성경에서 배울 수 있는 모든 것을 보고 있다는 것을 확신할 수 있다. 이런 공통의 이해를 통해 우리는 앞으로 나아가는 공통의 길을 찾을 수 있을지도 모른다. 그것이 나의 기도이다.

해석을 위한 일곱 개의 지침들

나는 우선 각 지침들을 소개할 것이다. 그런 다음 그 지침의 출처를 개혁주의 신앙고백에서 인용할 것이다. 마지막으로, 관련된 해석 원칙들에 대해 논의하고, 각 지침들이 어떻게 동성애에 대한 우리의 현재의 논쟁에 도움이 될 수 있을지 논의할 것이다. 나는 1982

4) Guidelines, 41-44.

5) Ibid., 43.

년 UPCUSA 지침들을 이용하는데, 왜냐하면 그것들이 조금 더 단순하고 내가 그것들에 좀 더 익숙하기 때문이다. 나는 또한 1983년 PCUS 문서들에서 얻은 통찰과 유용한 고백적 인용들을 통합할 것이다.

이제 "논쟁이 되는 문제들과 관련해서 성경을 적극적으로 사용하며 성경의 이용을 제한하지 않기 위해"[6] 추천된 지침들을 보자.

> **지침 1**. "구세주 예수 그리스도가 성경의 중심임을 인지하라. 하나님의 구원활동이 성경 전체에서 중심을 이룬다. 그 언약과 메시아에 대한 구약의 주제들은 이 활동을 증거하고 있다. 신약의 중심은 예수 그리스도이다: 말씀이 육신이 되었고, 이스라엘의 메시아 희망의 완성이었고, 그리고 그 나라의 약속이었다. 교회가 증거하는 것이 바로 이 그리스도이다. 성경을 해석할 때, 그리스도를 중심에 놓는 것이, 교회의 활기차고 역사적인 생활 속에서 늘 지속되는 문제들과 논쟁들의 중요성을 평가하는 데 도움이 된다."[7]

신앙고백적 출처

다음 진술들이 보여주는 대로, 우리 개혁주의 신앙 전통은 그리스도가 성경해석의 중심 원칙임을 확언하고 있다.

깔뱅은 요한복음 12:48에 대한 그의 주석에서, "**성경을 읽을 때, 우리는 우리의 양심에 분명하고 단호하게 말하며, 우리를 그리스도께로 이끈다고 느껴지게 하는 것을 단순히 붙잡아야 한다**."[8]고 말했다.

---

6) Ibid., 51

7) Ibid., 52.

8) 성경에 대한 장로교적 이해와 이용, 미국 장로교의 123차 총회 (1983)에 의해

1541년의 제네바 신앙고백은 "하나님에 대한 옳은 지식"에 대해, 그 지식은 우리에게 하나님이 우리를 사랑하시며 또한 우리의 아버지와 구세주가 되어주기를 원하신다고 말해준다: "그분의 말씀에 의하면, 그분은 그리스도 안에서 자신의 자비를 우리에게 선언하시고, 우리를 향하신 그분의 사랑을 우리에게 확신시키신다."[9]

베른 대회(1528년): "그러나 목사님들이나 그밖에 다른 사람들이 우리를 그리스도께로 더 가까이 데려갈 무엇인가를 우리 앞에 가져다 놓는 곳에서... 우리는 기쁘게 그것을 받아들이고 성령님의 길을 제한하지 않을 것이다."[10]

스코틀랜드 신앙고백(1560년): "성경의 어떤 구절이나 문장에 대한 옳은 이해에 대해, 혹은 하나님의 교회 안에서 어떤 잘못을 개혁하기 위한 논쟁이 일어나면, 사람들이 우리에 앞서 말하고 행했던 것에 대해 묻기보다, 성경의 본문에서 성령님께서 일관되게 말씀하신 것과 예수 그리스도께서 직접 행하셨고 명령하셨던 것에 대해 더 많이 물어야 한다."[11]

교회 안에서 나치Nazi의 간섭에 반대한 독일의 바르멘 신학 선언(1934년): "예수 그리스도는, 성경이 우리를 위해 증언하는 대로, 우리가 들어야만 하고 또한 살든지 죽든지 신뢰하고 복종해야만 하는 하나님의 하나뿐인 말씀이시다."[12]

채택된 입장 성명서 (Louisville, KY: Office of the General Assembly, 1992), 17.

9) Guidelines, 17, The Geneva Confession of 1541.

10) Guidelines, 17, The Synod of Bern of 1528.

11) *Book of Confessions,* 3.18. 아래에 BC로 인용된다.

1967년 고백서: "**성경은 그리스도를 통한 하나님의 화해의 역사에 대해 증언한다는 점에 비추어 해석되어야 한다.**"13

1976년 PCUS 총회에 의해 채택되었으나, 신앙고백서*Book of Confessions*에 실리기 위해 필요했던 전체 노회 4분의 3의 찬성을 얻지는 못했음에도 불구하고 교단 내에서 널리 사용된 신앙선언: "**예수 그리스도가 성경 기록의 중앙에 서 계신다.**"14

주석

성경은 하나님과 또한 하나님께서 이 세상에서 하고 계시는 일에 대한 것이다. 예수님이 그 이야기의 중심에 있다. 크리스천들에게는 예수님이 그리스도이며 메시아이며 우리의 세상 속에 성육신하신 하나님이시다.

이 메시지가 교회가 믿는 것과 내가 믿는 것의 중심이다. 몇 년 전, 성경의 영감에 대한 고전적 본문인 디모데후서 3:16-17에 대해 설교를 하고 있었다: "모든 성경은 하나님의 영감으로 된 것으로서 유익합니다… 그것은 하나님의 사람으로 하여금 유능하게 하고, 온갖 선한 일을 할 준비를 갖추게 하려는 것입니다." 나는 설교를 하면서 세 명의 소년들을 점점 더 의식하게 되었는데, 열 살 정도 되어 보였고, 내 오른 쪽 앞줄에 앉아 있었는데, 부모님과 같이 있지는 않았다. 그들은 태도가 나쁘지는 않았지만, 꽤나 가만히 있지를 못했다. 그래서 나는 갑자기 멈춰 서서 그들에게 말했다: "애들아, 나는 10초 안에 성경이 말하는 모든 것에 대해 너희에게 말해줄 수 있어.

---

12) *BC*, 8.11.

13) *BC*, 9.29.

14) Guidelines, 18, A Declaration of Faith.

시간을 재보는 것이 어떻겠니?" 나는 이렇게 말했다: "하나님은 선한 세상을 만드셨어요. 우리가 그 세상과 우리 자신을 엉망으로 만들었지요. 우리와 세상을 다시 돌려놓으시려고 하나님은 예수님으로 오셨어요." 그 열 살 된 소년들 중 한 명이 벌떡 일어나서 말했다. "9초 됐어요!" 적어도 나는 9초 동안 그의 주의를 잡아 놓았다.

성경은 이야기이고, 그 주인공은 예수 그리스도이다. 그래서 성경은 어떤 면에서 소설이나 연극과 같다. 성경의 플롯은 창조, 타락, 그리고 구원이다. 이것이 기독교 이야기의 대략의 줄거리이다.

성경을 예수님의 삶과 사역이라는 렌즈로 접근하는 것이 쉬운 일은 아니다. 구약의 히브리인들의 흑백논리에 바탕을 둔 율법들에 따라 사는 것이 훨씬 단순할 것이다. 그러나 예수님은 율법주의자가 아니셨다. 예수님을 따르기 위해, 우리는 하나님에 대한 사랑과 이웃에 대한 사랑과 그리고 심지어 원수에 대한 사랑을 보여주도록 요구된다. 예수님은 심지어 사회에서 버려진 사람들을 위한 사랑을 보여주셨다. 그의 본보기를 따르려고 노력하는 것은 쉽지 않은 것이며, 우리를 겸허하게 만드는 것이다.

경멸받고, 차별받고, 정신착란으로 자살하려는 사람에게 예수께서 등을 돌리시는 것을 상상할 수 있는가? 나는 상상할 수 없다. 그러나 교회 안의 사람들은 동성애자인 기독교인들에게 그렇게 해왔다.[15] 우리가 우리의 초점을 예수님께 맞추면, 복음에 대해 더 깊이 이해할 수 있게 된다. 그런 다음 우리는 동성애에 대한 논의에 관련된 모든 사람들을 그리스도 안에서 우리의 자매와 형제로 볼 수 있는 은혜를 구하는 기도를 할 필요가 있다.

---

15) Joanna Adams 목사의 용기 있고 고통스러울 정도로 정직한 인정을 보라. 그러려고 의도한 것은 아니지만 그녀는 Covenant Network-sponsored 영화 "전환점"(Turning Points)에서 또 한 번의 큰 고통을 야기했다.

지침 2. "비유allegory나 주관적 몽상fantasy보다는, 문법과 역사적 인 상황에 맞는 성경의 분명한 본문에 초점을 맞춥시다."

신앙고백적 출처

존 깔뱅: **"성경의 많은 진술들의 의미는 그 문맥에 달려 있다."**16

두 번째 스위스Helvetic 고백(1566년): **"우리는 성경본문을… (그 기록된 언어의 특성과 기록된 상황을) 자세히 조사한 성경해석이 정통이며 진정하다고 믿는다."**17

1967년 고백: **"성경은 성령님의 인도에 의한 것이지만 사람의 말이므로, 그것이 기록된 시공간의 언어와 사고 유형과 문학적 표현방식에 의해 제한된다. 그것들은 당대의 인생관, 역사관, 우주관을 반영하고 있다. 그러므로 교회는 문학적이며 역사적인 이해를 가지고 성경에 접근할 의무가 있다."**18

신앙 선언(1976년): **"하나님은 자신의 영감에 찬 말씀을 다양한 인간의 기록들을 통해 우리에게 말씀하시기로 선택하셨다. 우리는 가능한 최선의 방법들을 사용해, 그 말씀들이 기록된 역사적이며 문화적 배경과 문학 형태들 속에서 그 말씀들을 이해한다."**19

---

16) Calvin, *Institutes of the Christian Religion* 4.16.23; Jack B. Rogers and Donald K. McKim, 성경의 권위와 해석 (San Francisco: Harper & Row, 1979), 97에 인용되어 있다.

17) *BC*, 5.010.

18) *BC*, 9.29.

19) Guidelines, 12.

주석

이 지침은 우리가 원하는 것을 성경 속에 집어넣어 읽는 것을 경고한다. 중세시대에 우의적인 해석allegorism은 일반적 방법으로서, 본문에 대한 분명한 의미 배후에서 7겹의 의미를 더 찾는 것이 허락되었다. 우리가 표피적인 문자주의를 피해야 하는 것처럼, 우리의 편견을 본문 속에 집어넣는 이런 종류의 주관주의도 피해야만 한다. 대신에, 우리는 우리에게 주어진 대로 본문을 진지하게 받아들여야 하고 또한 그 문맥에 맞게 온전히 이해하도록 노력해야 한다.

1983년의 PCUS 연구서는 명백한 본문plain text을 올바르게 다루기 위해 다음과 같이 해야 한다고 명시한다.

1. 적당한 문학적 단위(절, 단락, 인용구 등)를 정하고
2. 사용된 언어의 문화적 조건들을 인지하고,
3. 본문의 사회적 및 역사적 상황을 이해해야 한다.

이 말은 예를 들어, "서사시는 역사적인 연대기가 아니다. 상징적인 이야기들은 과학이 아니다. 그리고 어떤 특정인이나 공동체를 향한 훈계는 일반적인 법이 아니다."[20]라는 뜻이다. 우리의 개혁주의 신앙고백들은 이런 원칙들을 확실히 한다.

"명백한 본문"은 그 문맥 안에서만 "명백하다." 이 말은 늘 책임있는 해석을 요구한다는 뜻이다. 동성애에 대해 우리는 PCUS "지침들"에서 주어진 경고에 귀를 기울이는 게 당연하다: "어떤 특정 본문은 우리도 현재 관심을 가진 주제에 대해 말하는 것처럼 보일 수 있지만, 현재의 주제가 성경본문에서 언급된 것과 같다거나 성경 기

20) Guidelines, 11-12.

자와 현대 해석가의 상황과 조건이 비슷하다고 쉽게 가정해서는 안 된다."[21]

예컨대, 우상숭배적이고 부도덕한 성적 행위를 비난하는 성경 구절들을, 우상숭배적이지도 않고 부도덕적하지도 않은 현대의 크리스천 게이와 레즈비언들의 성적인 관계에 제대로 적용할 수 있는지 묻는 것이 분별 있어 보인다. 다른 신들을 예배하는 것을 비난하는 구절들을 택해서 예수님께서 우리에게 예배하라고 요청하신 한 분뿐인 진정한 하나님을 경배하는 크리스천들에게 반대하여 사용하는 것이 옳은가?

신약학자 리차드 헤이즈Richard Hays는 "'동성애'에 정확히 해당하는 헬라어도 히브리어도 없다."고 주장했다.[22] 성경은 히브리어와 헬라어 원본에, 우리가 지금 동성애 지향을 가진 사람들을 이해하는 것 같은 개념이 없다. 사실, 자신의 성sex과 같은 성을 가진 사람들에게 성적으로 계속 끌린다는 개념이 유럽과 미국 언어에 생겨나기 시작한 것은 19세기 후반이었다.[23]

성경의 "명백한 본문"에 충실하기 위해, 우리는 원래의 상황 안에서 그 본문의 의미를 이해하기 위해 아주 조심해야 한다. 그런 다음, 그 본문을 당시와 꽤나 다른 현대의 상황에 적용하는 것이 적절한지 분간하기 위해 똑같이 조심해야 한다.

---

21) Guidelines, 11.

22) Richard B. Hays, "우리 육신의 구원을 기다리며," *Sojourners* 20 (July 1991): 18.

23) 영어로 "동성애"라는 단어가 처음 사용된 것으로 알려진 것은 1892년이었다. C. G. Chaddock가 Krafft-Ebing의 Psychopathia sexualis 3:255를 번역하면서 환자를 다음과 같이 언급했다: "그는 동성애적 지향을 가지고 있지 않다."

지침 3. "하나님의 메시지를 해석하고 적용하는 데 성령님의 인도를 의지하라."

신앙고백적 출처

웨스트민스터 고백: **"우리는 말씀 속에 드러난 구원을 이해하기 위해 성령의 내적 조명이 필요하다는 것을 인정한다."**[24]

웨스트민스터 고백: **"최고의 재판장, 즉 종교의 모든 논쟁을 결정하고, 회의들의 모든 법령과 고대 저자들의 생각들과 사람들의 교리들과 개인적 영을 검토하고 그 결정에 우리가 의지하는 최고의 재판장은 성경을 통해 말씀하시는 성령님 이외에는 없다."**[25]

1967년 고백: **"하나님의 말씀은 오늘날에도 성령의 조명에 의존하고 성경의 진리와 지시를 받을 준비가 되어 있는 상태에서, 성경을 신실하게 설교하고 주의 깊게 읽는 교회에게 들려진다."**[26]

주석

깔뱅의 약속은 우리에게 성경의 권위를 확신시키는 "성령님의 영적인 증언"이 또한 성경해석에서도 우리를 도우신다는 것이다. 어떻게? 우리에게 새로운 지식을 더함으로써가 아니라 오히려 받아들이려는 태도를 주심으로써 우리를 도우신다. 이런 태도를 가질 때 우리는 명백한 본문 안에서 우리가 받아들이기를 하나님께서 원하시는 그 본질적 메시지를 이해할 수 있게 된다.

---

24) *BC*, 6.006.

25) *BC*, 6.010.

26) *BC*, 9.30.

성령님은 가끔 우리에게 새로운 성경 이해를 제공하신다. 성경 해석에 대한 PCUS의 접근방법은 "교회의 전통적 성경해석은 틀릴 수 있고 늘 개정과 정정을 필요로 한다는 것을 고백서들은 잘 이해하고 있다"고 주장한다.[27] 성령님께서 계속적으로 기독교 교회 내에서의 변화를 불러 일으키셨다. 성령님은 우리를 새로운 신앙과 행동으로 이끄신다. 이 변화의 능력은 교회로 하여금 변화하는 세상에 대처하게 했고 또한 새로운 사람들에게 그리스도를 통한 하나님의 사랑의 메시지를 전파하게 했다. 예루살렘의 초대 사도들은, 전에는 생각할 수도 없었던 생각인, 성령이 이방인들에게 임하셨다는 베드로와 바울의 전언을 듣고 받아들였다(행 10장과 15장). 그들의 성장배경이 되는 대부분의 유대교는 이방인들과 분리되어야 한다는 점에 기초를 두고 있었지만, 예루살렘의 사도들과 장로들은 마음을 바꾸었고, 교회는 확대되었다.[28]

초기 미국의 크리스천들은 왕에게 복종해야 한다고 성경이 말하는 것으로 이해했다. 그러나 미국 독립전쟁 때, 사람들은 더 이상 그 훈계를 문자 그대로 받아들이지 않았다. 비슷한 맥락에서, 기독교인들은 수세기 동안 성경이 노예제도와 남성에 대한 여성의 복종을 용인한다고 생각했다. 그러나 시간이 흐르면서 그리고 종종 내키지 않으면서도, 사람들은 성령님의 인도에 따라 아프리카 계통의 사람들과 여성들을 교회의 온전하고 동등한 멤버로 받아들이게 되었다.

그 성령님이 우리 교회를 변화시키기 위해 다시 한 번 일하시는 것 같다. 동성애자들에 대한 문화적 편견을 버리도록 우리들을 재촉

27) Guidelines, 21.

28) 이것을 동성애에 적용하는 것에 대해, Jeffrey S. Siker, "동성애적 크리스천, 성경, 그리고 이방인 가입: 뉘우치는 이성애자의 고백," *Homosexuality in the Church: Both Sides of the Debate*, ed. Jeffrey S. Siker (Louisville, KY: Westminster John Knox Press, 1994), 187-91에 들어있다.

하신다. 이성애자들 대다수가 가진 것과는 다른 성적 지향을 가진 신앙적이고 순종적인 제자들에 대해 우리가 알게 되면서, 우리는 그들이 이성애자들만큼이나 성령님께 축복받고 있음을 발견하게 된다. 성령님의 인도 아래, 우리가 태도와 행동에서 변화하는 것은 하나님의 인도하심에 대한 신앙적인 반응일 수 있다.

지침 4. "교회의 교리적 합의에 따르라. 그것이 신앙의 규범이다."

신앙고백적 출처

하이델베르그 교리문답서, 질문 22와 대답: "기독교인은 무엇을 믿어야 하는가? 복음을 통해 우리에게 약속된 모든 것인데, 그것을 요약한 것이 사도신경으로서 우리가 보편적으로 인정하는 신앙고백으로 우리에게 가르쳐졌다."29

종교개혁 시대의 대부분의 신앙고백과 심지어 깔뱅의 "기독교강요 *Institutes*"조차도 사도신경, 십계명, 주님의 기도를 해설한 것인데, 이것은 1998년 총회에서 교회에서 사용되도록 승인이 난 장로교 성인 교리문답서 교재도 마찬가지였다.

두 번째 스위스 고백서는 교회의 교리적 합의를 참조해야 하는 중요성에 대해 확증한다: "사도 베드로는 말하기를, 성경은 개인적 해석에 대한 것이 아니기 때문에(벧후 1: 20), 우리는 모든 가능한 해석을 허락하지는 않는다."30

"성경에 대한 장로교의 이해와 사용"이란 제목의 1983년 PCUS 보

29) *BC*, 4.022.

30) *BC*, 5.010.

고서는 성경을 항상 그리스도의 몸인 교회라는 공동체가, 그 공동체 안에서 해석해야 한다고 말했다: **"세상에서 전도하기 위해, 크리스천 공동체를 세우고 준비시킬 목적으로, 성령의 인도하심이 개개의 크리스천들에게 약속되어 있기 때문에, 교회의 합의는 개인의 생각보다 더 정확할 것 같다."**[31]

주석

"신앙의 규범rule of faith"이란 오랜 시간 동안 진전되어온 교회의 교리적 합의를 말한다. 당신이 신조들과 신앙고백들과 또한 장로교 "신앙고백서"와 같은 교리문답서 안의 신앙의 확언 같은 것을 읽을 때, 당신은 기독교 메시지의 본질이 놀라울 정도로 이어지고 있다는 것을 주목하지 않을 수 없다. 그것들이 발전하게 된 각기 다른 역사적이고 문화적 상황 때문에 문서들 사이에 자연적으로 차이가 있기는 하지만, 모두 기본적으로 같은 이야기를 하고 있다. 그 이유는 그것들 각각이 같은 성경 이야기에 대한 신실한 응답을 반영하기 때문이다. 그러므로 우리가 "매우 오래된 이야기"를 새롭고 변화하는 상황에 적용할 때 우리가 딛고 서야 할 확실한 발판이 주어진 것이다.

처음 언뜻 보면, 교회의 합의는 동성애자들을 온전히 받아들이는 것에 반대하는 것처럼 보일지 모른다. 그러나 우리는 아주 최근까지도 서양 교회의 관행은 유색인종과 여성들에게 온전한 멤버십을 허락하기를 거절했다는 것을 기억해야 한다. 과거의 관행이 미래의 신앙을 위해 꼭 추천되는 것은 아니다. 우리는 문화적으로 제한된 교회의 관행들과, 신조의 선언들에서 발견되는 교회의 본질적인 가르침들, 즉 "신앙의 규범"을 계속해서 구분해야만 한다.

---

31) *Presbyterian Understanding and Use*, 21.

제대로 해석하기만 한다면, 개혁주의 신앙고백들은 동성애에 대해 아무 말도 하지 않는다.[32] 사실, 그것들은 성sexuality 그 자체에 대해 거의 언급하지 않는다. 니케아 신조와 사도신경은 성에 대해 아무런 언급이 없다. 1991년의 "짧은 신앙 선언"도 아무 언급이 없고, 스코틀랜드 고백도 마찬가지이다. 1934년의 "바르멘 선언"도 성적 관계에 대해 언급하지 않는다. "하이델베르그 교리문답"에 따르면, 우리는 "**거룩한 결혼생활이든 혼자 사는 삶이든, 정숙하고 절제된 삶을 살아야 한다**."[33] "두 번째 스위스 고백서"는 "**하늘로부터 독신의 은사를 받은**" 사람들에 대해 이야기하지만 "**그 은사가 없어지면,**" 그들은 자유롭게 결혼할 수 있다고 말한다. 그것은 결혼에 대해 상세히 늘어놓고 일부다처를 비난한다. 동시에, 재혼을 비난하는 사람들을 질책한다.[34] "웨스트민스터 고백"은 이혼을 금지하지만, 간음이나 유기의 경우 "**무죄한 편**"에게 예외를 허용한다. "웨스트민스터 대요리 문답"은 간음 금지에서 허용되지 않는 죄들을 나열하면서, 그 목록을 확대시켜 "**모든 부정한 상상, 생각, 목적, 애정**"을 포함시킨다.[35] 일곱 번째 계명에 의해 요구되는 의무들 목록에는, "**부부간의 사랑과 동거**"가 포함된다.[36]

1967년 신앙고백의 원안은 세 개의 전 세계적인 문제들에 집중했다: 인종차별, 풍요한 세계 안에서의 종속적인 가난, 나라들 간의 평화와 정의와 자유의 필요성이 그것이었다.[37] 그 수정위원회는 네

---

32) 제7장에서 내가 논의하는 대로, "동성애적 도착"이라는 어구를 최근에(1962년) 하이델베르그 교리문답 87에 끼워 넣은 것은 역사적 정당성이 결여되어 있다.

33) *BC*, 4.108.

34) *BC*, 5.246.

35) *BC*, 7.49.

36) *BC*, 7.48.

번째 문제를 덧붙였는데, 성적인 관계들에서의 무질서로,[38] 인간의 "성sex에 대한 지속적 혼동"을 인용하고, 이 혼동이 "우리 시대에 가중되었다"고 강조했다. 그 다음, "산아제한의 새로운 방법들"과 "세계 인구 과잉"과 같은 반대되어 보이는 압력들에 대해 언급한다.[39]

우리의 신조에 바탕을 둔 "신앙의 규범"은 동성애에 대한 여러 의견들이 신앙의 본질적 문제가 아니라는 것을 분명히 하고 있다.

지침 5. "모든 해석이, 하나님을 사랑하고 우리 이웃을 사랑하라는 두 가지 명령, 즉 사랑이라는 규범과 일치하게 하라."

신앙고백적 출처

스코틀랜드 고백: "우리는 우리 신앙의 어떤 중요 논점이나 성경의 어떤 명백한 본문, 또는 사랑의 규범에 반대되는 어떤 해석을 받아들이지도 않고 인정하지도 않는다."[40]

두 번째 스위스 고백: "우리는, 신앙과 사랑의 규범과 일치하며 또한 하나님의 영광과 인간의 구원에 많이 기여하는 성경해석을 정통적이고 진정한 해석으로 믿는다."[41]

주석

우리가 성경을 사람들에게 상처 주는 방식으로 해석할 때, 우리

37) *BC*, 9.44-46.
38) *BC*, 9.47.
39) Ibid.
40) *BC*, 3.18.
41) *BC*, 5.010.

는 하나님을 영화롭게 하지 못하는 것일 수 있다. "너희는 그 열매로 그들을 알아야 한다."가 예수께서 거짓 선지자들을 판단하신 기준이었다(마태 7: 16). 성경해석이 하나님과 이웃에 대한 사랑을 초래하는 것인가 하는 것이 우리의 성경해석이 옳으냐를 판단하는 실제 시금석이다.

모든 사람을 똑같이 정당한 사랑이라는 기준으로 대하는 것이 우리의 성경해석을 적용하는 기준이 되어야 할 것이다. 1983년의 PCUS 보고서는 말하기를, "교회 안에서든 밖에서든, 어떤 개인 혹은 단체의 사람들을 경멸하도록 이끌거나 그 경멸을 지지하는 어떤 성경해석도 옳지 않다." 더 나아가, "하나님에 대한 사랑과 동료 인간에 대한 사랑을 분리하거나, 그 둘을 반대 위치에 놓는 어떤 성경해석도 잘못된 것이다"라고 말한다.[42]

오번 신학교의 신약학 교수인 월터 윙크는 이렇게 주장한다.

> 내가 보기에, 문제의 핵심은 단순히 성경이 성 윤리sexual ethics를 갖고 있지 않은 것 같다는 점이다. 대신에, 성경은 다양한 성적인 관습을 보여주는데, 그것들 중 몇몇은 1000년이라는 성경 역사의 기간 동안 변화되었다. 관습이란 특정 공동체에 의해 받아들여진 관행이다. 성경이 금하는 많은 관행들을 우리는 허용하며, 성경이 허용하는 많은 것들을 우리는 금지한다. 성경은 오직 사랑의 윤리love ethics만을 알고 있으며, 어떤 나라나 문화나 시기에 어떤 성적인 관습이 우세하건, 항상 영향을 미친 것은 바로 그 사랑이다.[43]

42) Guidelines, 20.

43) Walter Wink, "동성애와 성경," in *Homosexuality and Christian Faith: Questions of Conscience for the Churches*, ed. Walter Wink (Minneapolis: Fortress Press, 1999), 44.

지침 6. "성경해석은 최선의 본문을 찾고 그 하느님의 메시지를 들었던 역사적이고 문화적인 상황의 영향을 해석하기 위해 진지한 연구를 필요로 한다는 것을 기억하라."

신앙고백적 출처

웨스트민스터 신앙 고백, 제1장 성경에 대해, 소제목 7, 우리가 경험으로 아는 것에 대해: "**성경 안의 모든 것이 그 자체로 똑같이 명백하지도 않고, 모두에게 똑같이 분명하지도 않다. 그러나 구원을 위해 알려지고, 믿어지고, 준수되어야 하는 것들은 성경이나 다른 곳에 너무도 분명히 제시되고 열려 있어서, 학식 있는 사람들뿐만 아니라 학식 없는 사람들도 보통의 방법을 적절히 사용하면, 그것들에 대해 충분히 이해할 수 있다.**"[44]

위에서 가장 중요한 개념은 구원과 관련이 있는 믿음만이 본질적이고 분명하다는 것이다.

소제목 8은 단언하길, "종교의 논쟁들"에서 우리는 헬라어와 히브리어를 연구해야 하고, 나아가 의문이 생기는 구절들의 역사적 문화적 상황을 연구해야 한다.[45]

특히 종교의 논쟁들에 대해, 우리가 진지한 연구가 필요하다고 말할 때, 우리는 우리의 생각과/또는 행동이 틀릴 수 있다는 것을 함축하는 것이다. 웨스트민스터 신앙고백: "**사도들의 시대 이후, 모든 교회대회와 공의회는 일반적이든 특별한 경우든 잘못 생각할 수 있고, 그리고 많이들 잘못 했었다. 그러므로 그것들은 신앙이나 실행의 규칙으**

44) *BC*, 6.007.

45) *BC*, 6.008.

로 되기 위해서가 아니라, 두 경우 모두에서 도움으로 사용되기 위한 것이다."[46]

스코틀랜드 고백, 서문: **"우리는 누구라도 우리의 이 고백에서 하나님의 거룩한 말씀에 반대되는 조항이나 문장을 알게 된다면, 자신의 관대함으로 즐겁게 그리고 크리스천의 자비로, 제발 우리에게 글로 똑같이 알려주기를 주장한다."**[47]

주석

"최선의 본문"을 찾는다는 말은 가능한 한 원본에 가장 가까운 성경을 찾기 위해 고대 성경 재료들의 필사본들을 비교하는 꾸준한 작업을 한다는 것을 뜻한다. 개신교 종교개혁 시기에 많은 학자들의 작업은 모든 학자들이 동의할 수 있는 기본적인 본문을 편집하기 위해 행해졌다. 오늘날 학자들은, 원본이었음에 틀림없는 것에 아주 가깝다고 상당히 확신하는 많은 필사본들을 비교했고, 따라서 일반적으로 진정한 성경본문을 가지고 작업을 하고 있다.[48]

해석의 문제로 넘어가면, 우리는 다시 성경의 중심 메시지에 대한 강한 합의를 갖고 있다. 성경은 창조, 타락, 그리스도 안에서의 구

---

46) *BC,* 6.175.

47) Guidelines, 22.

48) *The Oxford Dictionary of the Christian Church,* ed. F. L. Cross, 3rd ed., ed. E. A. Livingstone (Oxford: Oxford University Press, 1997), s.v. "본문 비평": "본문 비평이 성경의 전통적인 번역 뒤에 놓인 본문을 근저에서부터 바꾸어 놓았다는 생각은 최근의 현대판modern version 출현을 재촉하는 요소들 중 하나가 되었다. … 그러나 본문에서 결과적인 변화는, 적어도 NT와 관련해서는, 결코 종종 그래야 한다고 여기지는 만큼 근본적이지는 않다." Eldon Jay Epp, "고대 본문과 신약의 번역본들," in *The New Interpreter's Bible,* vol. 8 (Nashvill: Abingdon Press, 1995), 1-11와 비교하라.

원이라는 분명한 중심적 구원 메시지를 가지고 있다. 때때로 크리스천들은 주변의 문화적인 환경을 그 중심의 구원 메시지로부터 구분하는 데 어려움을 가졌었다. 성경 문학의 각기 다른 이 두 측면을 설명하는 것이 성경학의 과제이다. 우리가 성경에서 마주하게 되는 고대 중동의 생각과 관행의 뉘앙스를 이해하기 위해, 고대 언어들과 문화와 철학의 전문가들의 사역을 이용해야 한다.

하나님의 메시지는 하늘에서 팩스로 우리에게 온 것이 아니다. 하나님은 특정 문화들 속에 살았던 실제 사람들을 상대하셨고, 그 문화들은 사람들이 하나님의 말씀을 이해하고 그 이해를 그들에게 적용하는 방식들을 형성했다. 일부다처제와 노예제도를 포함해서, 우리가 지금 정당하게 거부하는 관행들이 고대 문화에서는 당연하게 받아들여졌었다. 학문적 연구의 도움으로, 우리는 단지 문화의 한 부분이었기 때문에 성경에 들어 있는 어떤 것과 새로운 표준이 되는 하나님의 메시지 사이의 차이를 알아볼 수 있게 되었다.

예컨대, 남성의 우월을 전제하는 것이 동성애에 대해 말하는 것처럼 보이는 성경구절의 역사적 문화적 상황의 중요한 점이다. 구약학자 마티 니씨넌Martti Nissinen은 그의 비교문화 연구를 통해 다음과 같이 결론지었다. "고대 근동의 자료들은 일반적으로 성 역할과 그에 상응하는 성적인 관행들과 관련이 있고, 특정한 성적 지향을 표현하는 것과 관련이 있지는 않다."[49] 그러므로 고대 근동에서 일반적으로, 두 남성 사이의 성적 접촉은 성 역할을 혼동시키는 것이기에 비난 받았다. 남성의 우월에 대한 문화적 강조는 구약 내러티브들과 법률에도 드러난다. 구약학자 필리스 버드Phyllis Bird는 "마지막 분석에서, 동성애 행위 금지는 성 정체성과 역할의 문제이지, 섹

---

49) Martin Nissinen, *Homoeroticism in the Biblical World: A Historical Perspective*, trans. Kirsi Stjerna (Minneapolis: Fortress Press, 1998), 43.

슈얼리티에 대한 것이 아니다."라고 결론내렸다.[50] 그리스 로마의 문화적 상황을 반영하는 신약에도 같은 태도가 나타난다. 신약학자 빅터 퍼니쉬Victor Furnish는 로마서 1:26-27이 "동성간의 성관계는 여성들 위에 군림하는 남성의 역할을 적절한 것으로 간주했던 가부장제 사회를 위태롭게 한다."는 것을 전제로 하고 있다고 말했다.[51]

논쟁에 참여하게 되면, 우리는 그 논쟁적 구절들이 나오게 된 상황들을 더 잘 이해할 때까지 서로에 대해 인내하고 참아야 한다.

지침 7. "성경의 특정 구절을 성경의 모든 면에 비추어 해석하도록 노력하라."

신앙고백적 출처

두 번째 스위스 고백: **"우리는 성경 자체를 자세히 조사하고... 또한 그와 비슷하거나 다른 더욱 명백한 구절들에 비추어 해설한 성경해석이 정통이며 진정하다고 믿는다."**[52]

웨스트민스터 고백: **"성경해석의 틀림없는 규칙은 성경 그 자체이다. 따라서 성경의 어떤 부분의 진정하고 온전한 의미에 대해 의문이 생길 때 (여러 겹이 아니라 하나의), 조금 더 분명하게 말해주는 다른 부분들을 통해 그 의미를 찾고 이해할 수 있다."**[53]

---

50) Phyllis A. Bird, "동성애에 관련된 크리스천의 윤리적 숙고 안에서 본 성경: 구약의 공헌," in *Homosexuality, Science, and the "Plain Sense" of Scripture*, ed. David L. Balch (Grand Rapids: Eerdmans, 2000), 157.

51) Victor Paul Furnish, "성경과 동성애: 텍스트를 문맥에 맞게 읽기," in Siker, *Homosexuality in the Church*, 31.

52) *BC*, 5.010.

53) *BC*. 6.009.

주석

이 마지막 지침에서 우리는 다시 처음 시작한 곳으로 돌아간다. 이 지침은 성경에 통합하는 중심 주제가 있다고 확인해준다. 창조, 타락, 예수 그리스도를 통한 구원이 중심 주제이다. 성경은 그저 인용할 만한 말씀들을 모아 놓은 것이 아니다. 성경은 실재한 한 인물에 대한 이야기다. 성경은 구원하는 목적을 갖고 있다. 우리는 전체로써 부분들을, 단순함으로써 복잡한 것을, 중심으로써 주변부를 이해해야 한다.

우리가 모든 특정 구절들을 성경 전체에 비추어, 창조, 타락, 예수 그리스도 안에서의 구원이라는 포괄적 주제에 비추어 해석하면, 동성애에 대한 토의도 적절한 관점에서 토의하도록 도움을 받을 수 있다. 이 지침은 "그리스도를 중심에 놓는 것이, 교회의 활기차고 역사적인 생활 속에서 늘 지속되는 문제들과 논쟁들의 중요성을 평가하는 데 도움이 된다."고 말한 첫 번째 지침을 반영하고 있다.[54] 성적 지향이 어떻든지 간에, 우리는 모두 하나님의 의해 창조되었고, 모두 타락한 죄인들이며, 모두 예수 그리스도의 삶과 죽음과 부활에 의해 구원될 수 있다는 것을 인정할 때, 동성애는 더 이상 분열을 일으키는 문제가 되지 않을 것이다. 우리가 근본적인 원칙들에 예외를 만드는 일을 멈추고 우리의 모든 멤버들에게 온전한 멤버십의 권리를 회복시킬 때, 화평과 발전이 다시 교회의 특징이 될 것이다.[55]

---

54) Guidelines, 52; Guideline 1.

55) 장로교 통치제계에서, 성직에 선정되는 것은 특권이지만, 그 선출의 자격요건은 교회법에 따르는 권리이다. *Book of Order*, G-5.0202를 보라: "활동적인 교인은 교회의 모든 권리와 특권에 자격이 되는데, 여기에는 투표하고 선출될 … 권리가 포함된다."

결론

성경해석을 위한 이 일곱 개의 지침들 각각은 개혁주의 고백 전통 속에서 만들어졌고, 또한 교회가 논쟁적 이슈들을 다룰 때 사용하도록 채택한 지침들이다. 이 지침들은 다른 주류 교단들이 사용하는 해석 원칙들과 상당히 유사하다. 그 목적과 접근방법의 일치함을 강조하기 위해 다시 나열해 보겠다.

1. 구세주 예수 그리스도가 성경의 중심임을 인지하라. 하나님의 구원활동이 성경 전체에서 중심을 이룬다. 그 언약과 메시아에 대한 구약의 주제들은 이 활동을 증거하고 있다. 신약의 중심은 예수 그리스도이다: 말씀이 육신이 되었고, 이스라엘의 메시아 대망의 완성이었고, 그리고 그 나라의 약속이었다. 교회가 증거하는 것이 바로 이 그리스도이다. 성경을 해석할 때, 그리스도를 중심에 놓는 것이, 교회의 활기차고 역사적인 생활 속에서 늘 지속되는 문제들과 논쟁들의 중요성을 평가하는 데 도움이 된다.
2. 비유allegory나 주관적 몽상fantasy보다는, 문법과 역사적인 상황에 맞는 성경의 분명한 본문에 초점을 맞춥시다.
3. 하나님의 메시지를 해석하고 적용하는 데 성령님의 인도를 의지하라.
4. 교회의 교리적 합의에 따르라. 그것이 신앙의 규범이다.
5. 모든 해석이, 하나님을 사랑하고 우리 이웃을 사랑하라는 두 가지 명령, 즉 사랑이라는 규범과 일치하게 하라.
6. 성경해석은 최선의 본문을 찾고 그 하느님의 메시지를 들었던 역사적이고 문화적인 상황의 영향을 해석하기 위해 진지한 연구를

필요로 한다는 것을 기억하라

7. 성경의 특정 구절을 성경의 모든 면에 비추어 해석하도록 노력하라.

개혁주의 전통에서 나온 이 지침들에 따른 성경해석은 조금 더 정확한 성경 이해를 제공해주고 또한 우리를 하나님과 인간 서로에게 더 가까운 관계를 맺도록 해준다.

다음 장에서, 나는 신실한 동성애 크리스천들을 정죄하기 위해 보통 사용되는 몇 안 되는 본문들을 검토할 것이다. 나는 논쟁의 시대에 성경을 해석하는 이 개혁주의 규범들을 따라 갈 것이다. 무엇을 발견하게 될 지 같이 봅시다.

5장

성경이 동성애에 대해 말하는 것과 말하지 않는 것

성경은 선한 세상을 창조하신 선한 하나님의 드라마이다. 세상 사람들은 죄로 타락하면서 하나님으로부터 소외되었다. 그러나 하나님은 이 사람들을 홀로 버려두지 않으셨다. 하나님은 인간 예수 그리스도로 세상에 오셨고, 그분의 삶, 가르침, 죽음, 부활은 인간의 소외를 극복하고, 하나님과 그의 백성들의 관계는 회복되었다.

내가 왜 당신에게 당신이 너무도 잘 알고 있는 것을 상기시키는가? 그 이유는 이 관점이 종종 교회 안에서 현재 진행되는 동성애에 대한 논쟁에서 보이지 않기 때문이다. 그 논쟁은 기껏해야 여덟 개의 본문에 초점을 맞추고 있다. 창세기 19:1-29, 사사기 19:1-30, 레위기 18: 1-30, 레위기 20: 1-27, 고린도전서 6:9-17, 디모데전서 1:3-13, 유다서 1-25, 로마서 1장이 그것이다. 다 합쳐서, 이런 본문들은 성경에서 최대 12 페이지에 불과하다. 이 본문들 중에서 어느 것도 예수님에 대한 것이 아니고, 그분의 말씀 중에서 어느 것도 포함하고 있지 않다.

듀크대학교 신학부에서 가르치고 있는 신약학자 리차드 헤이즈

Richard Hays는 말하기를, "성경은 동성애적 행동에 대해 거의 논의하지 않는다. 성경 전체에서 그것에 대한 언급은 아마 대여섯 번 정도 된다. 강조라는 면에서, 예를 들어, 경제적 불평등과 비교하면, 그 문제는 사소한 관심사이다."[1] 그럼에도 불구하고, 동성애에 대한 논쟁에서 이 본문들은 종종 그 언어학적, 역사적, 문화적 상황에 상관없이 뽑아내어 그 사람들 전체를 정죄하는 데 사용된다. 로마서 1장만이 성경의 중심 주제를 약간 다룬다. 동성애를 정죄하기 위해 로마서 1장을 사용하는 사람들은 종종 비성경적인 이론들을 집어넣어서 본문의 중심 메시지를 뒤집어엎는 방식으로 자신들의 입장을 정당화한다.

대부분의 크리스천들은 흔히 성경이 모든 동성애 관계를 정죄한다고 들어왔다. 그러나 이런 주장은 완전히 틀렸다. 수백 년 동안 성경은 동성애자들을 억압하기 위해 부적절하게 사용되어 왔다. 내가 위에서 언급한 여덟 개의 구절은 그 억압을 정당화하기 위해 그 성경본문의 문맥으로부터 뽑아낸 것들이다. 그러나 우리가 살펴볼 것처럼, 개혁주의 신앙고백으로부터 도출되고 또한 교회에 의해 채택된(앞 장에서 논의한 대로) 가장 최선의 성경해석 방법을 적용하면, 아주 다른 그림이 그려지게 된다. 앞 장에서 제시된 성경해석을 위한 지침들을 이용해서 그 여덟 개 단락들을 살펴보자.

---

1) Richard B. Hays, "우리의 육신의 구원을 기다리며: 동성애에 관한 성경의 증언," in *Homosexuality in the Church: Both Sides of the Debate,* ed. Jeffrey S. Siker (Louisville, KY: Westminster John Knox Press, 1994), 5. Hays는 로마서 1장에 대한 자신의 이해에 기초해, 동성애를 인간의 죄성의 증거로 생각한다. 나는 이 장의 뒤에서 그의 견해에 대해 다룬다.

처음 일곱 개의 본문들

소돔과 고모라: 창세기 19:1-29
레위기인의 첩의 강간: 사사기 19:1-30

동성애를 반대하는 것으로 가장 흔히 인용되는 구약 이야기들은 (1) 창세기 19:1-29에 나오는 소돔과 고모라의 남자들에 대한 하나님의 심판, (2) 유사한 이야기인 사사기 19:1-30의 레위인 첩의 강간에 대한 이야기이다. 이 본문들은 우리를 현재와는 다주 다른 가치관을 가진 고대 근동 세계로 데려간다. 이 단락들 안의 중심 생각은 여행자들을 위한 환대의 종교적인 의무(와 죄로 가득한 사람들이 종종 이 종교적 의무를 위반하는 방식)이다. 사막지역에서 악천후에 노출된 채, 야외에서 밤을 보낸다는 것은 죽음을 뜻할 수도 있었다.[2]

두 이야기 모두에서, 집주인은 여행객들을 자신의 집으로 초대한다. 후에 성난 마을 사람들 한 패가 그 집을 둘러싸고 집주인에게 손님들을 자신들에게 넘겨달라고 요구한다. 외부사람들은 분명히 환영받지 못했고, 그들이 강간을 당하거나 죽임을 당하리라는 것이 함축되어 있다.[3] 웨스트조지아 주립대학의 심리학 교수 대니얼 헬미

---

2) Daniel A. Helminiak, 『성경이 동성애에 대해 정말로 말하는 것』, millennium edition, updated and expanded (Tijaque, NM: Alamo Square Press, 2000), 46.

3) 몇몇 저자들은 소돔의 남자들에 대한 언급, 즉 "그들을 우리에게로 데리고 나오시오. 우리가 그 남자들과 상관 좀 해야 하겠소."(창. 19:5)가 동성애를 암시한다고 생각한다. 반드시 그런 것은 아니다. "알다"를 뜻하는 히브리어 단어 야다*yada*는 히브리어 성경에서 거의 1000번 정도 나온다. 성관계를 가리키기 위해 사용된 것은 겨우 10번 또는 11번 정도이다. 각각의 경우, 이성애 성관계를 암시하고 있다. Don Blosser, "왜 성경은 우리를 나누는가? 동성에게 끌리는 것에 대해 성경과 대화하기," in, ed. Norman Kraus (Telford, PA: *To Continue the Dialogue: Biblical Interpretation and Homosexuality,*

니액Daniel Helminiak의 지적에 따르면, 고대 세계에서 동성 강간은 승자가 포로로 잡은 원수들과 적들의 복종을 강조하는 전통적 방법이었다. 그 문화에서 남성에게 가장 부끄러운 경험은 여성처럼 취급받는 것이었고, 남성을 강간하는 것이 가장 난폭한 그런 처우였다.[4] 듀크대학교 종교학 교수 데일 마틴Dale Martin은 "여성들은 열등하기 때문에 관통/삽입되는be penetrated 것은 열등하다는 것을 뜻한다."[5]고 말한다. 그것은 "여성성에 대한 고대 세계의 공포"를 표현한 것이다.[6]

이 이야기들 각각에서, 집주인은 그 패거리들에게 남자 손님 대신에 자신의 식솔들 중의 여성을 주어서 폭행하도록 함으로써 위협적인 무리들을 회유하려고 시도한다. 여성보다 남성의 우월을 강조하는 문화에 주목하라. 헬싱키대학교 구약학 교수 마티 니씨넨이 지적한 것처럼, 고대 근동의 중요한 이슈는 섹슈얼리티sexuality가 아니라 젠더gender(생물학적 성sex과 다른 사회적 성)였고, 여성보다 남성의 우월한 지위를 유지하는 것이 중요했다.[7] 그런 문화에서는 집주인들이 심지어 자신의 딸이거나 관습법상의 아내라 할지라도 여성을 보호

Pandora Press, 2001), 121-47를 참조하라; David G. Myers and Letha Dawson Scanzoni, 『하나님께서 함께 묶으신 것은 무엇인가? 게이 결혼에 대한 크리스천의 경우』(San Francisco: HarperSanFrancisco, 2005), 86.

4) Helminiak, *What the Bible really Says*, 46.

5) Dale B. Martin, "*Arsenokoites and Malakos*: 의미와 그 결과들," in *Biblical Ethics and Homosexuality: Listening to Scripture,* ed. Robert L. Brawley (Louisville, KY: Westminster John Knox Press, 1996), 129.

6) Ibid., 127.

7) Martti Nissinen, *Homoeroticism in the Biblical World: A Historical Perspective,* trans. Kirsi Stjerna (Minneapolis: Fortress Press, 1998), 48. Phyllis A. Bird, "동성애에 관한 기독교 윤리적 숙고 안에서 본 성경: 구약의 공헌들," in *Homosexuality Science, and the "Plain Sense" of Scripture,* ed. David L. Balch (Grand Rapids: Eerdmans, 2000), 148과 비교하라.

하기보다 자신들의 집에 들어온 남자 손님들을 보호하는 것이 더 중요했다! 그 집주인들은 처음부터 그 폭도들을 동성애자들로 생각했던 것 같지는 않다. 그렇지 않았다면 그들에게 학대하도록 여자들을 내주었을 리가 없다.

최상의 학문적 연구들은 이 본문들이 동성애와 아무 관련이 없다는 것을 보여준다. 이를 테면, 프린스턴신학교의 구약학자 C. L. 쇼우는 소돔의 죄는 성경의 다른 곳에서 몇 번 언급되지만, 동성애 행위와 아무런 연관이 없다고 말한다.[8] 소돔에 대한 구약의 언급에서, 그 도시의 죄는 탐욕, 불공정, 불친절, 과도한 부, 가난한 사람들에 대한 무관심, 그리고 일반적인 악 등 여러 가지로 묘사되고 있다.[9] 신약에서는 누가복음 10:12와 마태복음 10:15에 기록된 대로, 예수께서 소돔의 죄를 언급하실 때, 자신의 여행 중인 제자들을 환대하지 않는 도시들에 대한 심판을 말씀하신 것이다.[10] 소돔 이야기를 동성애적 측면에서 추정하여 초점을 맞춘 것은 단지 후대에 그리스 철학의 영향을 받은 성경 이외의 문학과 이슬람 코란에서 나온 것이다.[11]

구약 율법: 레위기 18장과 20장

레위기에는 성결법전Holiness Code이라고 알려진 율법들의 모음집이 포함되어 있는데, 레위기 안의 지배적 사상이 "너희는 거룩하

---

8) Choon-Leong Seow, "텍스트의 성향," in Brawley, *Biblical Ethics and Homosexuality*, 22.

9) Ibid., 22. Helminiak, *What the Bible really Says,* 48-49를 참조하라. 다른 OT 참고본문은 이사야 1:10-17; 3:9; 예레미야 23:13; 에스겔 16:49; 스바냐 2:8-11.

10) Nissinen, *Homoeroticism*, 47.

11) Ibid. 47.

라. 이는 나 여호와 너희 하나님이 거룩함이니라."(레 19:2)는 하나님의 명령이기 때문에 그렇게 성결법전이라고 이름 지어졌다. 이 율법 모음집의 두 본문, 즉 레위기 18:22과 20:13이 동성애를 반대하는 명백한 금지로서 동성애를 반대하는 사람들에 의해 인용된다.

이스라엘 사람들은 이집트에서 노예였었다. 그들은 광야에서 방랑했으며, 다른 종족들의 공격, 기아, 전염병에 무방비 상태였다. 그들은 삶의 모든 분야에서 화합, 청결, 질서가 필요했다. 그들은 자신들을 이 땅으로 데려오신 하나님을 예배하는 순수한 그들의 방식을 유지하길 원했다. 그들은 자신의 정체성을 위해 고군분투하고 있었다. 긴밀한 공동체를 형성하지 못하면 장기적인 생존을 위협할 수도 있었다. 그들은 생활을 위해 법전이 필요했다.

이런 필요 때문에 그들은 자신들의 종교적, 시민적, 문화적 정체성을 명확히 하기 위해 성결법전을 발전시켰다. 성결법전의 기능은 그들이 추구하던 "거룩한 순수holy purity"를 이루는 것이었다. 저변에 깔려 있는 주제는 그들이 도망쳐 나온 이집트인들과 다르고, 그들이 이제 들어간 땅의 가나안 사람들과도 섞이지 말고 구별되어야 한다는 것이다. 그들은 어떻게 거룩한 순수를 성취할 것인가?

첫째로, 이스라엘의 예배 관행이 그들 주변의 종족들이나 나라들의 것들과 달라야 했다. 가나안 사람들처럼 된다는 것은 그들을 순수하지 않게, 즉 "불결하게" 만드는 것이었다. 개렛신학교의 구약 교수 필리스 버드Phyllis Bird는 말하기를, "이스라엘은 그 땅에 그들보다 먼저 살았던 가나안 사람들의 관행을 따라가지 않도록 명령받았다.… 전의 거주자들은 그들의 '불결한' 행동들을 통해 그 땅을 더럽게 만들었고, 하나님은 그 땅을 벌주어 그 거주자들을 뱉어 내셨다."12 이와는 대조적으로, 이스라엘은 하나님께 신실해야 그 땅에서 번성할 것이다.

둘째로, 그들이 순수한 채로 남으려면, 그들은 다른 민족들과 섞이거나 이방의 관습을 받아들일 수 없었다. 실제로, 이것은 이스라엘 백성이 아닌 사람들과 결혼해서는 안 된다는 것을 의미했다. 그러나 이스라엘 백성들은 어떤 종류의 혼합도 안 된다는 것으로 그 법전의 한 면을 일반화시켜버렸다. 그래서 성결법전은 "두 가지 종류의 씨앗을" 밭에 뿌리는 것, "두 가지 옷감으로 만든" 옷을 입는 것을 금지시키고 있다(레 19:19).[13]

셋째로, 남성의 우월성을 유지하는 것이었다. 우리는 레위기에서 남성의 우월성을 훼손시키는 행위들은 죽음이라는 벌을 초래한다는 것을 알게 된다. 부모를 저주하는 자식도 죽음에 처하는데, 왜냐하면 그런 행동이 가부장제 사회의 사회질서에 위협이 되기 때문이었다. 간음도 비슷하게 사형시킬 수 있었는데, 왜냐하면 그것이 남자의 재산인 여자를 불법적으로 이용하고, 따라서 소유와 유산이라는 경계선을 위험에 빠뜨리기 때문이었다. 동성애적 행동에 개입하는 것도 사형시킬 수 있었는데, 왜냐하면 남자가 여자에게 주어진 역할, 즉 수동적으로 관통/삽입되기 때문이었다.[14] 남감리교대학교의 신약학 교수 빅터 퍼니쉬Victor Furnish는 관통/삽입된 남자는 불결하다고 간주되었다고 지적한다.[15] 결국 성 역할이 혼합됨으로써, 그 남자는 문화적 경계선을 넘은 것이었고, 그것은 용납될 수 없었다.[16]

---

12) Bird, "기독교 윤리 숙고 속에서 본 성경," 149-50.

13) Victor Paul Furnish, "성경과 동성애: 텍스트를 문맥에 맞게 읽기," in Siker, *Homosexuality in the Church,* 20.

14) Helminiak, *What the Bible Really Says,* 52-53.

15) Furnish, "The Bible and Homosexuality," 20.

16) Bird, "The Bible in Chrisitan Ethical Deliberation," 157.

이런 배경에 비추어서 니씨넨, 버드, 그리고 다른 학자들은 "너는 여자와 동침함 같이 남자와 동침하지 말라. 이는 가증한 일이니라"(레 18: 22; cf. 20: 13)를 해석한다.[17] 가증한 일abomination로 해석된 히브리어*toevah*는 생리 중인 여자와 관계를 맺는 것처럼, 남자를 의례적으로 불결하게 만드는 것을 가리킨다.[18] 의례적인 순수성은 이스라엘 사람들과 이교적인 이웃을 구별하는 데 필수적인 것으로 간주되었다.

예수께서는 마음의 정결에 관심을 두셨다. 마태복음 15장에서 예수님은 군중에게 말씀하셨다. "너희는 듣고 깨달아라. 입으로 들어가는 것이 사람을 더럽게 하는 것이 아니라, 입에서 나오는 그것이 사람을 더럽게 하는 것이니라"(마태 15: 10-11). 예수께서는 나중에 제자들에게 설명하셨다: "입에서 나오는 것들은 마음에서 나오나니 이것이야말로 사람을 더럽게 하느니라. 마음에서 나오는 것은 악한 생각과 살인과 간음과 음란과 도둑질과 거짓 증언과 비방이니, 이런 것들이 사람을 더럽게 하는 것이요 씻지 않은 손으로 먹는 것은 사람을 더럽게 하지 못하느니라"(마태 15: 18-20).

우리가 예수님을 율법의 완성(마태 5: 17)으로 생각할 때, 우리의 도전은 문화적으로 제약된 법들을 좀스럽게 유지하는 것이 아니라, 오히려 예수님과 함께, 하나님을 사랑하고 우리 이웃을 사랑하는 것임(마태 22: 36-40)을 이해하게 된다. 레위기 안의 이 본문들을 역사적이고 문화적인 상황에서 빼내어 신실하게 하나님을 예배하는 동

17) Nissinen, Homoeroticism, 42. Bird, "The Bible in Christian Ethical Deliberation," 151.

18) Myers and Scanzoni, *What God Has Joined Together*? 90. 그들은 동성간의 행위는 혐오감을 일으킨다고 주장하는 보수적인 크리스천들인 Tim과 Beverly LaHaye가 그럼에도 현대의 결혼한 커플들에게는 아내의 생리 중에도 성관계를 가지도록 카운슬링하는 것에 주목한다.

성애자들에게 적용하면, 그것은 그들에게 폭력을 가하는 것이다. 그들은 그들과 그들의 상황에 적용할 수 없는 문화적으로 제약된 고대의 법에 따르지 않는다고 비난받고 있는 것이다. 심지어 다른 이유들로 동성애를 반대하는, 루이즈빌장로교신학교의 신약학 교수 매리온 소드즈조차도 "오늘날의 우리 세계에 이 구절들이 연관성이 있다고 말하기가 불가능하다"고 동의했다.[19]

신약의 악행 목록: 고린도전서 6:9; 디모데전서 1:10

동성애자들에게 동등한 권리를 부여하는 것에 반대하는 사람들은 또한 두 개의 신약 본문, 즉 고린도전서 6:9-17과 디모데전서 1:3-13을 우리에게 동성애에 대해 알려주는 것으로 인용한다. 이 구절들을 눈에 띄게 만드는 것은 헬라어 판본에 들어 있는 두 단어, '알세노코이테스*arsenokoites*'와 '말라코스*malakos*' 때문인데, 몇몇 학자들은 이 단어들이 남성의 동성애적 행위를 뜻한다고 주장한다.[20] 결국, 수많은 학자들의 관심이 이 두 본문과 단어들에 집중되었다. 그러나 이 두 단어에 관심을 기울이는 것은 언어학적 전문성을 살피는 여정을 시작하는 것이다. 프린스턴신학교의 신약 교수인 브라이언 블론트는 지적하기를, 이 단어들의 의미는 그다지 분명하지도 않고 동성애에 대한 언급이라고 보는 견해는 의심받아 왔다고 했다.[21]

---

19) Marion L. Soards, 『성경과 동성애: 오늘날 성경적 권위와 교회』 (Louisville, KY: Westminster John Knox, 1995), 17. 그는, "레위기 18:22과 20:13이 들어 있는 성결법의 배경과 목적을 고려하면, 그리고 더 나아가, 그리스도께서 그 법의 끝(로마서 10:4)이 되심을 우리가 신앙에서 고백한다면," 적절성을 찾는 것이 불가능하다고 말한다.

20) Brian Blount, "동성애에 관해 신약을 읽고 이해하기," in *Homosexuality and Christian Community*, ed. Choon-Leong Seow (Louisville, KY: Westminster John Knox, 1996), 33.

21) Ibid. Blount는 고린도전서 6:9에 대해 논평하기를, "연대기적으로, 이것은

마티 니씨넨은 주장하기를, 이 두 단어 모두 그리스 사회의 비참한 상태에 대한 헬라적 유대인들의 일반적 염려를 반영하는 듯한 악행 목록에 들어 있을 뿐이라고 했다.[22]

'알세노코이테스*arsenokoites*'와 '말라코스*malakos*'는 고린도전서 6:9에 나오고, '알세노코이테스'는 디모데전서 1:10에도 나온다. 그 단어들이 상황 없이 목록에 나오기 때문에, 그것들이 무슨 뜻인지 정확히 알기가 힘들다. 상황을 더 악화시키는 것은, 니씨넨이 지적한 것처럼, 바울 자신이 인용한 목록에서 사용한 '알세노코이테스'는 그리스 문학에서든 유대 문학에서든 처음 사용한 단어이기 때문에, 해석을 아주 어렵게 만들고 있다는 것이다.[23]

이 단어들의 의미에 대한 논쟁은 학자들이 용어를 정의하기 위해 사용하는 다양한 방법들을 잘 보여준다. 데일 마틴은 이 두 단어들, *arsen*(남성)과 *koites*(침대)를 하나로 읽어서 남성과 성관계를 맺는 남성을 뜻하는 새로운 용어를 만들어 내는 사람들에 반대한다.[24] 마틴은 "이 방법은 언어학적으로 타당치 않다."고 주장하는데, 예를 들면 영어 단어 'understand'(이해하다)가 standing(서다)와 under(아래에)와 아무 관련이 없다는 것과 같은 이치이다. 그는 중요한 원칙을 분명히 한다. "단어를 정의하는 데 신뢰할 수 있는 유일한 방법은 가능한 한 많은 다양한 문맥에서 그것이 어떻게 사용되었는지를 분석하는 것이다."[25] 세속적이든 기독교적이든, 그리스어로 된 저술들을 분석한 후, 마틴은 '알세노코이테스'가 "아마도 성적인

이 이슈에 대한 사도바울의 첫 번째 언급이고, 또한 제일 이해가 안 되는 것이기도 하다." Nissinen, *Homoeroticism*, 113을 참조하라.

22) Nissinen, *Homoeroticism*, 113.

23) Ibid., 115.

24) Martin, "*Arsenokoites* and *Malkos,*" 119.

25) Ibid., 119.

방법, 즉 강간이나 경제적 강요에 의한 성관계, 매춘, 매춘 중개, 또는 그런 종류의 어떤 것에 의한 경제적 착취"를 말할 것이라고 결론을 내렸다.[26] 더 나아가 그는 "누구도 '당연히' 그 단어가 '남성과 성관계를 하는 남성'을 말하는 것이라고 주장하는 것에 대충 묻어가서는 안 된다"고 주장한다.[27]

'말라코스*malakos*'는 흔한 단어라 이해하기가 다소 쉽다. 그것은 문자적으로 "부드러운"을 뜻하고 종종 우유부단이라는 뜻을 내포하고 있는데, 그 당시 문화에서는 우유부단이 도덕적 실패로 간주되었다. 니씨넨의 지적에 따르면, 당시의 가부장 문화에서는 자제력 결핍과 쾌락에 굴복하는 것은 둘 모두 우유부단의 표시로 여겨졌다.[28] 지금의 학자들은 오늘날 우유부단을 도덕적 범주로 말하는 것에 대해 즉시 당황하게 될 것이다. 그러나 불행하게도 마틴이 탄식하는 것처럼, 모든 동성애적 행위가 죄악이라는 가정 아래 성경 용어들을 번역하는 것에 대해서는 사람들이 당황해하지 않는다.[29]

많은 학자들이 바울의 저작보다 늦은 것으로 연대를 추정하는 디모데전서 1:10에서, '알세노코이테스*arsenokoites*'는 악행의 목록에 나온다.[30] 신개정판NRSV은 그것을 "소돔인들sodomite"이라는 애매한 단어로 번역했다. 빅터 퍼니쉬는 지적하길, "소돔인들"이라는 단어는 구약의 히브리어 본문에서 사용되지도 않았고, 심지어 "소돔에 사는 거주민"이라는 뜻도 아니라는 것이다. 이 영어 단어는 1611년

26) Ibid., 121.

27) Ibid., 123. Martin은 그의 글에 달린 각주에서, 이 인용구들을 반게이(antigay) 학자들에 의해 만들어진 일반적 주장인 것으로 다루는 것 같다고 말한다.

28) Nissinen, *Homoeroticism*, 118.

29) Martin, "*Arsenokoites* and *Malkos*," 128-29.

30) Nissinen, *Homoeroticism*, 114.

의 흠정역KJV에서 구약의 대여섯 군데 구절에서 소개된 것이다. 이 단어는 신약의 헬라어 본문에도 나오지 않는다.[31] 디모데전서 1:10에서, "'알세노코이타이*arsenokoitai*'[알세노코이테스*arsenokoites*의 복수형으로, NRSV가 "소돔인들"로 번역한 단어] 뒤에, 노예상인들, 타인들을 착취하는 사람들이 나온다는 사실은 '알세노코이타이'가 그런 종류의 성적인 착취자들을 말한다는 마틴의 증언에 힘을 더 실어준다. 왜냐하면 그 목록에서 악행들은 종종 다른 악행들과의 유사성에 따라 분류되어 있기 때문이다."[32]

니씨넨은 "현대의 '동성애' 개념을 바울의 본문 안에 투사시켜서 읽으면 안 되며, 고린도전서 6:9절에서 바울이 사용한 단어들이 모든 시대와 장소와 방식에서 '모든 동성애적 관계를 정죄한다'고 생각할 수도 없다. 그런 주장을 정당화하기에는 그 단어의 의미가 너무 애매하고, 바울이 사용했던 말들이 그의 경험과 세계를 넘어서 일반화될 정도로 사용되어서는 안 된다."[33]고 주장한다. 메리온 소어즈 같은 많은 학자들은 "오직 간접적으로만 우리는 이 본문으로부터 동성애에 대한 정보를 도출해낼 지도 모른다."고 생각한다.[34] 다시 한 번 말하지만, 언어학적이고 역사적이고 문화적인 상황에 세심한 주의를 기울여야만 명백한 본문에 대해 더 풍성하게 이해할 수 있으며 또한 미묘한 차이를 이해할 수 있게 된다.

---

31) Furnish, "성경과 동성애," 19. KJV의 OT 참조는 신 23:17-18; 왕상 14:22-24; 15:12; 22:46; 왕하 23:7; 요엘 3:3이다. NRSV의 NT 참조는 고전 6:9와 딤전 1:10. Myers and Scanzoni, *What God Has Joined Together?* 96, 1961년 이후 이 두 단어에 대한 13개의 각기 다른 영어 번역이 있다.

32) Alice Ogden Bellis and Terry L. Hufford, *Science, Scripture, and Homosexuality* (Cleveland: Pilgrim Press, 2002), 110. Martin, "*Arsenokoites* and *Malkos*," 119-22.

33) Nissinen, *Homoeroticism*, 118.

34) Soards, *Scripture and Homosexuality*, 20.

유다서 5절-7절

유다서는 한 장으로 이루어져 있고, 겨우 한 페이지 남짓하며 요한계시록 바로 앞에 나온다. 이 짧고 모호한 책에 관심을 기울이는 학자는 거의 없다. 그런데 캘리포니아 산타 바바라의 웨스트민스터 센터의 책임자인 신약학자 토마스 슈미츠는 유다서가 동성애에 대해 언급하고 있다고 주장한다.[35]

유다서는 성경에서 소돔과 고모라의 죄를 "성적인 부도덕"과 관련시킨 유일한 책이다. 그러나 슈미츠는 "최초의 크리스천들이 틀림없이 소돔의 죄를 동성 간의 성적인 죄와 연결시켰다."는 폭넓은 주장을 내놓았다.[36] 그러나 상황은 훨씬 더 복잡하다.

창세기 6:1-4에는 천사들("하나님의 아들들")이 인간 여성들("사람의 딸들")과 성관계를 갖기 위해 땅으로 내려오는 것으로 묘사된다.[37] 유다서 6절이 "자기 지위를 지키지 아니하고 자기 처소를 떠난 천사들"을 언급할 때, 대부분의 학자들은 저자가 창세기 6:1-4의 사건을 말하는 것으로 생각한다. 창세기 19:1-29에서 롯의 손님들도 천사들로 묘사되고 있다.

유다서 7절은 인간 여성과 성관계를 맺고 싶어 했던 천사들의 "부자연스런 욕정"(창 6:1-4)과 (남자)천사들과 성관계를 맺고 싶어 했던 소돔의 남자들(창 19:1-29)이 비슷했던 것으로 간주한다.[38] 유

35) Thomas E. Schmidt, *Straight and Narrow: Compassion and Clarity in the Homosexuality Debate* (Downers Grove, IL: InterVarsity Press, 1995), 96-97.

36) Ibid., 97.

37) Seow, "Textual Orientation," 32 n. 15.

38) Ibid., 22. Seow는, 헬라어 텍스트에서 유다가 소돔과 고모라의 사람들이 "[창세기 6장의 찬사들이 그랬던 것과] 같은 방식으로 비윤리적 행동을 하고 다른 육체를 쫒았다(*sarkos heteras*)"고 지적한 것에 주목한다. 소돔의 사람들이 쫒았던 육체는 천사적이고, "저것이고, 다른" 것인데, 거기서 나온 단어가 우리가

다서는 그들의 죄 때문에, 주께서 그 천사들을 "큰 날의 심판까지 영원한 결박으로 흑암에 가두셨다"(6절)라고 말한다. 마찬가지로, 소돔의 남자들도 "영원한 불의 형벌"을 받았다(7절).

누구라도 알 수 있듯이, 유다서에는 사람들과 천사들(천사들과 인간 여성들, 그리고 인간 남성들과 남자 천사들)간의 성관계, 즉 "성적인 부도덕성"과 "부자연스런 욕정"으로 명시된 성관계에 대한 논의가 많이 있다. 그러나 슈미츠나 다른 사람들이 이 본문을 어떻게든지 현대의 동성애자 크리스천들을 정죄하는 것으로 크게 비약시키는 것은 내겐 생뚱맞고 놀랍다. 동성애를 반대하기 위해 종종 인용되는 일곱 개의 본문들을 연구하면서, 우리는 이 본문들이 신실하며 하나님을 사랑하는 21세기의 동성애 크리스천들에게 직접적으로 적용할 근거가 없다고 결론내린 상당한 양의 학문적 업적을 발견하게 된다. 게다가, 이런 학문적 합의에는 리차드 헤이즈와 매리온 소어즈처럼 동성애자들에게 동등한 권리를 주는 것에 대해 전통적으로 반대했던 많은 사람들이 포함되어 있다. 이제 단 하나의 본문인 로마서 1장만 남았다.

로마서 1장

성경본문들의 의미에 대한 논쟁은 로마서 1장을 읽을 때 가장 첨예하게 대립된다. 앞에서 논의했던 일곱 개의 본문들과 동성애 이슈의 연관성을 부정하는 몇몇 보수적 신학자들도 로마서 1장은 오늘날 직접적으로 적용할 수 있는 신학적 진술이라고 주장한다. 그러나 나는 이 본문에 대해 최선의 성경해석 방법을 이용해서 면밀히 그리

가진 "이성애적(heterosexual)"의 "hetero"이다.

고 주의 깊게 들여다보면, 바울이 우상숭배에 대해 말한 것이지, 섹슈얼리티 자체에 대해 말한 것이 아니며, 또한 바울의 저술들도 당시의 많은 문화적 가정들을 반영하고 있다고 믿는다.

로마인들을 향한 그의 편지에서 논제가 되는 진술은 로마서 1장 16절에 있다: "내가 복음을 부끄러워하지 아니하노니 이 복음은 모든 믿는 자에게 구원을 주시는 하나님의 능력이 됨이라. 먼저는 유대인에게요 그리고 헬라인에게로다." 바로 다음 문장이 같은 논제를 다른 방식으로 말해준다: "의인은 믿음으로 말미암아 살리라"(롬 1:17). 누구도 하나님의 구원을 받을 수 있는 가능성에서 제외되지 않는다. 바울이 로마서에서 주장하는 복음은 성 문제에 중심을 두고 있지 않다. 그것은 죄의 보편성과 예수 그리스도의 삶과 죽음과 부활을 통해 거저 주시는 구원의 은혜에 초점을 맞추고 있다. 이것이 기독교 메시지의 본질이다.

섹슈얼리티가 아니라, 우상숭배

로마서 1:18-32에서 바울은 우상숭배, 즉 창조자이신 하나님 대신에 피조물 중 어떤 것에 궁극적 헌신을 바치는 우상숭배에 대해 쓰고 있다.[39] 바울은 "온갖 악으로 유명한" 분주한 항구도시 고린도에서 쓰고 있다. 분명히, 로마제국에서 창녀를 부르는 흔한 이름이 "고린도 여자"였다.[40] 바울은 하나님 대신에 "썩어질 사람과 새와 짐승과 기어다니는 동물 모양의 우상"(23절)을 숭배하는 사람들에 대해 쓰고 있다. 바울은 고린도 사람들이 우상숭배에 빠졌기 때문

39) Blount, "Reading and Understanding," 34: "최악의 것은 그들이 예배하거나 섬기는 것이 창조주가 아니라, 창조물이라는 것이다."

40) Alan Brash, 『우리의 차이에 직면하기: 교회와 교회의 게이, 레즈비언 멤버들』 (Geneva, Switzerland: WCC Publications, 1995), 44.

에, "하나님께서 그들을 부끄러운 욕심에 내버려두셨다."(26절)고 결론지었다.

바울은 자신의 유대인 독자들을 염두에 두고 있는 것 같다. 이 본문에서는 그들만이 아니라 우리들도 자기의self-righteousness를 느끼게 되기 쉽다. 유대인들은 조류나 동물들이나 파충류들의 우상을 숭배하지 않았다. 그것들은 전형적인 이방인들의 죄였다. 그러나 바울은 우상숭배에서 비롯되는 다른 죄들, 즉 탐욕, 악행, 시기, 투기심, 사기, 간교, 쑥덕공론, 비방을 열거함으로써 독자들에게 펀치를 가한다. 우상숭배자들은 거만하며 자랑하기 좋아하고, 부모에게 반항적이고, 어리석고, 신앙이 없고, 매정하고, 무자비하게 될 수 있다. 이제 바울은 우리가 진실하신 하나님 이외에 딴 곳으로 우리의 궁극적 헌신을 돌릴 때 이따금 넘어지게 되는 그런 죄들에 대해 언급하면서, 우리 모두에게 말하고 있다.

바울은 로마서 2:1에서 이 점을 다시 지적하고 있다. 특히 우리가 다른 사람들을 판단할 때 우리는 변명의 여지가 없다. 왜 그런가? 왜냐하면 하나님께서 보시기에 우리는 모두 우상숭배를 하고 있기 때문이다. 바울은 종교개혁 신학의 핵심을 지적한다. 즉 하나님 앞에서는 누구도 의롭지 않다. 바울은 우상숭배로 가득한 고린도의 이방인들을 비판해왔다. 이제 그는 자신의 유대인 동료들과 우리들에게, 아무도 의롭지 않다고 말하고 있다. 우리 모두 죄인이다. 이것이 바울이 로마서 1장에서 말하는 요점이다.

창조 신학이 아니라, 문화적인 규범들

바울이 로마서 1:26-27에서 "자연스러운natural"과 "부자연스러운unnatural"이란 말(개역한글과 개역개정에서는 "순리대로/역리로"

새번역과 표준새번역에서는 "바른/바르지 못한," 공동번역에는 "정상적인/비정상적인"으로 번역했다. - 옮긴이)로 의도했던 것은 무엇일까? 헬라어 사본에서, 그 단어들은 '피시스*physis*'('자연')와 '파라 피신*para physin*'('자연에 반대하여')이다.[41]

바울에게, "부자연스런"은 "인습적이지 않은unconventional"이라는 말과 동의어다.[42] 그것은 놀랄 정도로 "일상적이지 않은" 어떤 것을 의미한다. "자연스러운"이 "인습적인"을 뜻한다는 가장 중요한 증거가 하나님께서 "자연에 반대하여" 행하셨다는 것이다(롬 11:13-24). 다시 말해, 하나님께서는 야생 올리브 나무, 즉 자신들의 자연스러운 상태에서 자란 이방인들을 잘라서, 하나님의 특별한 가르침을 받은 올리브 나무인 하나님의 백성에게 접붙이심으로써, 아주 일상적이지 않은 어떤 일을 하셨다(롬 11:24). 하나님께서 죄를 지은 것이라고 할 수는 없기 때문에, 하나님께서 "자연에 반대하는" 또는 "자연에 역행하는" 것을 하셨다고 말하는 것은 하나님께서 놀라운, 일상적이지 않은 어떤 일을 하셨다는 것을 뜻한다.[43]

바울은 로마서 1:26-27에서 창조질서의 위반에 대해 말하고 있는 것이 아니다. 바울의 어휘에서 '피시스*physis*(자연)'는 '크티시스*ktisis*(창조)'와 동의어가 아니다. "자연스러운" 것에 대해 이야기하면서, 바울은 사람들의 인습적인 관점과 1세기 헬라적 유대인들의 문화 안에서 어떻게 행동해야 하는지를 그저 받아들인 것이다.[44]

---

41) Nissinen, *Homoeroticism*, 105.

42) Ibid., 105.

43) Helminiak, *What the Bible Really Says*, 80.

44) Nissinen, *Homoeroticism*, 107.

남성 우월성

남성의 지배라는 주제는 로마서 1장을 포함해, 동성애를 다룬다고 많은 사람들이 주장하는 본문들에 계속해서 나온다. 히브리 문화와 그리스 문화 둘 다 가부장적이었다. 남자들은 여자들에 대해 지배적이었고, 그렇게 유지되도록 의도했다. 바울은 당시 독자들의 문화적인 인습들을 당연한 것으로 받아들인다. 그는 당시 그리스어를 사용하던 회당에서 익숙한 "불결"(1:24)과 "부끄러운 줄 모르는"(1:27) 같은 단어들을 사용했는데, 이런 말은 정결에 관한 유대인 언어의 일부분이었다. 또한 그는 에로틱한 열정과 억제되지 않는 욕구를 뜻하는 "정욕lust"(1:24)과 "욕심passion"(1:26)처럼 그리스 스토아 철학에 뿌리를 두고 있는 용어들도 똑같이 잘 알고 있다.[45]

로마서 1:26에서, 바울은 이렇게 말한다. "그들의 여자들도 순리대로 쓸 것을 바꾸어 역리로exchanged natural intercourse for unnatural 쓴다." 니씨넨이 지적하는 것처럼, "그들의 여자들their women"이라는 표현은 성 역할gender role 구조를 분명히 가리키는 것이다.[46] 그러나 그는 주장하기를, "남자들과 여자들의 성 역할의 자연스러움에 대한 바울의 이해는 성기의 형태와 그 기능적 목적의 문제(오늘날 많은 사람들에 의해 타고난 것과 타고난 것이 아닌 것의 주요 기준으로 고려되는 문제)가 아니다."[47] 오히려, 바울이 말하는 문화에서는 남자와 여자가 각각 사회에서 지정된 장소와 역할이 있었는데, 그것은 서로 교환할 수 없었다. 예를 들어, 고린도전서 11:3-16에서 바울은 하나님-그리스도-남자-여자라는 엄격한 위계적 사다리

45) Ibid., 104, 헬라어 단어 참조를 위해.

46) Ibid., 107.

47) Ibid., 107. 예를 들어, Robert A. J. Gagnon, 『성경과 동성애 관행: 본문과 해석학』 (Nashville: Abingdon Press, 2000), 364을 보라.

를 설명한다. 각기 서로 다른 헤어스타일을 통해 분명히 드러나는 엄격한 성 역할 차이가 정해져 있다. 바울이 묻기를, "만일 남자에게 긴 머리가 있으면 자기에게 부끄러움이 되는 것을 본성이 너희에게 가르치지 아니하느냐? 만일 여자가 긴 머리가 있으면 자기에게 영광이 되나니 긴 머리는 가리는 것을 대신하여 주셨기 때문이니라" (고전 11:14). 그런 문화에서, 이 역할을 위반하는 것은 하나님 앞에서 부끄러움이 된다.[48]

바울에게, 성 역할의 경계를 위반하는 것은 "불결," 즉 유대 정결법을 위반하는 것이다(롬 1:24).[49] 니씨넨의 설명에 따르면, 성관계에서 능동적인 남성의 역할을 여성이 떠맡는 것은 "부자연스러운" 것으로 여겨졌다.[50] 이 본문은 여자들이 다른 여자들과 성관계를 가졌다고 이야기하지 않는다. 여자가 남자와의 성관계에서 지배적인 자세를 취한 것 때문에, 혹은 남성 파트너와 자녀 생산에 관련되지 않는 성관계를 가진 것 때문에 정죄될 수도 있었다.[51] 문제는 젠더의 지배이고, 또한 그 문화에서 여성들은 성적인 문제들에서 능동적이어서는 안 되고, 수동적이어야만 했다.

모든 것에서의 통제와 중용

히브리 문화와 스토아 철학(이것은 로마제국에서 영향력이 컸는데, 바울의 시대 동안에는 특히 그리스에서 그랬다)에서는, 모든 것에서 통제와 중용을 높이 평가했는데, 특히 감정과 성에 관해서 그

48) Nissinen, *Homoeroticism*, 107.

49) Ibid., 108.

50) Ibid.

51) Myers and Scanzoni, *What God Has Joined Together?* 98. 그들은 John Boswell, 『기독교, 사회적인 인내, 그리고 동성애』(Chicago: University of Chicago Press, 1980), 158, 203-5를 언급하고 있다.

러했다. 과하게 하는 것—음식을 과하게 먹는 것이든, 잠을 과하게 자는 것이든, 어떤 종류의 과한 욕구에 복종하는 것—은 도덕적 실패로 간주되었다.[52] 목표는 모든 것을 올바르게 "사용"하는 것이었다. 섹스의 "자연스런 사용"은 욕심을 피하면서, 매우 통제하는 것이었다.[53] 로마서 1:26-27에서 바울은, 잘못 지향된 욕망에 대해 말하고 있는 것이 아니라, 지나친 욕망—통제를 잃고, 과하게 하는 것—에 대해 이야기하고 있다고 이해해야 옳을 것이다.[54] 우상숭배자들은 하나님께 영광과 감사를 드리지 못한다. 그 때 하나님은 그들로 하여금 에로틱한 욕심에서 통제를 잃게 내버려두어 불명예를 당하게 하신다.[55]

명백한 본문

크리스천 동성애자들에게 동등한 권리를 부여하는 것에 반대하는 사람들은 로마서 1장을 해석하는 데서 몇 가지 심각한 실수를 하고 있다. (1) 그들은 이 단락이 본래 우상숭배에 대한 것이라는 사실을 못보고 있고, (2) 우리는 모두 죄인들이라는 바울의 핵심을 간과하고 있고, (3) 문화적인 근저의 뜻을 놓치고, 그리고 (4) 부도덕한 성적 행위를 정죄하는 바울의 말을 우상숭배자들도 아니고, 하나님을 사랑하고, 하나님께 감사하는 순종 속에서 살려고 하는 신실한 크리스천 동성애자들에게 적용하고 있다.

이성애자의 성관계는 상황에 따라 도덕적일 수도 있고 부도덕할

52) Robert Jewett, "로마서 1: 24-27의 동성애 언급에 대한 사회적 상황과 암시들," in Balch, *Homosexuality, Science*, 229-30.

53) David E. Fredrickson, "로마서 1:24-27의 자연적 그리고 비자연적 사용: 바울과 에로스에 대한 철학적 비평," in Balch, *Homosexuality, Science*, 204.

54) Ibid., 205

55) Ibid., 216.

수도 있다. 동성애자의 성관계 역시 마찬가지다. 만약 바울이 오늘날 "플레이보이 맨션"에서의 파티에 가거나 남자 대학생들이 형제애 파티에서 "서로 팔짱을 끼고" 있는 것을 본다면, 그는 오싹하게 되어 틀림없이 그 곳에서 일어나고 있는 행위들을 정죄했을 것이다. 그러나 아무도 바울이 그것을 보고 모든 이성애적 성관계를 부도덕한 것으로 배제하고 있다고 결론짓지는 않을 것이다. 누구나 바울이 하나님을 사랑하고 예수님을 따르고자 하는 결혼한 이성애 커플에 대해 이야기하고 있는 것이 아니라는 것을 이해할 것이다.

부도덕한 성적 행위에 대한 바울의 정죄는, 오늘날 우상숭배자들도 아니며 하나님을 사랑하고 하나님께 감사하는 순종 속에서 살려고 애쓰는 크리스천 동성애자들에게 적절치 않게 적용되고 있다. 내 생각에는 로욜라 메어리마운트 대학교 신약 교수인 제프리 사이커Jeffrey Siker가 제일 잘 논평한 것으로 여겨진다: "우리는 한 분 진정한 하나님을 진심으로 예배하고 섬기면서도 여전히 동성애자로서의 자신들의 정체성을 긍정적으로 확언하는 크리스천들을 알고 있다. 바울은 동성애 크리스천들을 아무도 알지 못했던 것 같다. 우리는 알고 있다."56

로마서 1장을 해석하면서 집어넣은 비성경적 이론들

동성애를 반대하는 사람들은 자신들이 로마서 1장에 근거하고 있다고 주장한다. 그러나 조금 더 면밀히 검토해보면, 많은 사람들이 자신들의 비성경적 이론들을 바울의 본문에 집어넣고 있는 것이 분명하다. 로마서 1장의 명백한 본문에 가장 흔하게 덧붙이는 것이

56) Jeffrey S. Siker, "이방인 알곡과 동성애 크리스천: 이성애 교회를 위한 신약의 방향," in Brawley, *Biblical Ethics and Homosexuality,* 143.

(1) 자연법에 대한 호소이며, (2) 창세기가 이성간 일부일처제 결혼에 대해 명령하고 있다는 가정이다. 이것들은 로마서 1장에서 바울의 기본적인 요점, 즉 모든 사람이 죄인이며 그리스도에 대한 믿음을 통해 은혜로 구원받는다는 것을 이해하는 데 필요한 것이 **아니다**. 오늘날 모든 동성애에 대한 정죄를 정당화하기 위해, 로마서 1장을 비롯한 본문들에 집어넣은 이론들을 살펴보자. 자연법과 이성간 결혼 외의 많은 하부 이슈들은 로마서 1장에 대한 논의에 적절치 않게 보일지 모르지만, 내가 그것들을 여기서 다루는 이유는 로마서 1장을 해석하면서 그런 이론들을 집어넣으면 바울의 메시지에 대한 해석을 왜곡시키기 때문이다.

자연법

보수적인 해석자들이 제기한 하나의 주장은 우리가 자연법이라는 비성경적인 기준에 의해 인도될 수 있다는 것이다. 자연법이란 한 문화 안의 대부분의 사람들이 수용하는 의심할 바가 없는 가정들로 이루어져 있다. 노트르담대학교의 랄프 맥키너니Ralph McInerny는 자연법을 "우리가 이미 만들었고 또 만들 수밖에 없었던 어떤 판단들이 있다는 *주장*"으로 정의한다.[57] 문제는 이것이 또한 편견에

57) Ralph McInerny, "모든 사람이 아는 도덕적 진리가 있는가?" in *Common Truths: New Perspective on Natural Law*, ed. Edward B. Mclean (Wilmington, DE: Intercollegiate Studies Institute, 2000), 1. *The New Catholic Encyclopedia*에 따르면 자연법은 "사물들의 본성에 내재되어 있는 행동에 관한 법규 또는 규칙… 그러나 조금 더 적절하게 말하면, 그것은 인간과 인간의 본성에서 이성적인 것으로서 나오는 결과에만 적용된다.… 성 토마스 아퀴나스에게 '자연법'이란 이성적 피조물들 안의 영원한 법에 참여하는 것일 뿐이다"로 정의된다. *New Catholic Encyclopedia* (New York: McGraw-Hill, 1967), vol. 10, s.v. "자연법." Charles E. Rice는 주장하기를 "도덕(윤리)은 인간의 본성에 내재된 법에 의해 통제된다. 인간은 자신의 이성을 사용함으로써, 무엇이 자신의 본성과 조화로운지 그러므로 옳은지를 알 수 있다. … 그

대한 훌륭한 정의가 될 수도 있다는 것이다.[58]

자연에 대한 앞뒤 생각 없는 호소는 근본주의 목사 제리 팔웰의 말을 통해 잘 드러난다. 2004년 11월 대통령 선거에서 부시 대통령의 재선을 최우선으로 삼았던 팔웰 목사는 이렇게 말했다. "나는 우리가 가정, 즉 한 남자와 한 여자가 결혼해서 이루는 가정이 무엇인지에 대해 지금 논쟁을 벌이고 있다는 것은 가당치도 않다고 생각한다. 그들은 집 마당에서 그 권리를 배웠다." 팔웰은 화려한 언변술로, 자신이 보기에 자연계에서 분명한 것, 즉 동물들도 수컷과 암컷이 교미를 한다는 것에 호소했다.[59] 자연의 그런 모델이 종종 사용되는 자연법에 대한 호소이다.

그러나 판명된 대로, 모든 동물들이 이성애인 것은 아니다. 생물학자 브루스 바제밀Bruce Bagemihl은 동물계에서 450종에 이르는 동성애 관계를 문서로 기록했다. 동성애 행위에는 교미뿐 아니라 구애와 새끼 돌봄 활동도 포함된다.[60] 나는 우리의 성관계에 대한 이해를 동물의 행동에 기초해야 한다고 주장하는 것이 아니라, 오히려 수컷

러므로 자연법은 이성의 통치이며, 하나님께서 인간의 본성 속에 내보이셨고, 거기서 인간은 어떻게 행동해야 하는지를 분별할 수 있다"; 『자연법에 관한 50개 질문: 그것이 무엇이며 왜 우리는 그것이 필요한가?』 (San Francisco: Ignatius Press, 1999), 30, 31, 51쪽 참조.

58) *Oxford English Dictionary* (*OED*), s.v. "편견," 편견에 대한 많은 정의들 중에 이렇게 말해준다: "적절한 검토 전에 형성된 판단; 조숙하거나 급한 판단; 이른 판단. …무슨 일이 일어날지에 대해 미리 단정짓는 생각."

59) Stephanie Rosenbloom, "'언론 만족시키기'에 관한 종교 지도자들 간 충돌," *New York Times*, November 28, 2004, www.nytimes.com/2004/11/28/politics/28-talk.html.

60) Marlene Zuk, 『성적인 선택: 성에 대해 동물들에게서 배울 수 있는 것과 배울 수 없는 것』 (Berkeley: University of California Press, 2002), 176을 참조하라. 원래 글은 Bruce Bagemihl, *Biological Exuberance: Animal Homosexuality and Natural Diversity* (New York: St. Martin's Press, 1999)이다.

-암컷 관계를 자연의 보편적인 것으로 인용하면서 그렇게 주장하는 사람들이 틀렸다는 것을 지적하고 있는 것이다.

우리가 2장에서 스코틀랜드 상식철학에 대한 논의에서 살펴본 것처럼, 신학자들은 종종 자신들의 문화적 가정들에 대한 하나님의 재가를 주장하려고 자연법에 호소한다. 신학에서 자연법을 잘못 사용한 전통적 사례가 로버트 개그논Robert Gagnon의 "성경과 동성애 관행"이다.[61] 개그논은 피츠버그신학교 신약 교수이다. 그의 책은 동성애자들의 평등을 성경이 인정하는 것에 반대하는 사람들에게 호평을 받았다.

아이러니는 개그논에게 성경이 필요하지 않은 것 같다는 것인데, 그는 성경이 동성애에 대해 말하고 있는 것 전부가 애초에 자연에 대한 관찰에서 나오는 것이라고 주장하기 때문이다. 사실, 그는 책의 결론에서, 실제로 많은 이성애자들이 믿는 바를 이렇게 말한다. "그러므로 성경의 계시를 받아들이는 것이 동성 성관계의 적법성을 거부하기 위한 전제조건은 아니다."[62] 그러면 그는 어디에서 동성애 행위에 대한 금지를 찾을 수 있다고 믿는 것인가? 개그논에 따르면, 성경 자료들을 포함해서 모든 고대 자료들 배후에는, "여성의 성기에 남성의 성기가 '딱 들어맞는다'는 것에 대한 단순한 인식"이 있다.[63] 그는 계속해서, 구약의 성결법전은 "동성 성관계는 남자와 여자가 해부학적으로 서로 보충하는 성적 존재로 창조되었다는 사실에 근본적으로 모순된다는 확신에 부합하는 것이다."[64]라고 말한다. 그는 또한 "바울 자신의 이성적 추론이 자연 안에 하나님에 의

61) Gagnon, *The Bible and Homosexuality Practice.*

62) Ibid., 488.

63) Ibid., 364.

64) Ibid., 157.

해 주어진 단서들에 근거를 둔 것임"을 언급한다.[65] 이 글들 각각에서, 개그논은 계시보다 자연에 우선권을 주고 있다.

개그논에 따르면, 유대인들과 크리스천들뿐만 아니라 이교도들도 "인간 존재들 주변의 물질적 창조와 인간 자신의 신체적 디자인은 우리를 각각 하나님의 본성과 인간의 성적인 본성에 대한 진리로 인도해주는 것"임을 알게 된다.[66]

개그논을 비롯해서 오늘날 사람들이 자연법에 호소하는 것은 과거 스코틀랜드 상식철학과 비슷한 기능을 한다. 둘 다 진리는 자명하다고 주장한다. 둘 다 감각적 증거에 크게 의지하고 있다. 둘 다 해석은 필요 없다고 가정한다. 그러므로 둘 다 공통된 인간의 편견을 자명한 진리인 것으로 단언한다. 자연법에 우선권을 준다는 것은 성경본문과 아무 관련이 없는 온갖 가정들과 편견들을 들어오게 하는 문을 여는 것이다. 개그논의 몇몇 가정을 조금 더 면밀히 살펴보자.

1. 성적인 지향이 선택인가?

개그논은 "자연적인" 것에 대한 그의 부정확한 가정들에 의존해서, "분명히 어느 누구도 동성애자로 태어나지는 않는다."[67]고 주장한다. 분명히 이 주장에 대한 성경적인 보증은 없다. 사실, 예수께서는 이혼에 대한 가르침과 결혼에 대한 추천 후에 즉시, 어떤 사람들은 고자로 태어난다고 말씀하신다(마태 19:10-12). NEB(New English Bible)에서는 이런 사람들이 "결혼할 수 없는" 사람들로 묘사된다(마태 19:12). 고대에는 분명히 이성애적 성행위를 할 수 없는 사람들이

---

65) Ibid., 142.

66) Ibid., 391.

67) Dan O. Via and Robert A. J. Gagnon, 『동성애와 성경: 두 가지 관점』 (Minneapolis: Augsburg Fortress, 2003), 103.

있었고, 그들은 "고자들"로 여겨졌다. 구약학자 마티 니씨넨은 주장하기를, 우리 시대의 상황에서 자신의 어머니의 모태에서부터 고자인 사람들에 아마 동성애자들이 포함될 수 있는데, 왜냐하면 그들은 이성opposite sex인 사람들에게 성적 욕구를 가지지 못하기 때문이다.[68]

개그논의 주장에는 과학적인 보증도 없다. 성적 지향이라는 주제로 쓴 글들에 대한 종합적 검토를 통해, 호프 대학의 심리학 교수 데이비드 마이어즈David Myers는 모든 가능한 증거에 기초하여, 대부분의 심리학자들은 "성적 지향을 의지적으로 선택하는 것도, 의지적으로 바꾸는 것도 아니라고 보고 있다."고 말한다.[69] 나는 이것에 대해 6장에서 조금 더 상세히 토의할 것이다.

2. 동성애자들이 이성애자로 바뀔 수 있는가?

개그논은 어느 누구도 본래적으로 동성애자로 태어나지 않는다고 단언하면서, 모든 동성애자들은 의지적으로 그 행위를 택한 것이며 따라서 그들의 성 정체성을 성공적으로 바꿀 수 있다고 주장한다. 다시 말하지만, 이런 입장에 대한 성경적이거나 과학적 보증은 없다. 모든 연구와 간증들을 면밀히 조사해보면, 사람들이 게이와 레즈비언들이 바뀔 수 있다고 주장할 때, 그들이 말하는 것은 지향orientation이 아니라 행동behavior이라는 게 분명하다. 사실, 그 주장들 너머를 조사해보면, 개그논은 "치료사들은 완전한 제거가 아니라, 바람직하지 않은 욕구를 제어하는 것을 **성공**이라고 정의한다."는 점을 인정한다.[70] 교회 안에서 동성애자들에게 내린 전통적인 제한

68) Nissinen, *Homoeroticism,* 130-121.

69) David G. Myers, 발췌문, *Psychology,* 7th ed. (New York: Worth Publisher, 2004). www.Davidmyers.org에서 이용가능하다.

을 지지하는 토마스 슈미츠Thomas Schmidt는 다음과 같이 결론을 내린다: "목회자들이 쓴 많은 책들이 보여주는 것처럼, 그들은 변화된 행동에 초점을 맞춘다. 또한 그 책들은 계속적 유혹의 가능성에 대해 정직하다."[71] 심지어 유명한 "게이였던ex-gay" 앤드류 코미스키도 이에 동의한다. 그는 두 친구, 캐런과 짐을 통해 자신의 논점을 설명한다. 그는 그들에 대해 말하기를, "이성애자들이 이성에 대한 그들의 욕구를 부인할 수 없는 것처럼, 그들 둘 다 동성애적 감정을 가지지 않기를 선택할 수는 없다."[72]

동성애 반대자들은 "회복시키는" 또는 "전환" 치료가 성적 지향이 아니라 행동을 말할 뿐이라는 사실을 인정함으로써, 사실 성적 지향은 어떤 사람의 본성의 한 부분이며, 이성애처럼 하나님이 주신 것일 수 있음을 실제로 인정하고 있다. 데이비드 마이어스는 성적 지향에 관한 과학적 문헌에 대한 검토에서 결론내리기를, "성적인 지향은 손잡이와 같다. 대부분의 사람들이 오른손을 사용하고, 일부는 왼손을 사용한다. 극소수의 사람들만이 양손잡이다. 어느 쪽이냐에 상관없이, 정해진 방식이 지속된다."[73]

동성애자들이 자신의 성적 지향을 받아들일 수 있을 때, 자유롭게 되어 자신들의 파트너를 찾고 교제의 기쁨을 경험하게 된다. 이것은 마치 이성애자들이 결혼을 통해 이런 경험을 하는 것과 마찬가지다. 교회는 동성애자들에게 비성경적이고 비과학적인 가정들을 들이대는 대신에, 그런 결합을 축하해야 한다.

---

70) Via and Gagnon, *Homosexuality and the Bible*, 103.

71) Schmidt, *Straight and Narrow*, 155.

72) Andrew Comiskey, 『온전한 성을 추구하며: 예수는 어떻게 동성애자들을 치유하는가?』 (Lake Mary, FL: Creation House, 1989), 44.

73) Myers, *Psychology* 발췌문.

3. 동성애가 우상숭배인가?

개그논은 반대되는 모든 증거에도 불구하고, 동성애가 의지적 선택이라고 주장했기 때문에, 그는 더 나아가 동성 성관계를 우상숭배라고 **정의한다**.74 그의 정의는 동성애가 죄라는 **가정**에서 **시작**할 때만 말이 된다. 반면에, 동성애자들이 우상숭배자들인가 하는 질문으로 시작한다면, 단순히 실제 크리스천 동성애자들과 이야기를 나누어보면, 그들이 예수님을 사랑하고 하나님을 섬기기 위해 애쓰고 있다는 것을 곧 알 수 있다. 논쟁은 끝날 것이다.

개그논은 실제로 크리스천 동성애자들이 서로에 대한 사랑과 하나님에 대한 사랑을 어떻게 표현하는지를 다루지 않는다. 그는 동성애자들이 서로를 깊이 신뢰하며 단혼monogamous으로서 결합해서 살고 있는 경건한 크리스천들을 인정하지 않는다. 대신에, 그는 우상숭배적인 성관계에 대한 자신의 이론적 모델을 만들어서, 그것이 모든 동성애자들에게 적용된다고 주장한다.

게다가, 개그논은 바울이 정죄하는 부도덕한 성관계들이 지금의 신실한 크리스천 동성애자들과 관련이 있다는 점을 입증하지도 못한다. 그는 단지 그것을 주장할 뿐이다. 동성애 크리스천들의 삶은 개그논의 주장이 잘못됐음을 증명한다. 누구라도 시간을 내서 실제 크리스천 동성애자들을 알게 된다면, 그들의 사랑이 이성애자들의 사랑보다 더 음탕하지도 않고, 그것이 우상숭배라는 동기 때문에 동성애 행위를 하지도 않다는 것을 알게 된다.

예수께서는 실제 사람들과 그들의 일상생활 속에서 교제하셨다. 그분은 문화적으로 편견에 치우친 가정들로 시작해서 그 가정들을 통해 자신과는 다른 사람들을 벌주는 방망이로 사용하지 않으셨다.

---

74) Gagnon, *The Bible and Homosexual Practice*, 254.

오히려, 그분은 사람들에게로 가서 그들이 하나님과 더 가까운 관계를 맺도록 도와주셨다. 우리가 예수님과 함께 시작해서 그분을 따르고자 한다면, 우리는 실제 사람들을 사귀고, 모든 사람들이 하나님을 알고 섬기도록 돕기 위해 노력하게 될 것이다.

4. 동성애 관계: 모든 것들 중에 최악의 죄인가?

개그논은 자연법에 대한 호소에 기초해서 다음과 같이 두 가지로 결론을 내린다: (1) 동성애자들의 성적인 관계는 그 자체로 죄이다. (2) 그것들은 모든 것 중에 최악의 죄이다. 개그논은 자연에 대한 관찰에 기초하여, 우리는 모든 동성 성관계가 "육체적으로, 도덕적으로 또한 영적으로 죽음으로 끝나는 길"이라는 것을 알 수 있다고 말한다.[75] 그는 자기의 주장을 뒷받침하는 어떤 증거도 없이, 현대의 동성애 크리스천들 사이의 성관계는 그 자체로 죄악이라고 그냥 주장한다.

둘째로, 그는 "우리 모두가 죄를 짓지만 모든 죄가 똑같이 하나님께 무례한 것은 아니고 모든 죄가 똑같은 방식으로 취급되지도 않는다."[76]고 주장한다. 그러나 사실, 그 말은 바울이 로마서 1:29-32에서 주장하고 있는 것과 정반대이다. 바울은 부도덕한 성적인 관계만이 아니라 그 자신이 열거한 **모든** 죄가 죽음에 해당한다고 단언한다. 개그논은 바울과 반대되는 입장을 취하기로 택한 것일지 모르지만 그렇게 하면서 자신의 주장이 성경적이라고 주장할 수는 없다.

동성애 행위는 그 행위자를 하나님 나라에서 배제되도록 만들 것이라는 개그논의 가정을 받아들인다면, 그에게 구원의 전제조건

---

75) Ibid., 493.

76) Ibid., 470.

이란 이성애자의 행위를 흉내내거나 독신이 되는 것이라고 결론짓는 것이 타당한 듯하다. 이런 결론은 물론 모두가 죄인이고, 어느 누구도 행위에 의해 구원받지 못하고, 모두 하나님의 은혜에 의해 구원받을 수 있다는 바울의 견해와 모순이 된다.

5. 인류의 타락의 본보기가 동성애인가?

리차드 헤이즈는 신약의 성 윤리에 대해 쓰면서, 로마서에 나오는 하나님의 심판의 결과들에 대해 중간자적이지만 보수적 입장을 취한다. 그는 이렇게 주장한다. “바울은 이방인 죄인들의 개인적 삶의 역사를 기술하고 있는 것이 아니다. 모든 이방인이 이스라엘의 진정한 하나님을 처음 알고 난 후 우상숭배로 돌아가기를 택했던 것은 아니다. 바울이 ‘그들은 하나님에 대한 진리를 거짓과 바꾸었다’라고 말할 때, 그는 인류의 보편적인 타락에 대한 포괄적인 이야기를 하고 있는 것이다.”[77] 그런 후 헤이즈는 주장하기를, “바울은 특별한 주의를 기울이도록 동성애 성관계를 골라잡았는데, 왜냐하면 그것이 인간의 타락이 하나님의 창조 질서를 왜곡시킨 방식에 대해 특히 사실적인 이미지를 제공해주는 것으로 간주하기 때문이다.”[78]

이 주장과 관련된 문제들 중 하나는 인류의 타락이 보편적이냐 아니냐 하는 것이다. 모든 사람이 타락했다(기독교 메시지의 필수)고 주장한 다음에, 한 특정 그룹의 사람들을 골라잡아서 특별히 더 타락했다고 주장할 수는 없다. 더군다나, 개그논처럼 헤이즈도 하나

---

77) Hays, “구원을 기다리며,” 8.

78) Ibid. Marion Soards는 또한 로마서 1장이 동성애자인 현대의 크리스천들에게도 관련이 있는 것으로 다룬다. 그의 논리는 Hays의 것과 상당히 비슷하다. 사실, 그는 동성애 성관계를 비난하는 두 가지 기준에서 Hays와 의견을 같이 한다. 그것은 인간 타락의 생생한 실례이고, 이성애 결혼이라는 창조 질서를 거부하고 있다. Soards, *Scripture and Homosexuality*, 21-23을 참조하라.

님께서 창조하시려고 의도하셨던 것에 대한 거대한 가정들을 만들고 있다. 이미 앞에서 지적한 것처럼, 동물의 왕국의 사례들은 하나님께서 꽤나 분명히 동성애 동물들을 만드시려고 의도하셨던 것처럼 보인다. 게다가, 최고의 과학적 증거들 역시 동성애자들과 이성애자들 사이에 생물학적 차이가 있을 뿐만 아니라, 성적 지향에는 유전적인 영향도 있다는 사실을 보여주는 것 같다. 이런 데이터들은 동성애가 하나님의 창조질서의 한 부문이라는 사실을 보여준다.[79]

헤이즈에게 "하나님의 창조질서"란 성관계를 할 수 있는 유일한 상황으로서 남자와 여자의 결혼에 대한 명령을 포함한다. 그는 "남자와 여자 사이의 결혼은 인간의 성적인 충족을 위한 표준적 형태인 반면에, 동성애는 우리가 하나님의 사랑하시는 목적으로부터 멀어진, 망가진 백성이라는 많은 비극적 표식 중 하나다."[80]라고 말한다. 또다시 헤이즈는 특정한 집단의 사람들을 골라내어, 우리 **모두** 망가진 사람들이고, 예수 그리스도의 삶과 죽음과 부활을 통해 구원받는다는 기독교의 본질적인 메시지에 반대되는 주장을 펼친다. 게다가, 나 역시 일부일처제가 인간의 성적인 충족을 위한 최선의 상황이라고 믿지만, 다음에 설명하게 될 것처럼, **이성애자들의** 단혼이 모든 사람들을 위한 규범이라고 보증하는 특정 성경구절은 없다.[81]

---

79) 예를 찾자면, Myers, *Pychology* 발췌문에 들어있는, Hershberger, Levay, Allen and Gorski, Gladue, Mustanki and Bailey, 그 외의 여러 명의 논문을 참조하라. www.davidmyers.org에서 이용가능하다.

80) Hays, "구원을 기다리며," 13.

81) 결혼의 본질에 대한 어떤 문화적인 합의는 없다. Stephanie Coontz는 *Marriage, a History: From Obedience to Intimacy or How Love Conquered Marriage* (New York: Viking Penguin, 2005), 24쪽에서 말하기를, "모든 역사적이고 문화적인 차이를 잘라내고, 결혼의 공통된 특징들을 찾아내서 왜 그 제도가 도처에 편재하는지 설명하는 것은 쉬운 일이어야만 한다. 그러나 벌레로 가득한 캔을 따는 것에 대해 이야기해 보라! … 반세기 후에도, 모두가 받아들일 만한 정의는 여전히 없다."

6. 창세기의 이성애 단혼이 본보기인가?

동성애자들에게 동등한 권리를 부여하는 것에 반대하기 위해 로마서 1장을 이용하고자 하는 많은 사람들은 창세기 1-2장의 창조 이야기에 기초를 두고 있다. 그들의 주장은 이렇다: 동성애 관계는 창조 패턴과 반대되기 때문에, 자연에 역행하는 것이다.[82] 그 패턴이란 무엇인가? 토마스 슈미츠와 같은 몇몇 사람들에 따르면, 그것은 일부일처의 이성애 결혼이다.[83] 그러나 창세기 1-2장에는 동성애나 결혼에 대한 아무 언급이 없다. 이 장들은 지금 그런 질문들에 답하기 위해 쓰여진 것이 아니었다.

구약학자 필리스 버드가 지적한 것처럼, 고대 이스라엘에서 성관계와 결혼을 통제하는 법들과 전통들은 창조 이야기를 모델로 언급한 적이 **없었다**.[84] 그녀는 주장하기를, 창세기 1장은 사실 인간들이 어떻게 하나님을 닮았는지, 또한 어떻게 다른지를 묘사하고 있다는 것이다. 사람들은 하나님의 형상과 닮음으로 창조되었고, 그래서 다른 동물들과 구별되고 또한 그것들보다 우월하다. 그러나 그들의 섹슈얼리티에서는, 그들이 남편과 아내, 또는 심지어 남자man와 여자woman로도 아니고, 남성male과 여성female으로 식별된다. 더 나아가 빅터 퍼니쉬는, 고대 근동의 모든 신들과 대조적으로, 이스라엘의 하나님은 **성이 없는**asexual 것으로 간주되었다는 것을 상기시킨다.[85] 그러므로 섹슈얼리티에서, 인류는 다른 모든 종자들과 같고,

---

82) Stanley J. Grenz, 『성의 윤리학: 복음주의 관점』 (Louisville, KY: Westminster John Knox, 1997), 230.

83) Schmidt, *Straight and Narrow*, 39. Ulrich W. Mauser, "신약 속의 창조와 인간의 성," in Brawley, *Biblical Ethics and Homosexuality*, 3-15.

84) Bird, "The Bible in Christian Ethical Deliberation," 167 n. 55, 강조되어 있음.

85) Furnish, "The Bible and Homosexuality," 22.

하나님과는 **다르다**.[86]

사실, 퍼니쉬의 주장에 따르면, 창세기 2:23-25는 "남자와 여자 사이에 '일부일처의' 관계를 명령하지도 않고 또한 당연한 듯 전제하지도 않고… '결혼' 자체에 대한 언급이 없다."[87] 게다가, 구약의 믿음의 영웅들은 일부일처제를 모델로 삼지도 **않았고**, 오히려 그들의 문화를 따라 성관계의 파트너로 여러 명의 아내와 첩들과 노예들을 두었다. 성경은 그런 행동을 승인할 뿐만 아니라 명령하는 듯하다. 그러나 퍼니쉬가 지적한 것처럼, "생육하고 번성하라"는 명령은 모든 사람들이 결혼하고 자녀를 생산해야 한다는 것을 뜻하는 것일 수 없다. 왜냐하면 창조 이야기는 "육체적으로든 정신적으로든 장애를 가진 이들, 독신자들, 성불구자들, 또는 현대에 와서 '동성애자들'이라 부르는 사람들에 대해 전혀 설명하고 있지 않기 때문이다."[88]

남자와 여자 사이의 일부일처제 결혼이라는 모델이 창세기 1장에 들어 있다는 생각은 사실이 아니다. 동성애자들에게 결혼의 권리를 허용하지 않으려고 고안된 인공적 개념인 것처럼 보인다. 브라이트 신학부의 신약 교수 데이비드 볼치David Balch가 지적하듯이, 게이들과 레즈비언들에게 평등함을 허락하기를 반대하는 사람들처럼 창조신학을 강조하는 곳에서는 "보통 종속과 복종이 강조된다."[89] 반면에, 바울이 로마서 3장에서 제시하는 대로, 속량신학을 강조하는 곳에서는 "보통 자유, 상호성, 그리고 평등이 강조된다."[90]

---

86) Ibid.

87) Ibid. Furnish는 말하기를, "이 구절에서의 관심사는 훨씬 더 편협하다: 이유를 설명하자면, 보통, 남자는 자신의 혈족을 떠나 여자와 성적인 결합으로 자신을 연합시킨다."

88) Ibid., 23.

89) David L. Balch, "편집인에 의해 마무리되는 관찰들," in *Homosexuality, Science,* 288.

90) Ibid.

나는 현대의 크리스천 결혼 모델은 이성애자들에게 좋은 것이라고 생각한다. 한 남자와 한 여자가 결혼을 해서 평생 함께 살고, 그들이 선택한다면, 애들을 낳고 기른다. 그러나 이 모델은 창세기에서 발견되지 않는다. 게다가, 서구 사회는 일부일처제에 도달하기까지 여러 세기가 걸렸고,[91] 그럼에도 불구하고, 미국 사회의 이성애자들 중 절반이 그것을 따르지 않고 있다. 반면에, 많은 크리스천 게이들과 레즈비언들은 평생 동안 한 명의 파트너 관계를 유지한다. 많은 사람들이 아이들을 돌보고 있고, 내가 아는 몇몇은 특별한 돌봄을 필요로 하는 아이들을 입양하기도 했다. 그들은 현대 크리스천 결혼 모델의 요점을 갖추고 또한 그렇게 살아가고 있는 것으로 보인다.

7. 나뉜 둘의 재결합?

구원은 남성과 여성의 결합 속에서만 찾을 수 있다는 극단적인 생각이 로버트 개그논의 글 속에 나타난다. 그는 창세기 이야기를 이런 식으로 옮긴다.

> 창세기 2:18-24에서, 양성적binary이거나 성적으로 분화되지 않았던 인간(아담)이 성적으로 분화된 두 개의 존재로 나뉜다. 야훼문서 기자Yahwist는 결혼을 원래의 아담original adam의 성적인 통일성의 재결합으로 취급한다. 어느 누구도 이 이야기가 짐승처럼 사는 것에 반대하는 입장이라는 것을 버릴 수 없는 것처럼, 이 이야기가 동성 성관계를 금지하고 있다는 암시도 버릴 수 없다(cf. 2:20).… 두 남성 또는 두 여성이 성적인 결합을 이루는 것은 원래의 양성적 존재 혹은 성적인 통일체와 동일할 수 없다.[92]

---

91) Coontz, *Marriage, a History*, 24.

흥미롭게도, 플라톤의 "향연*Symposium*"에도, 본래 통일체였으나 둘로 나뉘는 비슷한 신화를 흥분한 아리스토파네스가 들려준다. 본래 세 종류의 존재가 있었는데, 남성, 여성, 그리고 남성과 여성을 똑같이 가지고 있는 남녀 양성 소유자였다. 제우스는 이 존재들을 각각 반으로 나누었고, 각각은 성관계를 통해 다시 통일체가 되기 위해 자신의 짝을 찾았다. 본래 남녀 양성을 소유했던 존재들은 이성애적인 욕구를 갖게 되며, 반쪽이 된 남성은 여성 반쪽과 재결합하기 위해 찾아다닌다. 아리스토파네스는 주장하기를, "우리의 남성 간음자들은 대부분 그 성sex의 후손들이고, 거기서 똑같이 남자를 유혹하는 여성들과 여성 간음자들이 나오게 된다."[93] 호기심 끄는 이론이기는 하지만, 여기서도, 그 입장에 대한 성경적인 보증은 없다.

8. 인간 속의 하나님의 형상으로서의 남성-여성 관계?

칼 바르트의 신학방법(3장의 신정통주의에 대한 논의를 보라)의 영향을 받은 1967년의 "장로교 신앙고백"은 유색인종과 여성들에 대한 편견을 극복하기 위한 싸움에서 중요한 자료가 되었다.[94] 그러나 1978년에 "동성애에 관한 연합장로교 특별위원회"는 바르트가 게이와 레즈비언의 온전한 평등에 반대했던 것에 주목했다.[95] 불행

92) Gagnon, in Via and Gagnon, *Homosexuality and the Bible*, 61.

93) Herman C. Waetjen, "고대의 동성관계와 현대 미국사회의 성과 성정체성," in Brawley, 『성경적 윤리와 동성애』, 107-8쪽에 인용되어 있다.

94) 1964년 신앙고백서의 저자들은 여성의 권리라는 이슈에 아직 민감하지 않았었다. 그러나 우리가 제3장에서 본대로 1974년의 케논 케이스Kenyon Case에서, 총회의 사법위원회는 1967년 신앙고백이 모든 유색인종들에게 적용시켰던 하나님 앞에서의 만인평등이 여성들에게도 적용될 수 있다고 확언했다.

95) 1968년 6월, 바르트의 조수, 에버하드 부쉬Eberhard Busch는 바르트의 지시 아래 편지를 썼는데, 동성애에 대한 자신의 견해를 부분적으로, 그리고 가능한 범위에서 철회하는 것을 골자로 한다. 그 편지는 죄를 저지르지 않은 동성애자

하게도, 많은 다른 사람들처럼 바르트 역시 젠더와 동성애 문제에 봉착했을 때 자신의 일상적인 성경해석 방법에 예외를 두었다.

바르트는 자연법에 대한 자신의 해석과 창세기에 이성애적 결혼을 위한 모델이 있다는 거짓된 가정에 호소하며, 다음과 같이 썼다. "남자는 여자에게, 여자는 남자에게 향해져 있다. … 이처럼 서로를 향한 지향orientation이 서로의 존재를 구성한다."96 바르트에 따르면, 완전한 인간이 된다는 것은 남성-여성 관계에서만 알게 되고, 결혼관계는 인간들 속의 하나님의 형상의 가장 완전한 표현이다.97

바르트 역시 자연법에 의존하는 다른 사람들처럼, 남성 쪽으로 치우쳐져 있다. 바르트에 따르면, 결혼관계에서 남편은 예수님을 반

들을 "중상"하고 사법적 "처벌"을 내리는 것에 항의하는 사람들에 바르트도 동참해달라는 요청에 대한 응답으로 쓰여진 것이다. 부쉬는 쓰기를, "바르트 교수님은 이제 자신이 전에 했던, 우발적인 발언에 분명코 더 이상 만족해하지 않으시며 지금은 상당히 다르게 말씀하실 것이 분명합니다; …의사와 심리학자들과 대화를 나눈 후, 그분은 이 현상에 대해 새로운 판단과 해석에 도달할 수 있었습니다." 그러나 부쉬는 계속해서 말하기를, "여러분이 그분에게서 그 이야기를 듣는다면 물론 기쁘시겠지요. 하지만 그분은 82세를 넘기신 노인으로서 온갖 종류의 제한들을 감내하셔야 하고, 그것을 하시기에 필요한 시간이 없으십니다. 주어진 시간에, 그분은 자신께 남은 힘으로, 그분 보시기에 더 중요한 주제들과 일들에 매진해야 한다고 생각하십니다." 다음을 참조하라; 칼 바르트, "공동체를 위한 자유" in *Theology and Sexuality: Classical and Contemporary Reading*, ed. Eugene F. Rogers Jr. (Oxford, UK: Blackwell Publisher, 2002), 124-25.

96) Karl Barth, *Church Dogmatics* [*CD*], vol. III, The Doctrine of Creation, Part 4, ed. G. W. Bromiley and T. F. Torrance (Edinburgh: T&T Clark, 1961), 163.

97) Elouise Renich Fraser, "칼 바르트의 인간애에 대한 교리: 페미니스트 내러티브 신학의 재건운동"(Ph.D. diss., Vanderbilt University, 1986), 123n. 24: " '남편과 아내' 뿐만 아니라 '남자와 여자' 둘 다를 뜻하는 독일어 단어는 Mann and Frau. … 남자와 여자의 한 패러다임으로 남편과 아내를 사용하고자 하는 바르트의 의도는 어느 쌍의 단어가 더 적절한 지 결정하는 일을 어렵게 만든다. 어느 경우이든, 이런 인류학적인 정의에서 남편-아내가 남자-여자에 대한 모든 언급에 특징으로 스며들어 있다고 이해하는 것이 틀린 것은 아니다."

영하고 아내는 크리스천 공동체를 반영한다. "전체 공동체가 그리스도께 종속되는 것처럼, 아내는 남편에게 종속된다."[98]

바르트는 자신이 "삶에 대한 작은 지식"이라고 간주해서 일반적으로 비난했던 자연신학에 관여하고 있다.[99] 바르트는 자신이 "자연적이라고" 생각한 것에 입각해서 주장을 펼치면서, 그는 성경본문에서 떠나고 대신에 자신의 문화적으로 제한된 견해들을 끼워 넣었다. 팔머신학교의 교수이자 학장인 엘로이즈 레니치 프레이저가 논평한 것처럼, "바르트는 결혼을 인류 공통의 전형으로 만들어, 몇몇 인간관계를 자동적으로 의심하게 했고, 일부 사람들을 온전한 인간으로서의 가능성에서 배제시켰고, 남성과 여성이라는 낡은 고정관념을 강화시켜서 그의 독자들로 하여금 오래된 이야기들을 새로운 귀로 듣지 못하게 했다."[100] 남성 우월에 대한 바르트의 확고한 헌신은 그로 하여금 모든 동성애적 관계를 거부하도록 만들었다.[101]

---

98) Ibid., 134. Barth, *CD*, III/2 (1960): 314를 참조하라.

99) Fraser, "Barth's Doctrine of Humanity," 203. Barth, *CD*, III/2:290을 참조하라. 어떤 형태의 자연신학도 거부하던 초기 바르트의 온전한 힘을 느끼고 싶다면, *Natural Theology: Comparing "Nature and Grace" by Professor Dr. Emil Brunner and the Reply "No" by Dr. Karl Barth*, trans. Peter Fraenkel, into John Baillie (London: Geoffrey Bles at the Centenary Pess, 1946), 74를 보라. 바르트를 말하기를, "인간 안의 하나님의 형상은 죄에 의해 완전히 파괴되었다. 일반 계시를 주장하는 모든 노력은 거부되어야 한다. 창조와 보존의 은혜는 없다. 인지할 수 있는 보존의 법령은 없다. 하나님의 구원하시는 행위에 접촉하려 해봐야 소용이 없다. 새로운 창조가 낡은 것들의 완성이라는 것은 말이 안 되고 오히려 낡은 것들은 새로운 것들에 의해 대체된다."

100) Fraser, "Barth's Doctrine of Humanity," 221–22. 여기서, 성경 주해와 관련하여, 중요한 것은 바르트가 인간애에 대한 자신의 정의를 기초했던 예수와 복음서들에서 떠나, 대신에 창세기 2장과 바울 서신들, 특히 에베소서 5장을 사용한다는 것이다. Fraser가 주목한 것은, 바르트가 남자와 여자 사이의 관계에 대한 모든 구약과 신약의 텍스트들을 해석하는 열쇠로 에베소서5장을 이용한다는 것이다. Eastern Baptist Seminary는 2005년 7월 1일자로 Palmer Theological Seminary로 이름이 바뀌었다.

오늘날 많은 개신교도들은 일부일처의 이성애적 결혼이 인류 속의 하나님의 형상에 대한 예시라는 바르트의 주장을 반복하고 있으며, 또한 동성애자들에게 교회의 온전한 멤버십을 부여하는 것에 반대하기 위해 그 주장을 이용한다. 바르트의 견해는 또한 동성애자들을 이성애자들로 바꾸기 위한 노력의 근거가 되어 왔다. 예를 들어, "게이였던" 앤드류 코미스키는 바르트를 추종하여 다음과 같이 주장한다. "우리의 진정한 인간성을 알기 위해, 우리는 이성opposite sex에 의해 식별되어야 한다고 하나님은 우리에게 말씀하신다. 우리가 하나님의 형상을 가졌다는 사실의 근본적인 한 부분이 이성애적 반영이다. 하나님은 자신의 형상으로 인간을 '남성과 여성'으로 창조하셨다(창 1:26- 27)."[102] 코미스키는 우리가 온전한 인간이 되기 위해 이성애적 성관계에 참여하고 있어야만 한다고 말하고 있는 것처럼 들리는데, 이것은 로마서 1장의 바울의 메시지에 대한 놀랄만한 오해인 것이다.

하나님의 형상이 남성-여성 관계에 뿌리를 두고 있다는 주장은 우리를 성경본문에서 멀어지게 한다. 내가 파사대나 장로교회에서 동성애에 관한 특별위원회에 있을 때, 신약학 박사학위를 가진 선교사 출신의 한 멤버가, 사람은 이성애적 결혼관계에 속해 있지 않다면 온전한 인간이 아니라는 바르트의 주장에 찬성했다. 그의 주장은 선교사 출신이며 결혼한 적이 없는 여성을 포함해서 그 위원회의 다

---

101) Fraser, "Barth's Doctrine of Humanity," 217. Barth, CD, III/4:166를 참조하라. 바르트는 말하기를, "하나님의 명령은 그에게 (남자) 반박할 수 없게 보여주신다—자신의 이론들과 분명히 반대되게—남자로서 그는 여성과 함께 해야 진정으로 인간이 될 뿐이다, 즉 다시 말하자면 여자는 남자와 함께 할 때이다. 이 통찰을 받아들이면, 어울리게도, 동성애는 그의 삶에서 아무 설 곳이 없다, 더 세련된 형태로든 허술한 형태로든."

102 Comiskey, 『성적인 온전함을 추구하며』, 40.

른 멤버들을 화나게 만들었다. 한 게이 멤버는 조용히 말했다. "그런 확신은 예수님마저도 온전한 인간이 아니라는 말이군요."

성경적으로 말해서, 예수 그리스도는 하나님의 이미지이다(골 1:15; 고후 4:4). 그러나 예수님 안의 하나님의 이미지는 남성성 또는 결혼 상태 같은 어떤 독특한 인간적 속성의 결과물이 아니다. 오히려 그분의 삶 속에 온전히 반영된 하나님의 사랑의 결과였다. 우리 인간은 하나님의 사랑을 산발적으로 또한 부분적으로 반영하지만, 예수께서는 하나님의 사랑을 지속적으로 그리고 전체적으로 보여주셨다.

기쁜 소식, 즉 복음은 모든 사람이 예수 그리스도를 통해 하나님과 관계를 맺을 수 있다는 것이다. 우리는 하나님과 우리 인간 서로에게 사랑을 보여줌으로써 그리스도의 현존을 우리 삶 속에 반영한다. 그러므로 하나님의 형상은 어떤 부류의 사람들 안에서만 구현되고, 나머지 사람들에게는 부인되는 수용능력capacity이 아니다. 하나님의 형상 안에 있다는 것은 모두에게 가능하다. 흑인이든 백인이든, 남성이든 여성이든, 동성애자들이든 아니든, 결혼을 했든 안 했든, 모두에게 가능하다.

우리는 하나님에 대한 성경적 이해, 창조, 죄, 구원, 사랑으로 돌아가야 한다. 이것들 대신, 자연법과 편견으로 가득한 문화적 가정들에 의존하는 사람들은 복음의 기본 메시지를 뒤틀고 왜곡시킨다.

가난한 사람들과 억압받는 이들에 대한 하나님의 관심을 표현하는 구절들이 성경 속에 약 3천 개 있다.[103] 이와는 대조적으로 동성

103) 잡지 *Sojourners*의 편집인 Jim Wallis는 말하기를, "나는 성경에서 가난에 대해 말하는 3,000 구절을 무시할 수가 없다." Leslie Scanlon, "종교적인 우익의 모노로그는 끝났다, Jim Wallis 는 LPTS를 말한다," 장로교 전망, 4월 4일, 2005 참조.

애를 정죄하고 있다고 몇몇 사람들이 주장하는 구절들은 손가락으로 꼽을 수 있게 적은 숫자이다. 그것들 중의 어느 것도, 적절히 해석하면, 현대의 동성애 크리스천들에 대한 언급이 아니다.

관련된 성경의 유비

동성애자들을 받아들이는 것은 예수님의 삶과 사역이라는 렌즈를 통해 해석된 대로 성경의 중심 메시지에 근거를 두고 있다. 더군다나 특정한 성경 단락들은 교회가 마음을 바꾸어 전에는 불결하고 받아들일 수 없는 자들로 여겼던 사람들을 받아들인 것에 대해 보여준다. 아마도 가장 교훈적인 것이 사도행전 10장-15장의 긴 이야기일 텐데, 이 부분은 교회가 어떻게 마음을 열고, 유대인들과 똑같이 행동하기를 요구하지 않고, 하나님의 성령이 내린 이방인들을 받아들이게 되었는지를 기록하고 있다.

이 이야기는 보통 예루살렘 회의로 간주되는 모임인 사도행전 15장에서 정점을 이룬다. (나는 가끔 장로교인들에게 그것을 최초의 총회로 생각하도록 요청한다.) "바리새파" 출신의 어떤 사람들은 새로운 현실에 저항하며, 구원받기 위해서는 남자들이 할례를 받아야 하고 모든 사람이 모세의 법을 지켜야 한다고 주장했다(행 15:5).

그러나 베드로와 바울은 성령이 유대인이 아닌 사람들에게도 주어졌다는 이유만으로 이방인들을 교회로 받아들였다. 이 이방인들은 유대인 율법 중의 어떤 것도 만족시킬 필요가 없었다. 사실, 베드로는 예루살렘의 교회 지도자들에게 이렇게 촉구했다. "그런데 지금 여러분은 우리 조상들이나 우리가 다 감당할 수 없던 멍에를 제자들의 목에 메워서, 하나님을 시험하는 것입니까?"(행 15: 10).

그래서 그 회의 멤버들은 바울의 증언을 들었고 그런 다음 바울과 바나바의 증언을 들었다. 베드로는 그가 신들린 상태였을 때 그에게 임했던 환상에 대해 이야기했다. 하나님은 그에게 새로운 계시를 주셨는데, 하나님 앞에서는 정결한 사람과 정결치 못한 사람의 구별이 없다는 것이다. 이방인들은 부정한 사람들의 집단이 아니기 때문에, 교회에 온전히 참여하는 것에서 제외되어서도 안 되었다. 베드로는 말하기를, "인간의 마음을 아시는 하나님께서는, 우리에게 그러셨던 것처럼, 그들에게 성령을 주심으로써 그들을 증명하셨다. 그리고 믿음으로 그들의 마음을 정결케 함으로써 그들과 우리 사이에 구별을 없애셨다"(행 15:8-9). 바울과 바나바는 하나님께서 이방인들 사이에서 행하셨던 표적과 기적들에 대해 이야기했다. 하나님은 새로운 일을 하고 계셨던 것이다.

이방인들 사이에서 사역하던 사람들의 증언을 들은 후, 야고보는 권위 있는 해석을 내렸다. 그는 "우리가 주 예수의 은혜로 구원을 얻는다면, 그들도 꼭 마찬가지입니다"(15:11)라는 말로 베드로의 말에 무게를 실었다. 그는 새로운 현실이 성경적 유대교와 계속되는 것을 보았다. 야고보는 예언자 아모스(9:11-12)를 해석하고 하나님께서는 늘 이방인들의 개종을 목적으로 삼고 계셨다고 말했다. 그때 교회는 하나님이 계획하셨던 것을 경험했던 것이다.[104]

에모리대학교의 신학부 신약학 교수인 루크 티모시 존슨은 우리에게 이렇게 촉구한다. "제발 관건이 되는 점을 기억하십시오. 이방

104) Luke Timothy Johnson, 『성경과 분별: 교회에서 결정할 때』(Nashville: Abingdon Press, 1996), 90은 이렇게 말한다. "누가는 자신의 독자에게 하나님의 의도에 대해 의심치 않게 해주었다." 누가와 사도행전 시리즈에서 사도행전 10-15에 있는 많은 기대들을 이해하기 위해 89-90쪽을 보라. 107쪽에서, Johnson은 더 나아가 말하기를, "예수의 말씀과 성경은 믿는 자들에게 표준이 된다. 그러나 어떤 면에서는 그것들에 대한 새롭고 더 깊은 이해를 허락한다."

인들은 '태생적으로' 부정하고, '행위적으로' 우상숭배에 의해 타락했었다. … '그런 상태의' 이방인들을 받아들인다는 결정은 … 모세오경에 대한 공적인 해석과 하나님이 인간들에게 원하시는 것과 직접적으로 상충되었다."[105] 그래서 존슨은 동성애자들을 교회의 온전한 멤버로 받아들이는 것에 대한 문제가 "이방인들이 개종하기 시작한 후 초대 교회가 마주했던 문제와 비슷하다."고 주장한다.[106] 신약학자 제프리 사이커는 그 유사성을 받아들이면서, 자신의 증언을 이렇게 덧붙인다. "사도행전 10장에서 고넬료에 대한 베드로의 경험이 그로 하여금 이방인들조차도 하나님의 성령을 받는다고 깨닫게 했던 것처럼, 다양한 게이와 레즈비언에 대한 나의 경험은 나로 하여금 이 크리스천들이 게이와 레즈비언으로서 하나님의 성령을 받았고, 성령을 받는 것이 성적인 지향과는 아무 관련이 없다는 것을 깨닫게 했다."[107]

다음 장에서 우리는 이론적인 정형화가 아니라 실제 동성애자들과 교류해 볼 것이다. 실제 이 사람들은 사회로부터 계속되는 박해와 많은 크리스천 교회들의 잘못된 정책들에도 불구하고 예수 그리스도께 헌신하고 있음을 증거한다. 내가 아는 동성애자 크리스천들은 예수님께 대한 깊은 사랑과 결혼과 자녀 양육에 대한 깊은 헌신을 보여준다.

함께 그들을 알아봅시다.

---

105) Ibid. 147. Gagnon은 『동성애와 성경』, 43-44쪽에서, 성경이 이방인들을 그들의 존재 자체로도 그들의 행위에서도, 일관되게 죄인으로 규정하고 있다고 인정하지는 못한다. 그가 이방인 유입과의 유사성을 내켜하지 않는 것은, 동성애가 택해진 상황이라는 생각과 같은, 일련의 거짓된 가정들에 기초한다.

106) Johnson, 『성경과 분별』, 147. 더 나아가 89-108과 144-48도 참고하라.

107) Siker, "이방인 알곡과 동성애 크리스천," 146. 이 고백의 증보판을 보려면, Jeffrey S. Siker, "동성애 크리스천들, 성경, 그리고 이방인 유입: 회개하는 이성애자의 고백들," in Jeffrey S. Siker, ed., 『교회에서의 동성애』, 187-90.

6장

현실의 사람들과 결혼의 현실

고정관념과 기호화된 언어를 넘어서기

예수께서는 현실 속에서 사람들이 매일 수고하는 중에 만나셨다. 그러나 오늘날 교회에서는 동성애자들에 대한 우리의 논쟁들이 너무 자주 고정관념과 추상적 이론들과 풍자만화들caricatures로 가득 차 있다. 부주의한 언어 사용이 실제 사람들에 대한 우리의 인식을 왜곡시킨다. 예를 들어, "게이의 생활방식gay lifestyle"이라는 경멸적 표현을 살펴보자. 많은 사람들에게 그 말은 난잡함의 이미지들과 게이 행진 속의 이상한 행동들과 AIDS의 공포를 불러일으키는 기호이다. "게이의 생활방식"에 대한 정형화는 모든 LGBT인 사람들에게 적용할 수도 없고, 우리 교회의 신실한 멤버들로서 그저 교인으로서의 온전한 권리를 원하는 경건하고 크리스천인 동성애자들에게는 분명히 더 안 된다. 사람들이 "이성애자의 생활방식heterosexual lifestyle"에 대해 이야기하면서 모든 이성애들을 위한 모델로 하워드 스턴Howard Stern과 휴 헤프너Hugh Hefner를 이용한다면 나는 분명히 그것에 대해 분개할 것이다.

나는 또 내가 "지저분한 사소한 비밀"이라고 이름붙인 것에 대해 한 번 이상 들었다. 동성애에 대해 토의하던 중에 한 이성애자가, 마치 내게 사적인 비밀얘기를 하듯이 목소리를 낮춘다. 그런 다음 이렇게 말한다. "이 사람들은 충실한 단혼관계를 유지할 수 없다는 거 알죠. 그들은 유전적으로 난잡해요." 그러나 게이 커플과 이성애자 커플을 비교한 연구서들은 실제로 그들의 관계의 지속성에 별 차이가 없다는 것을 보여준다.[1]

생활방식이란 사람들이 택하는 어떤 것이다. 아마도 사람들 숫자만큼 다양한 생활방식이 있을 것이다. 성적 지향은 생활방식이 아니다. 거의 모든 게이와 레즈비언은 자신들의 성적 지향을 택한 것이 아니라고 말할 것이다.[2] 그들은 성적인 끌림을 경험하기 시작하는 어린 시절에, 단지 같은 성의 사람에게 성적으로 끌린다는 것을 발견하게 된 것이다. 어떤 이성애자들에게는 동성애가 선택한 "생활방식"이라고 치부하는 것이 용이하다.[3] 그래야 그들은 동성애자들을 현재의 모습 때문에 비난하고, 자신들과 다르게 창조된 사람들의

---

1) George Chauncey, *Why Marriage?* (New York: Basic Books, 2004), 133. "10년 동안 함께 산 커플에 대한 한 연구에 따르면, 헤어지는 비율이 이성 결혼 커플들의 경우 4%, 게이 커플은 4%, 그리고 레즈비언 커플은 6%인 것으로 나타났다. 다른 비교 연구들에 따르면 게이 커플간의 관계와 이성애 커플간의 관계 사이에 실제로 질적인 차이가 없는 것으로 나타났다.

2) David G. Myers and Letha Dawson Scanzoni, *What God Has Joined Together? A Christian Case for Gay Marriage* (San Francisco: HarperSan Francisco, 2005), 68: "과정에 상관없이, 일관된 유전적이고 신경적이고 생화학적인 발견물들이 생물적인 영향을 더 크게 평가하는 쪽으로 진자의 진동을 바꾸어 놓았다. 만약 생물학이 정말로 결정적인 것으로 판명된다면 (아마도 어떤 환경에서는 특히 그런 것으로), 우리의 성적인 지향은 선택으로 경험하는 것이 아닌 이유가 그렇게 설명될 것이다."

3) Chauncey, *Why Marriage?* 153: "동성애가 소수의 상태가 아니라 죄성의 선택이라는 믿음은 특히 근본주의 혹은 복음주의 세계관을 가진 사람들 사이에서 이야기된다."

실상을 다루지 않을 수 있게 된다.[4]

교회로서 우리는 게이와 레즈비언들의 난잡함을 개탄하면서, 동시에 그들이 크리스천 공동체의 인정과지지 가운데 안정된 가정을 꾸미고자 하는 사람들과 결혼할 권리를 부인하고 있다. 내가 풀러신학교에 있을 때, 나는 자신이 게이라는 사실을 나에게 믿고 털어놓은 미주리 노회 루터교단 출신 학생을 상담했었다. 그의 신학은 자신을 정죄했다. 그는 자신을 바꾸고 독신이 되려고 노력했지만, 이따금 그는 그것을 참을 수가 없었고, 게이 바에 가서 하룻밤 정사의 대상을 찾곤 했다. 나는 그가 자신의 성적 지향과 보수적 신학 사이의 충돌을 다루는 데 도움을 주고자 애썼다. 나는 그에게 많은 읽을거리를 주었다. 나는 그가 있는 그대로의 자신의 모습으로 사는 방법을 찾기를 바라며, 다른 신학적 견해들을 그와 나누었다. 어떤 것도 효과가 없었다. 그는 신학교를 그만 두었고, 그가 교사로 취직하고자 했을 때 나는 추천서를 써 주었다. 결혼의 주된 이유는 성적인 난교에 대안을 제공하는 것이라는 사도 바울과 깔뱅의 교훈들이 이런 상황에 적용되어야 한다.[5] 이성애자들 대부분은, 하나님으로부터 독신의 소명을 받지 않았는데도 불구하고 단지 사회가 그들에게 그런 독신의 삶을 배정한다면, 그다지 성공적으로 독신생활을 살아내지 못할 것이다.[6] 사회가 동성애자들의 길에 놓은 모든 방해물에도

4) Ibid., 152: "2004년 초에 행해진 주요 신도 재단Pew Foundation 연구에 따르면, 동성애 정체성의 변성mutability에 대한 개인적인 믿음 혹은 불신이 교육, 누군가 실제 게이를 아는 것, 또는 '일반적이고 이데올로기적인 믿음들'보다 게이들을 향한 사람들의 태도에 더 큰 영향을 끼치는 요소인 것으로 밝혀졌다."

5) 사도바울, 고린도전서 7:9: "절제할 수 없거든 결혼하십시오. 욕정에 불타는 것보다는 결혼하는 편이 낫습니다." 존 깔뱅, *Institutes of the Christian Religion* 2.8.41: "결혼의 동료애는 억제하지 못하는 정욕에 빠지는 것으로부터 우리를 구해주는 필수적인 구제책으로서 정해져 있다."

6) Heinrich Bullinger는 *Second Helvetic Confession*(1566)에서, "하늘로부터

불구하고, 너무나 많은 장기간의 단혼 파트너 관계를 형성한다는 것이 놀라울 따름이다.

성직자들의 성적인 비행

교회가 동성애자들에게 성적인 도덕성에 대한 성경적인 기준을 적용하려고 노력하면서도 현재 교회에 전염병처럼 번진 성직자들의 성적인 비행 문제에 대해 적절히 대응하지 않았다는 것은 아이러니다. 사제들과 개신교 목사들은 자신들의 교회와 지역에서 엄청난 정도의 힘과 영향력을 가지고 있다. 불행히도, 많은 사람들이 그 힘을 남용해왔다. 로마가톨릭교회는 성인 사제들이 그들의 힘과 특권을 이용해 어린 교구민과 성관계를 맺었다는 수천 건의 사건들 때문에 체제적인 위기에 직면하고 있다.[7]

많은 개신교 교단들처럼, 장로교 역시 목사들의 널리 퍼진 성적인 비행 때문에 곤욕을 치르고 있다(주로 결혼한 남자 목사들이 자신의 교회 내 여성 신도들과 성적인 추문을 만든다).[8] 장로교는 그런 행동을 수용할 수 없다고 분명히 밝히고, 그것을 신속히 보고하기

독신을 선물로 받은" 사람들을 칭찬하지만, 지혜롭게 말을 덧붙인다. "그러나 만약, 다시, 그 선물이 거두어졌다면, 그래서 계속적으로 욕정에 들끓는다면, 그들에게 사도 바울의 말을 상기하도록 하라: '욕정에 불타는 것보다는 결혼하는 편이 낫습니다'(고린도전서 7:9)."(신앙고백서, 5.245).

7) "Bishops Seek Easier Dismissal of Priests," *Los Angeles Times*, November 18, 1993을 참조하라. 이 기사는 또한 말해주길, "이 이슈에 대해 책을 집필한 Jason Berry는 [로마 가톨릭] 교회가 1984년부터 1992년까지 성직자 400명이 포함된 소송을 해결하느라 4억 달러를 썼다고 추정한다."

8) 미국 장로교의 50개 노회를 대상으로 한 1991년 5월 조사에 따르면, 성적 비행 sexual misconducts에 따른 소송 64개가 진행 중이거나 혹은 최근에 제기된 것으로 보고되었는데, 대부분 혼외 성관계에 연루된 목사들이 관련되어 있다. "Policy and Amendments Aim to Combat Sexual Misconduct," *Presbyterian Outlook*, January 6-13, 1992, 6을 참조하라.

위한 중요한 조치들을 취했다. 그러나 현재 장로교회 안에서, 여성 교인과 관계를 맺음으로써, 성경의 가르침과 그들의 결혼서약과 직분 안수 서약을 분명히 어긴 이성애자 남자 목사들은 개별적으로 다루어지고 있고, 늘 회복이 가능하다. 그러나 동성애자들의 경우, 교회는 그들 중 어느 누구도 집사나 장로, 혹은 말씀과 성례의 목사로서 섬기기 위한 직분 안수를 받을 수 없게 만드는 총괄적인 법을 만들고 있다.

결혼 목적의 진화

동성애자들에게 직분을 안수하는 문제는 결혼이라는 문제와 밀접하게 연결되어 있다. 대부분의 개신교 교단에서 그런 것처럼 장로교회에서도 목사 후보자들은 결혼을 했거나 독신일 것으로 기대된다. 그러나 게이와 레즈비언은 현재 교회에 의해 결혼이 금지되어 있기 때문에, 목회를 하고자 하는 게이와 레즈비언 후보자들에게 결혼이라는 결합을 통해 자신들의 섹슈얼리티를 표현할 가능성이 없다. 대신에 그들이 성직안수를 받고자 한다면 독신이어야만 한다. 이것은 분명히 이중 잣대이다. 단 하나의 공정하고 공평한 해결책은 **모든** 사람들에게 결혼이나 독신 중에 하나를 요구해야 하는 것이다.

어떤 특정 부류의 사람들을 결혼의 권리와 혜택으로부터 배제시키는 현재의 교회 정책은 신뢰를 잃은 많은 과거의 정책들을 되풀이하고 있는 것과 같다. 예를 들어, 3백 년 이상 동안 장로교의 유일한 교리적 기준이었던 웨스트민스터 신앙고백은 유효한 결혼을 오로지 장로교인들 사이에서만 가능하다고 선언했다: "그것만이 진정한 개혁주의 종교이기 때문에, 불신자나 교황 예찬론자들이나 다른 우상숭배자들과 결혼해서는 안 된다."[9] 그러나 1930년대에 이르러서는 장로교인들이 로마가톨릭 신자와의 결혼금지를 문제 삼기 시작하여 다음과 같이 주장했다. "많은 로마가톨릭 신자들이 우리 주 예수 그리스도의 참되고 지적인 신앙인들이다."[10] 후에 장로교인들은 웨스트민스터 신앙고백을 수정했는데, 교황을 적그리스도antichrist라고 했던 선언을 포함해서 로마가톨릭 신자들을 공격하는 문구들을 생략해버렸다.[11]

다른 인종들 사이의 결혼도 같은 길을 따랐다. 1948년에 캘리포니아 주 대법원은 각기 다른 인종들 간의 결혼을 금지하는 법을 뒤집은 최초의 주 법원이 되었다. 당시에는 48개 주 중에 40개 주가 다른 인종 간의 결혼을 금지했었다.[12] 결혼이란 같은 인종의 사람들끼리만 하는 것이라는 생각이 미국 사회와 교회들에 깊이 뿌리박힌 편견이었다. 다른 인종 간의 결혼을 허가하는 캘리포니아 주 대법원 결정은 당시에 논쟁거리였다.[13] 우리는 우리의 마음과 법을 더 낫게 바꾸었다.

결혼은 또한 여성들의 시민권과 인권을 제한하기 위한 방식으로 정의되어 왔다. 심지어 20세기 초까지도 많은 주에서, 여성들은 자신의 재산을 소유할 수 없었다. 결혼한 여성이 자신의 가족으로부터

---

9) 웨스트민스터 신앙고백서, 제24장, 3; in *The Confession of Faith of the Assembly of Divines at Westminster*, From the Original Manuscript Written by Cornelius Burges in 1646, ed. S. W. Carruthers (n.p,: *Presbyterian Church of England*, 1946).

10) *Minutes*, PCUSA, 1930, 87.

11) Jack Rogers, *Reading the Bible and the Confessions: The Presbyterian Way* (Louisville, KY: Geneva Press, 1999), 82 and 84.

12) "세 게이 커플이 결혼할 권리를 주장하다," *USA Today*, November 19, 1998, 7A.

13) Chauncey, *Why Marriage?* 62-63.

유산을 상속받으면, 그것은 남편 재산이 되었다. 여성들은 1920년까지도 국가의 선거에서 투표권이 허용되지 않았고, 고등교육을 받을 기회도 제한되었다. 여성들을 위한 정상적 상태란 결혼하고 자녀들을 낳는 것이었다. 그들은 조용한 배우자들이어야 했고, 모든 공적 기능들을 자신의 남편들에게 넘겼다.[14]

시간이 흐르면서 장로교 역시 결혼 목적에 대한 자체의 견해를 바꾸었다. 1930년대에도, 장로교는 결혼의 주된 목적을 자녀생산과 가정 창출, 사회의 안정성 유지로 정의했었다. 비록 장로교는 1930년에 여성들에게 장로가 되는 것을 허용했지만, 같은 해에 총회에 상정된 결혼에 대한 주요 보고서는 여성들에게 적절한 목표가 모성애라고 강조했다. 그 보고서는 대학들에게 "가정을 일구는 것에 대한 학문science of homemaking"에 좀 더 주의를 기울이도록 촉구하고, 결혼 목적은 자녀생산이기 때문에 피임제 사용에 대한 우려를 표명했다.[15]

1931년에 연방교회협의회Federal Council of Churches의 한 위원회는 산아제한의 인공적 방법들을 사용하는 것에 대해 고려했고, 남부 장로교PCUS는 분개하여 그 협의회에서 빠졌다. 북부 장로교PCUSA는 회원으로 남았으나 그 협의회에 "도덕적이고 미묘한 문제들에 대해 조용할 것을" 권했다.

그러나 1960년에, 장로교인들은 결혼의 주된 목적이 관련된 당

---

14) Stephanie Coontz, *Marriage, a History: From Obedience to Intimacy or How Love Conquered Marriage* (New York: Viking Penguin, 2005), 186: "13세기 영국 법학자 Henry de Bracton은 결혼한 커플은 한 사람이고 그 사람은 남편이다. Lord William Backstone이 1765년에 영국의 일반법을 성문화할 때 이 원칙을 재확인했다. … 아내의 법적인 정체성은 남편의 것에 포함('덮인다')된다는 이 포함의 정책은 식민지로 전수됐고 그 다음 150년 동안 미국법의 기초가 되었다." 115쪽과 194쪽을 참조하라.

15) *Minutes*, PCUSA, 1930, 79-82.

사자들의 상호 위로, 격려, 지지를 위한 것이라는 입장을 채택했다. 따라서 산아제한은 적절한 것이었다. 1960년에 좀 더 큰 남북의 장로교 교단들은 산아제한을 승인하는 연합 선언문을 내놓았다.[16]

남성 우월과 동성결혼 반대

결혼의 민법적 혜택들을 이성애 커플에게만 국한시키려는 최근의 법적 노력들은 결혼의 주된 목적이 자녀생산이라는 오래된 견해에 근거하고 있다. 예를 들어, 동성애 커플의 권리에 대한 사건에서, 버몬트 주 검찰 부총장 이브 제이콥스 카나한은 결혼의 목적이 생물학적 자녀생산이라고 주장하면서, 결혼의 권리를 이성애 커플에게만 국한시키는 것을 옹호했다.[17]

2000년 3월, 캘리포니아 주민들은 법규 22항, "결혼 옹호법"을 승인했는데, 그에 따르면 "오직 남녀 사이의 결혼만이 캘리포니아에서 유효하거나 인정된다."고 규정하고 있다. 이 법의 통과를 가장 열심히 몰아붙인 단체들이 몰몬교와 로마가톨릭이었다. 몰몬교는 1990년대에 다른 주들에서 결혼 제한 법안 발의를 위한 기금조성의 40퍼센트를 기부했던 것으로 전해지고 있다.[18] 몰몬교와 로마가톨

---

16) Benton Johnson, "오래된 의제agendas에서 새로운 의제까지: 20세기의 장로교인들과 사회적 이슈들," in *The Confessional Mosaic: Presbyterians and Twentieth-Century Theology*, ed. Milton J Coalter, John M. Mulder, and Louis Weeks (Louisville, KY: Westminster John Knox, 1990), 220.

17) CNN.com, November 18, 1998. "세 게이 커플," 7A. Chauncey, *Why Marriage?* 131, 매사추세트 케이스의 법정조언자 브리핑에 따르면, "출산할 능력도 의지도 결혼을 하는 조건이 되지는 않고, 아이를 가지지 못하는 것이 결혼을 끝내는 법적 기초가 되지도 않는다. 제정법과 판례법 둘 다 보여주는 것은, 결혼이 대신에 어떤 관계적인 권리와 의무를 확립하는 것이고 이것들은 '감정적이고 성적이 친밀함, 정절과 헌신의 맹세, 그리고 경제적인 자산과 지원의 공유에 대한 개인의 기대를 지지하기 위해' 고안되었다."

릭은 둘 다 여전히 여성들이 교회생활에 완전히 참여하는 것에 반대하고 있다. 그들에게 결혼의 주된 목적은 여전히, 여성에게는 자녀생산과 양육이고, 남성은 공적 리더십을 행하는 것이다. 그들은 이런 식으로 결혼을 정의함으로써 자신들의 기득권을 지키고, 또한 그들 자신의 제한된, 그리고 다른 사람들을 제한시키는 입장을 유지한다.[19]

이미 우리가 논의한 대로, 남녀평등을 반대하는 것과 동성애를 반대하는 것 사이에는 강한 연결고리가 있다.[20] 많은 종교적 보수주의자들은 가부장제 가족 구조를 교회와 국가의 안정에 열쇠가 되는 것으로 본다.[21] 이런 견해에서, 가부장제와 애국심과 기독교는 하나의 깃발 아래 뭉치며, 그 깃발은 동성애에 대한 모든 논의 위에서 휘날린다. 동성애와 여성평등은 둘 다 남성 우위의 모델을 위협하는 것으로 간주되며, 확대하면 교회와 국가에 위협이 되는 것으로 간주된다. 결혼의 중요 목적이 자녀생산이라고 주장하는 것은 가부장제 가족구조의 가치를 믿는 사람들의 이익에 봉사하게 되는데, 왜냐하면 그것이 여성들에게는 제한적이고 종속적인 역할을 부과하며, 게이들과 레즈비언들이 결혼하지 못하도록 막기 때문이다.[22]

---

18) Christopher Calhoun, 공공정책 옹호, L. A. 게이와 레즈비언 센터, *Los Angels Times*에 보내는 편지, July 24, 1999, B7에서.

19) Chauncey, *Why Marriage?* 86.

20) "현대의 동성애자 차별이 취하는 특정한 형태는 주로 성차별에서 기인한다." Dale B. Martin, "*Arsenokoites and Malakos*: 의미와 결과들," in *Biblical Ethics and Homosexuality: Listening to Scripture*, ed. Robert L. Brawley (Louisville, KY: Westminster John Knox, 1996), 129.

21) Chauncey, *Why Marriage?* 147.

22) Anna Quindlen, "Now Available: Middle Ground," *Newsweek*, July 11, 2005, 74. 임신을 막는 "경구피임약(morning-after pill)에 대한 저항을 논하면서, 퀸들런은 말하기를 "강력한 종교적인 권리의 발현과 정의에 찬 분개가 여성의 삶의 변화에 의해 가열되어 왔다.… 낙태 숫자를 눈에 띄게 감소시키는

제리 팔웰은 베스트셀러가 된 그 자신의 책 "미국이여 들으라! *Listen America!*"에서 성 역할의 변화와 게이들과 레즈비언들의 수용은 한 동전의 양면과 같다고 경고했다. 팔웰은 이렇게 주장했다. "하나님께서 고안하신 대로, 남자와 여자가 그들 자신의 적절한 역할을 받아들인다면, 우리는 동성애 운동에 관해 현재와 같은 도덕적 위기를 겪지 않았을 것이다.… 크리스천 가정에서 아버지는 영적 통제를 행하고 아내와 자녀들의 머리가 될 책임이 있다.… 크리스천 가정에서 여성은 순종해야 한다.… 동성애는 가정, 즉 하나님의 창조질서에 대한 사탄의 악마적인 공격이다."[23]

2003년에, "가족에 집중하라Focus on the Family"라는 단체에서 사회적 연구와 문화적 문제의 책임을 맡고 있는 글렌 스탠튼은, 게이들과 레즈비언들이 결혼할 수 있게 허락되면, "'남편'과 '아내'라는 단어는 아무 의미가 없는 말들이 될 뿐이다. 젠더는 아무것도 아니게 될 것이다."[24]라고 경고했다. 남편들이 아내들보다 우월한 역할을 한다는 것이 보수적인 "결혼 방어"에 필수적이다. 같은 성별의 두 사람이 결혼하도록 허락되면, 사람들이 결혼관계에서 남녀 역할에 관해 조금 더 평등하게 생각해왔기 때문에 지난 30년간 계속된 결혼의 변화를 승인해주는 것이 될 것이다.

"가족에 집중하라"(와 그것의 정치적 무기인 "가족에 집중하라 행동")의 창설자 제임스 돕슨James Dobson은 아마도 '남성 우월의 엄

것으로 나타난 용이한 피임약 사용이 환영받는 발전이 아니라면, 반낙태운동의 진정한 의미는 무엇인가? 생명을 지키기 위함인가, 아니면 생물학은 숙명이고 모성애는 취미가 아니라 의무라고 믿었던 구시대적 현상을 지키기 위함인가? 미국은 낙태 비율 면에서 그 분야 산업세계를 선도하고 있다. 아마도 그것은 위선에서도 선도적이기 때문이다."

23) Jerry Falwell, *Listen America!* (New York: Bantam Books, 1981), 159.

24) Chauncey, *Why Marriage?* 148에서 재인용.

격한 아버지 모델'이 가정과 교회와 국가의 이상이라고 주창하는 가장 큰 목소리일 것이다.[25] "유에스 뉴스 앤 월드리포트*U.S. News & World Report*"는 돕슨을 "미국의 5천만 명의 강력한 복음주의 크리스천들 중 가장 잘 알려진 리더"라고 불렀다.[26] 돕슨과 그의 추종자들에게 가장 중요한 두 가지 정치적 이슈는 낙태에 대한 반대와 게이 레즈비언의 결혼에 대한 반대이다. (이 두 가지 우선적 이슈들이 전통적인 젠더 역할을 강화하기 위해 어떻게 이용되는지 주목하라). 그는 "여러분이 가장 중요한 문제들을 결정해야 한다.… 그것이 우리를 극단적인 사람들처럼 보이게 만든다면, 나는 피하지 않겠다."[27] 라고 선언한다.

돕슨은 "우리는 가정이라는 기관에 정조준하고 있는 문화전쟁에 연루되어 있다."[28]고 선언했다. 가정을 향한 이 공격이 누구 책임인가? 돕슨의 "가족에 집중하라"에 실린 이야기들을 들어보라: "지난 40년 이상 동안, 동성애 운동가들은 가정의 완전한 파괴를 목표로 한 거대한 계획을 수행해왔다."[29] "그들은 단지 결혼을 원하는 게 아니다. 그들은 우리가 알고 있는 모습의 결혼과 가정을 파괴하기 원

---

25) Dobson은 자신의 책 *Dare to Discipline*으로 사우스 캘리포니아대학교에서 아동 발달을 가르치면서 처음으로 대중의 주목을 받게 되었는데, 그는 부모들에게 "아이가 진짜로 울게 만들 정도로 강하게" 자녀들을 때리도록 북돋우고 있다. James Dobson, *Dare to Discipline* (Wheaton, IL: Tyndale House Publishers, 1970), 35을 보라.

26) Dan Gilgoff, "한 복음주의 지도자가 정치적인 링으로 똑바로 걸어 들어간다," *U.S. News & World Report*, January 16, 2005, 62.

27) *U.S. News & World Report*, January 17, 2005, 69.

28) David Van Biema, "미국에서 가장 영향력 있는 25명의 복음주의자," *Times*, February 7, 2005, 36.

29) Dr. James Dobson, *Focus on the Family Newsletter*, April 2004 (2백만 명 이상의 사람들에게 우송되고 있다). Jeff Lutes, *A False Focus on My Family* (Lynchburg, VA: Soulforce, 2005), 6에서 재인용.

한다."[30] "한 남자와 한 여자의 전통적인 결혼은 동성애 결혼과 같이 존재할 수 없다. 그것은 가정을 파괴할 것이다."[31] 돕슨의 말들을 면밀히 살펴보면, 그의 실제 목표는 사회 안의 젠더 역할에 어떤 변화가 생기는 것에 반대하여 싸우는 것이다. 동성결혼, 페미니즘, 그리고 기존의 결혼의 목적에 생기는 어떤 종류의 진화도 모두 전통적이며 이성애적이고 남성 우월의 가정과 사회에 위협이 되는 것으로 본다.

돕슨에게 남성 우월이 얼마나 중요한지를 보여주는 뚜렷한 사례가 있다. 돕슨은 당시 인기 있는 NIV 성경(New International Version)의 "포괄적 젠더 표기gender-inclusive" 제안에 대해 그 신뢰성을 묻는 광고를 크리스천 잡지들에 냈었다. 그 제안이란 "남자mankind"라는 말처럼 특정한 성을 드러내는 단어들을 "사람들people"처럼 성 중립적 언어들로 대체하려는 제안이었다. 1997년 3월 29일, 보수적인 잡지 "세계*World*"의 커버스토리에서 수잔 올래스키는 NIV 번역가들이 대명사와 젠더 표기를 바꿈으로써 복음주의 교회의 "여성주의적 유혹"을 대표하는 성경개정판을 만들려고 음모를 꾸미고 있다고 보고했다.[32] 그 잡지에서, 돕슨은 NIV 번역위원들을 공격했다. "성경번역위원회와 존더반출판사Zondervan Publishing House가 하나님 자신의 영감에 찬 언어들을 편집하고 있다.… 성경본문에서 젠더 구별을 없애고 원래 문서에 없던 언어들을 끼워 넣으려 한다."[33] 그는

30) 가족에 초점 맞추라, CitizenLink, *Q&A: The Homosexual Agenda*, July 25, 2003. Lutes, *A False Focus*, 6에서 재인용.

31) "결혼을 위한 전투," 700개 이상의 교회에게 보내는 텔레비전 라디오 동시방송, May 23, 2004. Lutes, *A False Focus*, 6에서 재인용.

32) Susan Olasky, "팜므파탈," *World* 12, no. 2 (March 29, 1997): cover story. J. Lee Grady, "EPA Panel Rebukes World," *Christian Today*, August 11, 1997, 58.

33) James C. Dobson, "시대정신에 놀라: 성경을 다시 쓰기위해 페미니즘 압력

선언했다. "솔직히 성경번역위원회나 다른 어떤 단체가 이스라엘의 거룩한 분의 말씀을 편집하면서 정당함을 느낀다는 것에 숨이 막힌다."

돕슨은 11명의 사람들—NIV 성경번역과 출판에 관련된 4명과 포괄적 젠더 표기에 대해 비판적인 7명—을 번역에 관한 회의에 초대했다. 그 중에는 철저한 가부장제를 주장하는 단체인 "성경적인 남성과 여성 협의회" 지도자들과 여성에 대안 목사안수를 반대했던 교단들의 대표들이 포함되어 있었다. 그 단체는 13개의 "성경 속의 젠더 관련 언어에 대한 번역을 위한 지침들"을 만들었는데, 무엇보다 "남자man"라는 용어는 인류 또는 인간에 대한 명칭으로 사용해야 한다고 요구했다.[34] 이런 비판 때문에, 국제성경공회와 존더반출판사는 제안했던 NIV 성경번역을 취소할 것이라고 선언했다.[35]

많은 보수적인 크리스천 학자들은 돕슨이 소집했던 그 집단이 만든 "번역 지침들"을 의심쩍은 눈으로 보았다. 그들은 번역의 정확성에 대한 이슈들이 남성 우월의 전통적이고 문화적인 입장을 유지하려는 시도 때문에 혼란스럽게 된 것에 애석해했다.[36] 고든콘웰신

에 항복하지 마라," *World* 12, no. 7 (May 3, 1997).

34) Doug Le Blanc, Steve Rabey와 함께, "성경 번역가들은 젠더 의제Gender Agenda를 부인한다," *Christian Today,* July 14, 1997, 62-63.

35) "보수적인 크리스천들의 항의가 새로운 성경의 취소를 강요한다," *Los Angeles Times,* May 31, 1997, B4. *World* 12, no. 10 (June 14, 1997)는 "비밀 성경에서 벗어나기"라는 제목의 이야기를 싣고 있다. 사실, 존더반 출판사는 번역작업을 계속했고 2005년에 TNIV, 즉 현대 영어로 젠더를 포함한 언어를 사용한, 오늘날의 New International Version을 만들어냈다. 온건파 복음주의자들은 그 번역본을 칭찬한 반면 돕슨과 더 극단적인 근본주의자들은 상대적으로 조용했다. "새 성경이 젊은이들을 얻으려 노력하고 있다, 비평가들은 피하며," in *Christian Century,* March 8, 2005, 14-15를 보라.

36) Aida Besancon Spencer, "권력놀이," *Christian Century,* July 2-9, 1997, 618-19.

학교의 신약학자 아이다 베산콘 스펜서는 "실제로, 그 지침들은 성경본문의 정확성과 성경이 선포하는 복음을 왜곡시키면서까지 권력에 집착하는 남성들의 시도를 보여준다."[37]고 썼다. "크리스천 투데이*Christian Today*"라는 잡지의 사설은 복음주의자들이 "근본주의적인 정치적 바로잡기"라는 새 국면으로 들어서고 있는지를 물었다.[38]

번역 지침에 대한 돕슨의 특별위원회의 견해들에 대해 다른 보수적 크리스천들이 "언어학적으로 또한 해석학적으로 고지식하고 부정확하다"고 비난했을 때, 돕슨은 솔직히 인정했다. "나는 성경학자가 아니다. 나는 [이런 이슈들]에 대해 논쟁할 학문적 자격도 없다."[39] 그럼에도 불구하고 그는 이상적인 미국 가정에 대한 자신의 비전을 지킨다는 명분으로, 마치 그것들이 성경적으로 정확한 것처럼, 자신의 문화적인 편견들을 계속해서 주장했다.

돕슨은 그 자신의 저술들을 통해서 가정도 결혼도 성경도 옹호하지 못하고 있다는 것에 주목하는 것이 중요하다. 그는 남성의 특권과 권력을 옹호하고 있다. 돕슨은 이렇게 말했다. "하나님께서는 남자를 그의 가정의 공격자, 제공자, 리더가 되도록 설계하셨다. 어쨌든 그것이 남성의 성적 충동과 연결되어 있다."[40]

돕슨의 접근방법은 하나님께서 여자들과 남자들 모두에게 부여하신 은사들의 온전한 표현을 부인한다. 하나의 교회로서, 우리가 유색인들, 여성들, 장애인들, 젊은이들, 노인들, 동성애자들의 생각과 경험을 포함시킬 때, 우리는 모두 놀랍도록 부유하게 된다.

---

37) Ibid.

38) Michael G. Maudlin, "Inside CT," *Christian Today* 41, no. 8 (July 14, 1997): 4.

39) Dobson, "시대정신에 놀라."

40) Martin E. Marty, "책으로 그것을 하라," *Christian Century*, May 3, 2005, 47에 서 재인용.

과학에 반대하기

돕슨은 사우스캘리포니아대학교에서 아동 발달로 박사학위를 취득했음에도 불구하고, 결혼과 가정과 사회의 남성지배 모델에 대한 자신의 견해를 지키기 위해 훌륭한 과학적 연구들과 전문적이며 과학적인 기관들의 판단을 거부한다.[41] 그의 입장은 과학적이고 의학적인 전문기관과 어김없이 부딪친다. 예컨대, 돕슨과 그가 의지하는 극소수의 보수적 크리스천 기관들[42]은 동성애가 정신적 질병이라고 주장한다.[43] 그러나 미국정신의학회American Psychiatric Association는 1973년에 더 이상 동성애를 정신적 질병으로 간주하지 않는 것에 찬성했고, 미국심리학회American Psychological Association도 1975년에 비슷한 행동을 취했다.[44]

---

41) Family.org: A Web site of Focus on the Family. http://www.family.org/welcome/bios/A0022947.cfm.

42) Focus on Family는 "동성애로부터의 자유는 가능하다"라는 자신들의 주장을 지지하기 위해 다음의 단체들과 함께 *USA Today*에 전면 광고를 실었다: National Association for Research and Therapy of Homosexuality; Exodus International, North America; Parents and Friends of Ex-Gays; Evergreen International; Transforming Congregations; International Healing Foundation; JONAH(Jews Offering New Alternatives to Homosexuality); and New Life Clinics.

43) James Dobson, "동성애의 기원," *Bringing Up Boys* (Wheaton, IL: Tyndale House Publishers, 2001), 115; Lutes, *A False Focus*, 4에서 재인용. 미국정신의학회(American Psychiatric Association), *Position Statement on Homosexuality*, 2000: "APA는 동성애가 그 자체로 진단가능한 정신적 질병이 아니라는 1973년 입장을 재확인한다. 동성애를 고칠 수 있다고 주장함으로써 다시 병리화시키려는 최근의 공론화된 노력들은 종종 면밀하게 진행된 과학적 혹은 정신의학적 연구에 의한 것이 아니라, 흔히 게이와 레즈비언들에게 온전한 시민권을 주는 것에 반대하는 종교적이고 정치적인 힘에 의한 것이다."

44) H. Newton Malony, "정신건강 전문인들 사이에 동성애를 대하는 태도의 변화: 목회 상담자들이 알아야 하는 것," in *Pastoral care and Counseling in Sexual Diversity,* ed. H. Newton Malony (New York: Haworth Press, 2001), 24.

진짜로 이제 동성애는 정신적 질병으로 간주되지 않는다. 정신적 질병으로 기술되기 위한 정신 상태는, 그것이 규칙적으로 감정적 고통을 일으키거나 임상적으로 사회적인 기능에서 뚜렷한 장애가 규칙적으로 나타나야 한다.[45] 1994년, 미국정신의학협회와 미국심리학협회는 이렇게 발표했다: "동성애에 대한 연구는 아주 분명하다. 동성애는 정신병도 아니며 도덕적 타락도 아니다. 그것은 단순히 우리 중 소수가 인간의 사랑과 섹슈얼리티를 표현하는 방식이다. 수많은 연구들이 게이와 레즈비언들의 정신적 건강에 대한 증거를 제공하고 있다. 판단력, 안정성, 신뢰성, 그리고 사회적이고 직업적 적응력에 대한 연구들이 모두 게이와 레즈비언들이 모든 면에서 이성애자들만큼 잘 기능하고 있다는 사실을 보여준다."[46]

돕슨과 그의 동료들은 "동성애는 젠더 정체성 장애"[47]라고 비난한다. "동성애는 남성성 열등감"으로서, 감정 과잉에 연루된 엄마와 표현 결핍의 고립된 아빠를 가졌던 결과라는 것이다.[48] 돕슨의 주장은 사실이 아니다. 1981년에, 신장 연구소Kidney Institute의 연구진은 여성과 남성의 성적인 선호도에 대한 광범위한 연구 결과들을 출판했다. 그들은 거의 천 명의 동성애자들과 오백 명의 이성애자들과 긴 인터뷰를 실시했다. "조사자들은 동성애에 대해 생각할 수 있는 거의 모든 심리학적 원인—부모와의 관계, 아동시절 성적인 경험, 친구 관계, 데이트 경험—을 평가했다. 그들은 다음과 같은 것을 발

45) 더 깊은 토의를 위해, "게이와 레즈비언 이슈: 배경과 순서적인 정보," http://www.psych.org/public_info/homose-1.cfm을 참조하라.

46) American Psychological Association Statement on Homosexuality, July 1994.

47) Dr. Joseph Nicolosi, Focus on the Family가 개최한 "Love Won out" 컨퍼런스, Oklahoma City, 2003; Lutes, *A False Focus*, 4에서 재인용.

48) Ibid.

견했다: 동성애자들의 불순응nonconformity이 좀 더 컸던 것 이외에는, 동성애자들과 이성애자들의 배경들은 비슷했다. 동성애자들이라고 해서 엄마의 사랑에 더 질식되지도 않았고, 아버지들에 의해 버림받지도 않았고, 성적으로 학대당하지도 않았다."[49] 미국정신분석학회American Psychoanalytic Association는 동성애 정신질환자들의 치료에 대한 입장 발표문(1997년)에서, 돕슨의 태도는 그들을 치유하기보다 오히려 문제를 만들 수 있다고 지적했다: "동성 간의 성적 지향은 인격발달에서 어떤 결핍이나 정신병리적 증상의 표현을 나타내는 것으로 생각할 수 없다. 모든 사회적 편견과 마찬가지로, 반동성애 편견은 정신 건강에 부정적 영향을 끼치고, 그런 편견의 내재화를 통해 동성 간의 성적 지향을 가진 사람들에게 지속적인 치욕감과 깊이 배인 자기-비판을 형성하게 한다."[50]

결혼과 가정생활과 관련한 동성애에 대한 돕슨의 견해는 미국인류학회American Anthropological Association의 최근 선언문에 의해 반박되었는데, 이 학회는 문화를 연구하는 학자들의 기관들 중 세계 최대 규모이다. 2004년에 이 학회는 "결혼과 가정에 대한 선언문"에서 다음과 같이 선언했다.

> 인류학이 여러 문화들과 역사에 걸쳐, 가족, 친척관계, 가정에 대해 한 세기 이상 연구한 결과는, 문명이나 생존 가능한 사회질서가 오직 이성애적 기관으로서의 결혼에 의존한다는 견해에 대해 어떤 뒷받침도 하지 않는다. 오히려, 인류학적 연구는 동성 파트너십 위에 세워진

---

49) David G. Myers, 발췌문, *Psychology,* 7 th ed. (New York: Worth Publisher, 2004). www.davidmyers.org, p. 2에서 이용 가능함.

50) 미국정신분석학회, "동성애 정신질환자들 치료에 관한 입장 발표문," http://www. apsa.org/pubinfo/homosexuality.htm.

가정을 포함해, 다양한 결혼 형태가 안정적이며 인간적인 사회에 공헌할 수 있다는 결론을 뒷받침한다. 미국인류학회 실행위원회는 결혼을 이성애 커플에게 국한시키는 헌법 수정안에 반대한다.[51]

2004년 9월, 미국의 결혼과 가족 치료학회American Association for Marriage and Family Therapy의 연차 대회는 다음과 같이 발표했다. "우리는 동성 커플 또는 가족이 열망과 희망과 목표라는 점에서, 또는 자녀를 위한 결과에서 이성애 커플 또는 가족과 크게 다르다는 증거를 찾지 못한다."[52]

"동성애 연구 및 치료를 위한 전국연합National Association for Research and Therapy of Homosexuality"의 회장인 동시에 돕슨이 후원하는 컨퍼런스들의 단골 연설자인 조셉 니콜로시는 동성애가 형편없는 부모들의 양육 탓에 야기되기 때문에 막을 수 있고 치료될 수 있다는 프로이드의 입장을 분명히 했다.[53] 니콜로시는 말했다: "우리는 부모들이 분명하고 일관된 메시지를 사용하기를 충고한다: '우리는 너의 나약함을 받아들일 수 없다. 너는 남자이고, 하나님께서 너를 남자로 만드셨다. 남자라는 것은 특별한 것이다.' 부모들이 이렇게 할 때, 특히 아버지들이 그 아들들을 되돌릴 수 있다."[54] "가족에 집중하라Focus on Family"는 동성애를 막을 수 있고 치유할 수 있다는 점을 장려하고 있다.…개인은 게이가 될 필요가 없다."[55]

---

51) 미국인류학회, "결혼과 가족에 대한 선언문," http://www.aaanet.org/press/ma_stmt_marriage.htm.

52) Lutes, *A False Focus*, 7에서 재인용.

53) Joseph Nicolosi, *Reparative Therapy of Male Homosexuality* (Northvale, NJ: Jason Aronson, 1991). 프로이드는 이 책에서 제일 많이 인용된 작가이다. 배경에 대해 더 깊이 알고 싶다면, Myers and Scanzoni, *What God Has Joined Together?* 72-73을 보라.

54) Nicolosi, "Love Won Out," 2003; Lutes, *A False Focus*, 10에서 재인용.

이 입장에 반대하여, 미국소아과학회American Academy of Pediatrics는 말했다: "오직 성적 지향을 바꾸려고 행하는 치료는 금지해야 한다. 왜냐하면 성적 지향을 바꿀 가능성이 거의 없으면서 죄책감과 걱정을 유발할 수 있기 때문이다."[56] 미국정신과학회, 미국카운슬링학회, 미국사회복지사학회 역시 "가족에 집중하라"의 입장에 반대하고, 동성애자들은 그들의 성적 지향을 바꾸어야 하고 또 바꿀 수 있다는 전제에 비판적이다.[57] 이 기관들은 477,000명 이상의 건강 또는 정신건강 전문가들을 대표한다. 집단적으로 그들은 "동성애는 정신적 질병이 아니므로 '치료'될 필요가 없다"는 결론에 도달했다.[58]

돕슨과 그의 동료들은 동성애자들에 대한 가장 최악의 그림을 그린다. 그들은 동성애자들을 매춘부들, 소아 성욕자들, 간음자들 그리고 성적으로 동물을 선호하는 사람들에 비유한다.[59] 그들은 동

---

55) Nicolosi, "Love Won Out," Focus on the Family Web site; Lutes, A False Focus, 10에서 재인용. 미국정신의학회, Position and Therapies Focused on Attempts to Change Orientation (Reparative or Conversion Therapist), 2000년 5월 총회에 의해 승인되었고, 다음과 같이 말한다. "미국정신의학회는 '복구하는' 또는 바꾸는 치료와 같은 어떤 정신의학적 치료도 반대한다. 왜냐하면 그것은 동성애 그 자체가 정신적 질병이라는 가정에 기초하거나 환자가 그의/그녀의 성적인 동성애적 지향을 바꾸어야 한다는 우선된 가정에 기초하기 때문이다."

56) 정책선언문: "동성애와 사춘기," 미국 소아과학회, 1993, http://www.clgs.org/5/_6_1.html.

57) 미국정신의학회, Position and Therapies; Lutes, *A False Focus*, 11에서 재인용.

58) "성적 지향과 청년기에 대한 사실들: 교장들, 교육자들, 그리고 학교 직원들을 위한 입문서," APA Online (American Psychological Association, Public Interest Directorate), http://www.apa.org/pi/lgbc/publications/justthefacts.html.

59) Gil Alexander-Moegerle, *James Dobson's War on America* (Amherst, NY: Prometheus Books, 1997).

성애자가 온전히 건강한 사람이 되는 것은 가능하지 않다고 주장한다.[60] 그들은 난잡함이라는 단어가 남성 동성애자들을 정의하는 특징이라고 단언한다.[61] 이런 주장들 가운데 어떤 것도 객관적 연구를 통해 증명되지 않는다. 충실하고 헌신된 관계 속에서 살고 있는 실제의 크리스천 게이들과 레즈비언들은, 돕슨의 풍자만화caricatures와 전혀 다르다.

19세기에 진화론에 반대하던 찰스 호지를 연상시키는 글에서, 제임스 돕슨은 이렇게 말했다. “과학은 그것이 윤리적 원칙의 경계를 존중하는 한 놀랍도록 선한 도구가 될 수 있다.”[62] 호지는 주장하기를, 과학이 그가 신봉했던 스코틀랜드 상식철학에서 떠났을 때 무시되어야 한다고 했다. 이와 비슷하게, 돕슨은 자신이 신봉하는 근본주의적 세계관에 맞지 않는 모든 과학적 연구들을 거부한다.[63]

난폭한 수사학

종교 근본주의자들이 동성애를 반대하는 것은 단순히 다른 생각의 문제가 아니다. 근본주의자들의 반대는 어조가 종종 노골적이고 난폭하다. “가족에 집중하라”는 이렇게 말한다. “동성애 문제는 짐

60) Nicolosi, Focus on the Family가 개최한 “Love Won out” 컨퍼런스, Lutes, *A False Focus*, 12에서 재인용.

61) Straight Answers, Exposing the Myths and Facts about Homosexuality, Focus on the Family의 Love Won Out 시리즈, p. 12; Lutes, *A False Focus*, 12에서 재인용.

62) 미국방식을 위한 사람들, “우익 감시 온라인,” 11월12일, 1999: “11월: 과학, 동성애, 그리고 APA에 대한 공격,” http://www.pfaw.org/pfaw/general/default.aspx?oid=3546.

63) Jack B. Rogers and Donald K. McKim, *The Authority and Interpretation of the Bible: An Historical Approach* (San Francisco: Harper & Row, 1979), 296-97.

승과 같다. [그것은] 우리 아이들을 원한다.… 그들과 그 문제 사이에 있는 유일한 것은… 이 나라에서 유대교와 크리스천의 공통적인 가치를 믿는 우리들이다."64

2004년에 텔레비전 복음 전도자 지미 스웨거트는 그의 시청자들에게 이렇게 말했다. "나는 내 인생에서 내가 결혼하고 싶었던 남자를 본 적이 없다.… 나는 솔직하고 분명하다. 누군가가 나를 그런 식으로 본다면, 나는 그를 죽이고, 그는 죽었다고 하나님께 말할 것이다.… 누군가 모를지도 모르니 하는 말인데, 하나님은 그것을 가증스러운 것abomination이라고 하셨다."65

놀랍게도, 이런 폭력적 언어들과, 매튜 쉐파드 살인murder of Matthew Shepard처럼 게이들과 레즈비언들을 향해 계속되는 물리적 폭력 중에도, 전국종교방송인연합(약 1,600명의 기독교 라디오 및 TV 방송인들을 포괄하는 단체)과 같은 보수적인 단체들과 정치적으로 영향력이 있는 가정연구협의회Family Research Council는 게이와 레즈비언의 보호를 포함하는 증오 범죄 법안hate-crime legislation의 통과를 **반대하기** 위해 실제로 많은 사람을 동원했다.66

---

64) Focus on the Family, *Citizen* magazine, January 2003; Lutes, *A False Focus*, 8에서 재인용. 또 다른 경우는 Focus on the Family의 대변인 Dr. Maier가 Pete Winn과 인터뷰에서, "내 생각에, 신앙인으로서 우리는 늘 동성애자 개인—하나님이 너무나 소중히 사랑하시고 그의 이미지로 만들어진—과 사탄의 도구라고 생각되는 게이 활동가의 운동을 구분해야 한다"라고 말한 것이다.(*The Unhappy Truth about Being Gay,* Focus on the Family's Citizenlink, July 16, 2004).

65) David Batstone, "Jimmy Swaggart가 교회에 말합니다, 그가 게이들을 죽일 거라고," September 22, 2004, http://www.sojo.net.

66) Christ Hedges, "그리스도의 군사들 II: 전국의 종교 방송인들(National Religious Broadcasters)과 증오를 느끼며," *Harper's Magazine*, May 2005, 57. NRB의 새로운 회장인 Frank Wright는 말하기를, "우리는 공정함의 교리와 이빨과 손톱으로 싸울 것이다. 우리가 그러지 않는다면, 우리가 알고 있는 크리스천 방송은 끝나게 될 것이다."

그런 폭력적 태도에 대해, 코레타 스콧 킹Coretta Scott King은 이렇게 말했다. "동성애 공포증homophobia은 인종차별과 반유대주의와 온갖 형태의 편협성, 즉 큰 무리의 사람들을 비인간화시키고, 그들의 인간성과 존엄성과 인격을 부인하는 것과 같다."67

나는 복음주의 윤리학자 고 루이스 스메드즈Lewis B. Smedes의 분별력 있는 견해에서 큰 지혜를 찾았는데, 그는 이렇게 물었다: "동성애자가 아닌 사람들에게 동성애자가 무슨 위험을 초래하는가? 어떤 사람들은 그들이 가족에 위협이 된다고 말하지만, 어느 누구도 어떻게에 대해서는 말하지 않는다. 어떤 사람들은 그들이 우리 아이들을 해칠지도 모른다고 두려워하지만, 그들이 이성애자들보다 더 그럴 거라고 보여주는 어떤 사실들도 제시되지 않았다. 동성애자들이 우리 가정에 침입하겠다고, 우리의 재산을 훔쳐가겠다고, 우리의 딸들을 강간하겠다고 위협하는가? 우리가 알고 있는 것은 동성애자 남자들이 단지 게이라는 이유로 이성애자들에 의해 살해되었다는 사실이다. 우리가 또 알고 있는 것은 이성애자가 게이가 아니라는 이유로 살해되었다는 기록은 없다는 사실이다. 그런데 도대체 왜, 폭력과 굶주린 아이들과 잔인한 폭정과 자연재해가 넘쳐나는 이 세상에서, 크리스천들은 우리 중에 있는 아무런 해를 끼치지 않고 종종 선을 행하는 게이들과 레즈비언들에 대해 그렇게도 열을 내는지, 나는 매우 궁금하다."68

---

67) Coretta Scott King, Palmer Hilton 호텔에서 한 연설, *Chicago Defender*, April 1, 1998에 인용되어 있고; Lutes, *A False Focus*, 13에서 재인용.

68) Lewis B. Smedes, "동성애의 윤리를 탐험하며," in 『동성애와 기독교 신앙: 교회들을 위한 양심의 질문들』, ed. Walter Wink (Minneapolis: Fortress Press, 1999), 77.

결혼에 대한 논쟁 속의 아이러니

2004년 봄 "뉴스위크"는 미국 내 결혼의 현재 상태에 대해 정직하게 썼다: "결혼이 문제에 빠졌다 해도 게이들을 비난하지는 말라. 동성애자가 아닌 사람들이 그 규범들을 바꾸어 놓았다."[69] 잠깐만 미국 내의 결혼의 상태에 대해 현실적으로 한 번 살펴보자. 지난 100년 동안, 미국은 세계에서 가장 결혼이 많은 사회에서부터 이혼과 홀부모 가정이 가장 많은 사회로 바뀌었다.[70] 모든 산업화된 나라들 중에, 미국은 가장 높은 십대teenage 낙태율에도 불구하고, 가장 높은 십대 임신율과 출산율을 보이고 있다.[71] 미국 아이들 중의 3분의 1이 그들의 친아버지와 같이 살고 있지 않는 것으로 추정된다.[72]

미국 내에서, "커플을 이룬 가정의 8.1%가 결혼을 하지 않은 이성애 동거인으로 구성되어 있다."[73] 2001년의 바르나 여론조사Barna Poll에 따르면, 동거—결혼하지 않고 반대 성의 사람과 같이 사는 것—는 모든 성인의 33%, 그리고 중생한born-again 크리스천들의 25%가 자신들의 일생에서 어느 시점에서 동거했었다고 한다.[74] 어

---

69) Barbara Kantrowitz, "우리의 결합들의 상태," *Newsweek,* March 1, 2004, 44. Coontz, *Marriage, a History,* 274을 참조하라.

70) *National and International Religion Report* 9, no. 9 (April 17, 1995): 8. Don S. Browning, Ronnie J. Miller-McLemore, Palmer D. Couture, K. Brynolf Lyon, Robert M. Franklin, *From Culture Wars to Common Ground: Religion and the American Family Debate* (Louisvill, KY: Westminster John Knox, 1997), 52.

71) Leon Eisenberg, "가족은 쓸모없는가?" *Key Reporter* 60, no. 3. (Spring 1995): 3. Browning et al., *From Culture Wars to Common Ground,* 52를 참조하라.

72) Browning et al., *From Culture Wars to Common Ground,* 53-54.

73) Sharon Jayson, "Divorce Drops, Along with Marriage," *USA Today,* July 18 2005, "미국에서 이혼이 줄고 있지만, 오늘 나온 리포트에 의하면 그것은 결혼을 지속하기보다 동거하는 사람들 숫자가 늘었기 때문인 것으로 암시된다."

74) Ronald J. Sider, "복음주의자들의 양심의 스캔들," *Books & Culture,*

떤 사람들은 동거를 일종의 결혼 연습으로 보지만, 동거인들 중 40%가 결혼을 하지 않는다.[75] 우리는 결혼 파탄 시대에 살고 있고, 이것은 사회학자들로 하여금 "새로 등장하는 '연속 결혼serial marriage'과 '비혼non-marriage'이라는 문화"에 대해 이야기하도록 이끌고 있다.[76]

이처럼 놀랄 만한 추세 가운데 어떤 것도 결혼을 원하는 동성애자들이 야기한 것은 없다.[77] "비혼"의 문화 속에서, 사회의 안정에 공헌하게 될 사람들을 결혼하지 못하게 막기 위해 우리가 엄청난 돈과 에너지를 쓰고 있다는 것이 아이러니하다.

결혼을 통해 받게 되는 법적 권리들은 매우 많다. 미국 하원의원이며 국회법사위원회 위원장 헨리 하이드Henry Hyde는 미국회계감사원에 "연방법 중에 결혼을 조건으로 주는 혜택과 권리와 특권을 알려줄 것"을 요청했다. 1997년 1월 31일자 편지에서, 회계감사원의 답장은 75쪽에 달했다. 미국 내에 거주하는 결혼한 이성애 커플들은 1,049개의 연방법 권리와 혜택과 특권을 받을 자격이 있다. 커플이 거주하는 주에 따라 400여 개의 혜택이 추가되기도 한다. 이 합법적이며 경제적 혜택들 중 대부분은 사적으로 계약을 맺을 수 없다. 레즈비언과 게이커플들이 특히 자녀가 있는 경우, 가족을 위해 이 많은 혜택을 받게 되기를 바라는 것은 충분히 이해할 수 있다.[78]

January/February 2005, 9 and 39에서 재인용.

75) Cheryl Wetzstein, "결국 누가 더 행복한가?" *Insight* 14, no. 36 (September 28, 1998): 38; *Current Thoughts and Trends*, March 1999, 13에서 재인용.

76) Browning et al., *From Culture Wars to Common Ground,* 3 and 53.

77) Chauncey, *Why Marriage?* 34. "동성애자임을 밝히는 움직임은 또한 성의 변혁에 의해 깊이 형성되어지고 있다.··· 자신들의 주변에서, 그들 동성애자들은 자신의 이성애 친구들이, 성관계를 결혼으로 제한했던 부모들의 도덕적 코드를 단호히 거부하고 성관계를 사랑과 공동의 동의로 연결시키는 새로운 도덕적 코드를 만들고 있는 것을 보았다."

이런 결혼 논쟁에서 가장 큰 아이러니는 자칭 중생한 크리스천들인데, 이들은 흔히 동성결혼 반대에 목소리를 높이지만, 그 자신들의 결혼에 더 큰 문제가 있는 것처럼 보인다. 복음주의적 여론조사기관 조지 바르나는 1990년대에 중생한 크리스천들이 크리스천이 아닌 사람들보다 훨씬 높은 이혼율을 보였다는 것을 알게 되었다.[79] 가족문제를 전공한 크리스천 사회학자 브래드 윌콕스Brad Wilcox 교수는, "나머지 전체 인구와 비교해볼 때, 보수적 크리스천들이 **더 많이** 이혼한다"고 지적한다. 그는 또 보수적 개신교도들이 훨씬 더 많은 미국 남부에서 이혼율이 훨씬 더 높다고 말한다.[80] 2004년 헌법 개정 투표에서 동성결혼을 금지하도록 하는 것에 놀랄 정도로 찬성했던 켄터키, 미시시피, 알칸사스 주들은 미국에서 가장 높은 이혼율을 보였다. 이와 대조적으로, 가장 낮은 이혼율을 보인 매사츄세츠 주는 대법원이 게이 결혼에 찬성했다.[81] 미국 내에서 이성애 결혼이 직면하고 있는 문제들과 보수주의자들이 내놓은 해결책인 동성결혼 금지 사이에는 아무 관계가 없다는 것이 분명하다.

게이와 레즈비언들이 결혼하도록 허락하면 이성애 결혼이 파괴될 것이라는 주장은 말이 안 된다! 그것은 단순히 이성애 결혼의 실제 문제들을 다루지 않고 회피하는 것일 따름이다. 우리는 전에도 존경받는 교회 인물들로부터 이런 종류의 과장된 말들을 들은 적이 있다. 만약 흑인들에게 투표를 허락하면, 그것은 "문명 자체의" 종말

78) 이 글은 Lambda Legal Defense and Education Fund to Ontario Consultants on Religious Tolerance Web site에서 제공되었다. 나는 그것을 2005년 2월 16일에 다운로드했다.

79) Sider, "The Scandal," 9에서 재인용.

80) Ibid.

81) Pam Belluck, "이혼을 피하기 위해, 매사츄세트로 가라," November 14, 2004, www.nytimes.com/2004/11/14/weekinreview, printed November 17, 2004.

이 될 것이다(로버트 루이스 대브니, 1867).[82] 만약 여성들이 남성들에게 종속적이지 않으면, 곧 "모든 질서와 덕목들이 재빨리 사라지게 될 것이다"(찰스 호지, 1838).[83] 이 사람들은 당대의 선도적인 신학자들이었다. 그들은 자신들이 염려하는 바에 매우 진지했었다. 그러나 그들은 완전히 틀렸다.

게이들과 레즈비언들이 결혼하는 것을 막기 위한 현재의 노력들은 크리스천들이 결혼을 지키기 위해 무엇인가를 하고 있다고 느끼게 해주는 일종의 도피이지만, 미국 내에서 결혼의 실제 문제들에 대해 이야기하는 것과는 정말로 아무런 관계가 없다

실제 사람들을 위한 결혼의 현실

2004년 2월 28일에 나는 나사로 프로젝트Lazarus Project로부터 상을 받았는데, 이 단체의 사역은 남부 캘리포니아의 게이들과 게이가 아닌 사람들을 화해시키는 것이다. 내가 그 시상식 디너를 위한 연설을 준비하고 있을 때, 동성결혼에 대한 싸움에서 전국적 투쟁전선이 극적으로 변화하고 있었다. 2월 10일, 샌프란시스코 시장 개빈 뉴섬Gavin Newsom이 카운티 서기사무실Country Clerk에 결혼 증명서 발급 시 동성커플에 행하던 차별을 끝내도록 명령했다. 이틀 후, 사무실에서는 동성커플에게도 결혼증명서를 발급하기 시작했다. 다음 몇 주 동안, 4천 쌍 이상의 게이 레즈비언 커플이 결혼했다.[84]

---

82) Ernest Trice Thompson, *Presbyterians in the South, vol. 2, 1861-1890* (Richmond: John Knox Press, 1973), 218.

83) Ronald W. Hogeland, "찰스 호지, 신사들의 협회와 장식적인 여성성: 1825-1855," *Journal of Presbyterian History* 53, no. 3 (Falll 1975): 248.

84) Chauncey, *Why Marriage?* 137. 그는 *New York Times*, March 12, 2004,

샌프란시스코에서 결혼증명서를 기다리는 사람들을 찍은 신문 사진을 봤을 때, 두 가지 감동이 나를 엄습했다. 첫째는 그들이 얼마나 행복해 보였는지 하는 것이었다. 이것은 정치적 항의가 아니었다. 그것은 결혼이 가져다주는 사랑과 기쁨의 증거였다. 두 번째는 얼마나 많은 이들이 아이들과 함께 하고 있었는가 하는 것이었다. 이들은 아이들을 사랑하고 돌보는 사람들이었고, 아이들의 유익을 위해 결혼과 함께 오는 대우와 혜택을 원하는 사람들이었다.[85]

그 기간 동안 샌프란시스코에서 있었던 행사들은 게이들과 레즈비언들에 대한 고정관념들이 거짓임을 증명했다. 이들은 그저 이성애자들인 우리들과 같은 사람들이었고, 안정적이고 충실한 삶에 공적으로 기꺼이 자신들을 맡기고 살고자 하는 사람들이었다. 그들에게 깨어진 어떤 것이 있는 게 아니었다. 그들은 고쳐질 필요가 없었다. 우리는 그들의 면전에서 문을 닫아버리는 일을 멈추어야 한다.

그러나 그것이 바로 미국 대통령이 하려고 했던 것이었다. 샌프란시스코에서 동성결혼이 행해지고 있을 때, 조지 W. 부시는 이렇게 선언했다. "우리가 결혼의 의미가 영원히 바뀌는 것을 막고자 한다면, 우리나라는 미국의 결혼을 지키기 위한 헌법 개정을 해야 한다."[86] 217년의 미국 역사에서, 오직 17번의 헌법 개정이 있었다. 그것들은 두 가지 범주로 나뉜다: 시민권을 확대하고 또한 정부조직의 문제들을 고치기 위함이었다. 이 두 범주들 중의 어떤 것에도 맞지

A12를 인용한다.

85) Chauncey, *Why Marriage?* 140: "매사츄세트에서, 첫날 결혼 증명서를 받은 752 커플들 중 3분의 2가 레즈비언들이었고, 그 커플들 중 40퍼센트가 함께 사는 아이들이 있었다. 이것은 놀라운 일이 아니다. 왜냐하면 자녀를 키운다는 것은 모두에게 이해관계가 커지기 때문이다.

86) "부쉬는 동성결혼에 법적인 금지를 추구하고 있다." *Los Angeles Times*, February 25, 2004, A1.

않았던 유일한 것이 "주류 판매intoxication liquor" 금지였고, 그것이 어떻게 되었는지를 우리 모두는 알고 있다.[87] 어떤 개정안도 미국의 헌법 안에 배제와 차별을 새겨 넣은 적이 없었다. 그러나 게이 결혼을 반대하는 개정안이 하려고 제안한 것이 바로 그것이다.[88]

게이와 레즈비언 커플에 대한 나의 경험

나는 게이와 게이가 아닌 사람들 모두가 누군가와 평생에 걸친 사랑의 헌신을 약속하는 교제를 나눌 기회를 가질 자격이 있다고 생각한다. 내가 2001-2002년까지 총회장으로 있었을 때, 아내 새론과 나는 더그와 데니스의 예쁜 집으로 초대를 받았는데, 저녁을 같이 먹으며 게이와 레즈비언 커플들과 그들의 친구들과 대화하기 위해서였다. 우리는 딕과 짐이라는 두 노신사를 만났는데, 그들은 당시 47년을 함께 살았다. 그들 중 한 명이 내게 말하기를, 그는 자신의 생애의 하루하루를 자신들의 성 정체성이 "탄로 나서" 직업을 잃을지도 모른다는 공포 속에서 살았다고 했다. 그럼에도 그들은 계속해서 서로를 돌보았다. 거기에 왔던 커플들 가운데 많은 이들이 20년 이상을 함께 살았고, 모두들 10년 이상을 함께 살았다.[89] 한 이성애자 친구가 나에게, 자신의 친구들 모임에서 5년 이상 결혼생활을 유지한 사람은 예외적인 경우라고 말했던 것을 나는 기억한다. 내가 더그와 데니스 집에서 만났던 사람들은 서로에게 깊은 헌신을 보여준, 그저 평범하고 신실한 크리스천들이었다.

87) Cass R. Sunstein, "대통령 vs 판례," *Los Angeles Times*, February 26, 2004, B13.

88) "게이 결혼의 정치학," *Los Angeles Times*, February 26, 2004, B12.

89) Chauncey, *Why Marriage?* 133.

사회와 교회가 그들의 길에 놓은 모든 방해물에도 불구하고, 파트너 한 명에게 놀라울 정도로 충실히 책임을 다하는 많은 게이와 레즈비언 커플을 나는 알고 있다. 이 글을 쓰기 바로 며칠 전, 나는 레즈비언 커플인 셰럴과 데비와 예배 후에 이야기를 나누었다. 한 사람은 8주된 아기를 품에 안고 있었고, 다른 사람은 유아용 자동차 보조의자를 들고 있었다. 그들은 갓 부모가 된 다른 커플과 다르지 않았다. 밝고 행복해 보였다. 보수주의자들은 반대로 주장하지만, 연구결과에 따르면, 남녀 커플에 의해 양육된 자녀들과 동성 커플에 의해 양육된 자녀들 사이에 사회 적응력 면에서 눈에 띄는 차이는 없는 것 같다.[90] 사실, 셰럴과 데비가 그들의 딸을 입양하고 몇 주 후에, 그 입양기관은 다시 전화해서 그들이 아들도 데려가고 싶은지 여부를 물었다. 그리고 그들은 그렇게 했다.

나는 또 팀과 댄이라는 게이 커플을 알고 있는데, 그들은 특별한 간호가 필요한 아이들 둘을 입양했다—이런 아이들은 입양부모들이 별로 선호하지 않는다. 그들은 여러 해 동안, 특별 간호가 필요한 여러 명의 아이들을 돌본 양부모였었고, 매번 자신들이 그 아이들을 입양하게 되기를 원했다. 마침내 그들은 허가를 받았고 심지어 직업을 바꾸고, 그 아이들이 받아들여지고 최고의 교육을 받을 수 있겠다고 느껴진 곳으로 이사했다.

게이 커플인 닐과 존은 뉴섬 시장이 기회를 마련했던 기간 동안

---

90) Ibid. "1995년, 많은 연구들에 대해 종합적으로 검토한 후, 미국 심리학회는 '어떤 단 하나의 연구도 게이나 레즈비언 커플의 자녀들이 이성애 부모의 자녀들과 비교해 어떤 중요한 점에서 불이익을 받는다고 밝혀낸 것이 없다.' 그러나 그 브리핑의 코멘트에 따르면, 그들은 '정부가 그들의 부모가 결혼하는 것을 허락치 않는다'는 사실 때문에 불이익을 당하고 있다.'" [note 27, 미국심리학회, *Lesbian and Gay Parenting: A Resource for Psychologists* (Washington, DC: APA, 1995)를 보라.]

샌프란시스코에서 막 결혼을 했는데, 그들과 함께 할 수 있었던 것은 내게 영광이었다. 결혼증명서를 받기 위해 몇 번의 노력 끝에 제때에 제 장소에 도착했다는 그들의 이야기는 웃기면서도 깊은 감동을 주었다. 그들은 서로를 사랑했고 서로에 대한 서약을 공개적으로 축하하기를 원했다.

나는 동성애자가 되지 않으려고 노력했던 몇몇 사람을 알고 있는데, 그들은 이성애 관계를 시작하고, 결혼하여 자녀를 가졌다. 그런 후 어느 시점에, 그들은 자신들의 진짜 모습을 부인할 수 없게 되었고, 고통스런 별거와 이혼의 과정을 감내했다. 그들이 사랑하고 지지할 수 있는 누군가를 만나면서 그들은 자유로워졌고, 하나님께서 그들이 되기를 의도하셨던 바로 그런 사람들이 되었다. 그들이 처음부터 정말로 잘 지낼 수 있는 사람과 결혼하도록 허락되었다면 얼마나 많은 고통을 피할 수 있었겠는가!

나는 또 내가 알기로 게이인 몇 명의 전직 선교사들에 대해 생각해 본다. 한 명은 그의 결혼식 날 파혼을 하고 싱글로 남았다. 어떤 사람은 자신이 게이라는 것을 인정하면서도 평생 동안 아내와의 결혼관계를 충실히 이행했다. 그러나 어떤 사람은 여자와 잠깐 결혼했었지만, 그 후 사랑을 전혀 알 수 없다고 느끼면서 몇 년을 살았다. 원래 장로교인이었던 그는 메트로폴리탄 공동체 교회Metropolitan Community Church(동성애자들에 대한 차별을 철폐한 교회 – 역자주)의 창시자이자 하나님의 교회Church of God의 전직 목사 트로이 페리Troy Perry를 알게 되었고,[91] 페리가 그 교단의 성경학교를 위한 커리큘럼을 개발하는 것을 도왔다. 그 과정에서 그는 자신을 사랑해주는 사람을 만났고 사랑에 빠졌다. 그리고 이들은 자신들의 공동체의 책임

91) "게이와 복음: 트로이 페리와의 인터뷰," *Christian Century*, September 25-October 2, 1996, 896.

있는 멤버들로서, 20년 이상 동안 함께 살았다. 이 게이들은 다른 선택을 했고 다른 역사를 만들게 된 것이다. 이들은 신실한 크리스천들이고, 이들의 최우선의 희망은 하나님을 섬기고 하나님이 자신들을 창조하신 모습대로 책임감 있게 사는 것이다.

얼마 전에 나는 동성애 문제의 네 가지 측면에 대해 각각 찬반 연설자가 토론하는 공개토론회에 참석했다. 장로교인 홀 쉘Hal Schell은 종종 게이들이 행동을 바꾸어 이성애자가 될 수 있다는 입장을 대표했던 사람으로서 "회개하지 않은" 동성애자들을 교회 리더십에 받아들이는 것에 반대하는 연설을 했다. 그는 몇몇 보수주의자들이 표준이라고 주장하고 싶어하는 사례를 제시했는데, 즉 어린 시절의 학대(물리적이고 성적인)가 그로 하여금 난잡한 게이 성관계의 삶을 살게 했다는 것이었다. 전에 풀러신학교 동료였던 멜 화이트Mel White는 삶의 경험이라는 주제에 대한 반대편 연설자였다. 멜은 홀의 경험에 순수하게 공감하면서 "누구도 그렇게 다루어져서는 안 된다"고 말했다.

그러나 멜의 삶의 경험은 정반대였다. 그는 사랑하는 가족이 있었고, 학교에서도 모든 것에 성공적이었다. 유일한 차이는 풋볼 경기 때였는데 다른 남자 애들은 치어리더들을 보는 동안, 그는 쿼터백 선수에게 매료되었다는 것이다. 멜의 자서전 "문 앞에 선 이방인 *Stranger at the Gate*"은 매우 종교적이며 신학적으로 보수적인 성공한 목사이자 작가이자 영화감독이었던 자신에 대한 통렬한 이야기로서, 그는 평생 동안 자신이 게이라는 현실과 싸워야 했고, 마지막에 자신과 자신의 가족에게 그 사실을 인정했다.[92] 그는 지금 간디와 마틴 루터 킹 목사의 비폭력 저항을 모델로 한 "소울포스Soulforce"를

---

92) Mel White, *Stranger at the Gate: To Be Gay and Christian in America* (New York: Simon & Schuster, 1994).

이끌고 있는데, 이 운동의 목적은 교회들에게 LGBT인 사람들에 대한 진실을 말함으로써 하나님의 자녀들인 레즈비언, 게이, 양성애자, 성전환자들에게 가하는 영적인 폭력을 멈추게 하려는 것이다.[93]

나는 결코 동성애자들이 완벽하다고 주장하는 것이 아니다. 내 경험에 비추어 보면, 그들은 보통의 희망과 함께 다른 이들에 대한 두려움, 몸부림과 도전을 가진 그저 인간들일 뿐이다. 그러나 동성애자들에 대한 추하고 근거 없는 주장들을 생각해볼 때, 이런 고정관념들이 사실이 아니라는 것을 지적하는 것이 중요하다.

하나님의 넓으신 자비

내가 장로교 총회장이었던 해에, 나는 섀론과 네덜란드를 방문하는 영광을 누렸는데, 우리는 1960년대에 거기서 5년을 살면서 나는 박사과정을 공부했고 섀론은 학교에서 가르쳤었다. 나는 네덜란드 내의 개혁주의 교회들과 관련되어 있던 자유대학교Free University의 대학원생이었고, 조금 더 오래된 네덜란드 개혁주의 교회와 관련되어 있던 영어 회중을 조직하던 목사였었다. 당시 이 두 네덜란드 깔뱅 교단들은 사이가 좋지 않았었지만, 지금은 하나님의 은혜로, 그들과 작은 복음주의 루터교회와 연합하여 네덜란드 안의 개신교회를 이루었다. 나는 그들이 연합을 준비하면서 세 교단이 모두 모이는 트리오 노회에서 연설하는 영광을 누렸다.

이 세 교단 모두 이미 게이와 레즈비언들에게 직분 안수를 하고 있다. 성적 지향은 그들에게 문제가 되지 않는다. 개혁주의 전통이 엮여 사회구조를 이룬 네덜란드에서, 게이와 레즈비언들은 또한 결

93) Soulforce, www.soulforce.org.

혼도 할 수 있다.[94]

풀러신학교에서 나의 동료였던 고 루이스 스메드즈Lewis Smedes는 나보다 10년 앞서 암스테르담 자유대학교에서 박사학위를 받았다. 우리는 둘 다 네덜란드 깔뱅주의에 깊이 빠져 있었다. 1999년에 루이스는 "하나님의 넓으신 자비는 넓은 바다와 같다"라는 오래된 찬송가의 가사를 회상하며, 교회는 동성애자들을 교회의 온전한 멤버로 받아들여야 한다고 주장했다. 그의 마지막 가사는 이러했다. "나는 내가 나의 마음을 잘 알고 있다고 생각하는데, 만약 [하나님의] 자비가 내게 충분히 넓다면 그들에게도 충분히 넓으리라."[95]

나사로 프로젝트는 그 이름을 예수께서 죽은 나사로를 무덤에서 "나오라고come out" 부르셨다는 데서 따왔다. 게이와 레즈비언으로 "나온come out" 사람들은 단순히 교회가 모든 크리스천들을 받아들이기를 요청하고 있다. 우리가 하나님께서 우리에게 얼마나 은혜로우셨는가를 깨달으면, 우리는 다른 사람들에게 향하신 하나님의 은혜를 부인할 수 없다.

교회는 이 환대를 베푸는 데서 꼴찌가 아니라 첫째가 되어야 한다. 성경이 우리에게 그렇게 말하고 있다. 요한계시록에서 부활하신 그리스도는 다음과 같이 말씀하신다: "내가 네 앞에 열린 문을 두었으되 능히 닫을 사람이 없으리라"(계 3: 8). 예수께서는 문을 열어 놓으셨고, 우리 모두 그 문을 통해 하나님 나라로 들어갈 수 있다.

우리 교회들 중 대부분 안에 게이와 레즈비언이 있다. 그들이 온전하고 평등한 멤버들이 될 수 있을 때, 우리 모두가 축복을 받을 것이다. 우리가 우리의 모든 멤버들을 교회 생활에 온전히 포함시킬

94) 이 책을 쓰는 현재, 네덜란드, 벨기에, 스페인 그리고 캐나다에서 동성결혼이 합법이다.

95) Lewis Smedes, "바다의 넓음같이," *Perspectives*, May 1999, 12.

수 있다는 가능성은 도달할 수 있는 목표이다. 우리가 기독교 신앙의 기본적 가르침에 진실하기만 하면 된다. 다음 장에서, 나는 우리가 장로교 안에서 어떻게 그렇게 할 수 있는지, 그것이 어떻게 우리의 현재의 충돌을 해결할 수 있는지를 제안하겠다.

7장

미국장로교회를 위한 건의들

교회와 교회 안의 모든 사람들은 선택에 직면하고 있는 것처럼 보인다. 즉 고대 근동의 문화적인 편견인 남성 우월성을 증언할 것인지, 아니면 예수 그리스도와 그의 구원하시는 삶과 사역을 증언할 것인지 선택해야 한다. 종교개혁에서부터 오늘날까지, 성경해석의 가장 좋은 방법들은 우리에게 편협한 역사적 문화적 편견을 버리고 그 대신에 예수님의 모범을 따르도록 촉구한다. 성경의 목적은 우리를 고대의 문화에 영원히 용접시키는 것이 아니다. 성경의 목적은 예수의 삶과 죽음과 부활에 대한 이야기를 우리에게 해주는 것이다.

고대 문화의 편견을 증언하기로 선택한 사람들은 늘 어떤 구절을 찾아내고, 그 구절들을 그 상황context에서 빼내서, 그 구절들을 자신들에게 유리하며, 자신들이 싫어하는 사람들을 차별하는 교회법으로 바꿀 수 있다. 예수님을 따르기로 선택한 사람들은 예수님을 성경 이야기의 중심으로 보고 또한 그분의 사역에 비추어 각 구절들을 해석한다. 그리스도 중심의 이 접근방법을 사용하면, 복음에 대한 우리의 이해가 풍부해지며, 우리는 하나님과 우리 이웃들과 더 가까운 관계를 갖게 된다.

교회를 치유하기

내가 그런 것처럼, 당신도 동성애가 죄가 아니고 성경에 의해 금지된 것이 아니라고 생각한다면, 그 다음 질문은 "우리를 갈라놓고 있는 이 불평등한 교회를 어떻게 치유해야 하는가?"이다. 분명히, 정책들과 내규들과 교회법들을 일부 수정할 필요가 있다.

그러나 내가 보기에, 첫째 단계는 교회 안의 우리 모두가 제도적으로, 집단적으로, 그리고 개인적으로 사과하는 것이다. 게이와 레즈비언들을 정죄하고 결혼하지 못하게 하고 직분 안수를 막음으로써, 우리는 예수님의 사랑의 메시지를 왜곡시키고 엄청나게 불필요한 고통을 주었기 때문이다. 우리가 LGBT인 자매들과 형제들에게 손을 내밀고, 우리가 그들에게 큰 고통을 주었다는 것을 진심으로 사과한다면, 모두를 위한 치유 과정에 속도가 붙을 것이다.

교단 차원의 사과는 전례가 있다. 예를 들어 1995년, 남침례교 Southern Baptist Convention는 창립 150주년 기념행사 때, 인종차별주의를 "눈감아 준 것"에 대해 공식적으로 사과했다. 그 결의안은 이렇게 선언했다. "우리는 평생 동안 개인적이며 체제적인 인종차별을 눈감아 주고/또는 영속시킨 것에 대해 모든 아프리카계 미국인들에게 사과하며, 의식적으로든 무의식적으로든 죄지은 인종차별에 대해 진심으로 회개합니다." 남침례교의 두 번째 부회장인 흑인 목사 개리 프로스트Gary Frost는 공식적으로 그 사과를 받아들였다. 그는 "우리는 여러분의 회개의 진정성이 여러분의 태도와 행동에 반영되기를 기도합니다."라고 말했다.[1]

2001년, 장로교인들은 노예제도와 인종차별 정책에 대해 아프

---

1) Timothy C. Morgan, "인종차별은 더 이상 없다고? 흑인 리더들은 묻는다," *Christianity Today,* August 13, 1995, 53.

리카게 미국인들에게 용서를 구했다. 제213차 총회는 "그러나 우리는 오늘날까지 잔존하고 있는 노예제도의 관습과 그 압제적인 불평등에서 우리 교회가 공범이었음을 인정한다."[2]고 발표했다. 사과를 기다리는 데 213년이나 걸렸다는 것은 매우 긴 시간이었다. 만일 노예해방 직후에 사과를 했더라면, 우리 교회와 나라에게 얼마나 선한 일이 되었을 것인지를 생각해 보라. 만일 그랬다면, 우리 교회들과 공동체들을 치유하는 어려운 감정적인 작업을 즉시 시작할 수 있었을 것이다.

우리가 동성애 공포증homophobia, 즉 "동성애자에 대한 비이성적 공포심과 경멸"의 죄에 대해 사과하기까지 우리는 얼마나 기다려야 하는가?[3] 우리 교회가 그동안 불의를 자행했다고 믿는다면, 우리는 수십 년이 걸린다 해도 힘껏 우리의 첫 걸음을 내디딜 수 있다. 아니면 우리의 잘못들을 직시하고, 이제는 그런 실수들을 건설적으로 반성하여 하나의 교회 가족으로서 다시 함께 앞으로 나아갈 수도 있다. 남침례교와 장로교가 최근에 사과한 것이 그랬던 것처럼, 종종 공식적 사과가 공허하게 보이도록 만드는 것은, 노예제도와 인종차별 같은 죄를 저지르지 않은 현재의 사람들이 그런 차별 때문에 고통을 받지 않은 현재의 사람들에게 사과를 하기 때문이다. 수동적

2) *Minutes, 213 th General Assembly, 2001, Part I, Journal* (Louisville, KY: Office of the General Assembly, 2001)은 61쪽에서 위원들의 결의 01-3, p. 487에 대해 논평한다. "제 213차 총회(2001)는 1. 미국 장로교가 노예제도의 악에 동참하는 공동의 죄를 지었음을 고백하고 하나님과 이 죄로 상처입은 모든 하나님의 자녀에게 용서를 구한다."

3) 미국연합장로교 총회는 "공개적이고 실행하는" 동성애자들에 대한 직분 안수를 반대하는 단호한 지침서를 제공했다. 동시에, 채택된 정책은 연합 장로교인들에게 "동성애공포증이라는 죄를 그들 자신의 삶에서도, 다른 이들에게 문제 삼는 것도 거부하도록" 촉구했는데, 왜냐하면 그것이 "동성애자들에 대한 비이성적인 두려움이고 경멸인 것으로" 정의되었기 때문이다. 조금 더 넓게 살피고자 한다면, *Minutes*, UPCUSA, 1978b, 61-62와 261-67를 보라.

이고 의도하지 않았더라도 동성애자들을 향한 억압에 참여한 사람들이, 지금 동성애자들에게 사과를 한다면 얼마나 더 적절하고 효과적이겠는가.

개인적으로든 집단적으로든, 사과가 좋은 첫 걸음이 될 것이다. 그러나 진전되기 위해서는 말 이상이 필요하다. 우리는 그리스도의 메시지에 대한 우리의 깊은 이해를 행동으로 증명해야 한다. 우리는 LGBT인 사람들에게 교회에서 온전하고 평등한 권리를 주어야 하며, 더 넓은 사회 안에서의 그들의 권리를 위해 일해야 한다. 이것은 결혼, 직분 안수, 그리고 동성애자들이 이성애자들과 완전한 평등을 이루도록 하기 위해 필요한 모든 권리를 말하는 것이다. 온전하고 평등한 인간들로서, 그들은 교회법과 민법 아래에서 완전히 참여할 자격이 있다. 그렇게 간단하다. 5분의 3의 타협이 아니다. 흑인들처럼 동성애자들도 분리시키지만 평등하다는 주장은 더 이상 안 된다.

기독교 역사는 과거보다 더욱 열리고 모두를 포괄하는 방향으로 나아가고 있다. 이제 우리는 교회에서 유색인종, 여성, 그리고 이혼하고 재혼한 사람들의 리더십 속에서 즐거워하고 있다. 게이, 레즈비언, 양성애자, 성전환자가 기독교 리더십에 속하게 되는 것이 일상이 되는 그런 때가 올 것이다.

각 교단은 나름대로 가장 적합하고 효과적인 방식으로 회개를 할 수 있다. 다음에는 내가 속한 교단인 미국장로교회가 과거 30년 동안 만들어낸 장벽들과 그 장벽들을 없애기 위해 시작한 최근의 행동들에 대해 살펴볼 것이다.

권위와 안내의 원천

대부분의 기독교 교단에서 권위와 안내의 주요 원천은 성경이다. 또한 성경 이외의 표준들로서 신앙선언문들을 갖고 있는데, 이것들은 특정한 시간과 장소에서 사람들을 위해 성경의 의미를 설명하고 해석하기 위한 문서들이다. 교단들이 공식적으로 채택한 이런 문서들은 "그리스도의 주되심에 대한 기본적 신앙고백이 의미하는 바와 함축하는 바에 대한 이해"를 밝혀준다.[4] 이런 신앙선언문들은 상황에 따라 신조, 고백, 상징, 공식, 정의definitions, 신앙선언, 믿음의 선언, 신앙의 조항들이라 부른다.[5] 로마가톨릭, 동방정교, 루터교, 장로교는 각자 신앙의 공식적 표현으로서 교회 조직이 채택한 선언문들을 가지고 있다. 성공회, 감독교회, 감리교 등은 조금 덜 공식적 위치를 가진 안내 지침들이 있다. 심지어 침례교 같은 오로지 성경만을 따른다고 주장하는 "자유" 교회들도 신앙과 행동을 인도하는 데 매우 큰 영향을 끼칠 수 있는 상당히 권위 있는 선언문들이 있다.[6]

---

4) "교회 보고서의 신앙고백적 본질," *Minutes*, PC(USA), 1986, Part I, 29.11b.

5) Ibid.

6) 근래의 예가 남부 침례교 협의회의 "신앙과 메시지" 선언서 2000에 대한 검토인데, 이에 따르면 "목사직은 성경에 의해 규정된 자격을 가진 사람들로 제한된다"고 되어있다. 2000년 10월 20일, 전직 대통령 지미 카터는 그 교단의 "한층 더 완고해진 교리"에 대해 한탄하는 편지와 함께 평생 유지해온 남부 침례교회와의 관계를 끊었다. 카터는 2000년 5월 발표된 그 교단의 선언문을 예로 사용했는데, 그 선언문에 따르면 여성은 더 이상 담임목사가 되어서는 안 된다는 것이다. 카터가 언급한 대로, 현재 남침례교의 입장은 성경에 대한 개인적 해석에 어떤 여지를 남기지 않고 있고, "성경의 최종적 해석자로서, 그의 말씀과 행동과 개인적 영감을 통한, 예수 그리스도의 해석보다" 교단 리더십의 해석을 찬양하고 있다(Larry Stammer, "Carter Cuts Ties to Baptist Convention and Its 'Rigid' Conservatism," *Los Angeles Times,* October 21, 2000, A13).

이처럼 성경 이외의 신앙의 표준들은 성경의 주된 가르침들에 대한 명확한 요약을 제공하는 데 매우 유용할 수 있다. 그러나 이런 신앙의 표준들은 또한 특정한 가르침들을 상황에 상관없이 빼내서 교회법으로 만들 때 문제가 될 수 있다. 대부분의 경우, 교회에서 동성애자들에게 평등한 권리들을 부여하기 위해 수정되어야 할 것들은 이 하부적인 신앙의 표준들 안의 정책들과 절차들일 뿐이다.

장로교 헌법

장로교인들은 그들의 헌법을 이루는 두 개의 하부적인 표준들을 가지고 있는데, 신앙고백서*Book of Confessions*와 규례서*Book of Order*이다. 신앙고백서에는 11개의 신학 문서들이 포함되어 있다. 두 개는 고대 신조들로서, 니케아신조와 사도신경이다. 세 개는 16세기 종교개혁에서 나온 것들로서, 1560년의 스코틀랜드 신앙고백, 1563년의 하이델베르그 교리문답, 1566년의 두 번째 스위스 신교도 고백서이다. 다른 세 개는 17세기 영국 청교도개혁에서 나온 것들로서, 웨스트민스터 신앙고백, 소요리문답, 대요리문답이다. 마지막 세 개는 20세기 문서들로서, 바르멘 신학선언(1934), 1967년 신앙고백, 1991년에 채택된 미국장로교회의 짧은 신앙선언이다.

규례서*Book of Order*는 성경에 표현되어 있고 신앙고백서에 요약되어 있는 기독교 신앙이 장로교의 일상생활 안에서 적용되는 방식에 대해 상세히 설명하고 있다. 그것은 세 부분, 즉 통치 형태, 예배를 위한 안내서, 그리고 훈육의 규칙들로 이루어져 있다.

미국 장로교인들은 그들의 헌법*Constitution*을 귀중히 여기는데, 그 처음 형태는 미국 헌법과 거의 같은 시기에 만들어졌다. 장로교 헌법은 성경을 해석하고 적용하기 위한 기능을 하기 때문에, 그 안의 어떤 오류도 매우 중요한 결과를 초래한다. 동시에, 우리는 인간이 헌법을 만들었고 실수할 수 있다는 것을 인정한다. 웨스트민스터 신앙고백은 인간이 내리는 결정들의 깨지기 쉬운 측면을 인정한다: "사도들의 시대 이후로 모든 노회와 공의회는 일반적으로든 특수한 경우이든, 실수를 할 수 있고 이미 많은 실수를 했다. 그러므로 노회와 공의회는 신앙이나 실행의 규칙으로 만들어져서는 안 되며, 신앙과 실행에 도움을 주는 것으로 이용되어야 한다."[7]

불행하게도, 최근 수십 년 동안 미국 장로교는 헌법의 본질적 가치를 침해하는 방식으로 헌법을 사용하고 개정하는 오류를 범해왔다. 내가 다음에서 논의하겠지만, 우리는—원본에는 없는—동성애자들을 정죄하는 말을 덧붙인 하이델베르그 교리문답의 최근 번역을 채택함으로써 **의도적이지 않게** 신앙고백서 안에 결점을 받아들이게 되었다. 더욱 나쁜 것은, 교회가 교회의 직분에 임명되는 권리를 동성애자들에게서 빼앗기 위해 규례서를 수정함으로써 그 결점을 **의도적으로** 통합했다는 것이다.[8]

장로교 헌법 안의 이 두 개의 결점을 가진 진술들은 그 일반적 원칙들을 왜곡시킨다. 우리의 역사는 근본 원칙들에 하나의 예외를 만들면, 그것은 나중에 폐지되어야만 하는 실수로 판명이 나는 것을 보여준다. 신앙고백서와 규례서 안의 결점들은 교회가 최선의 원칙들과 실행을 유지하기 위해서 제거되어야만 한다.

신앙고백서의 원칙들

교회는 신앙을 고백하는 선언문들 속에서, 교회 안의 멤버들과

7) *Book of Confessions*, 6. 175.

8) 이 오류는 성경과 신앙고백서에 대한 잘못된 해석에 기초하고 있다.

세계를 향해 "교회는 누구이고 무엇이며, 무엇을 믿고 있으며, 무엇을 하기로 결정했는지"를 선언하고 있다.[9] 신앙고백들은 "기독교 전통의 핵심을 요약하고 있다."[10]

비록 신앙고백서 안의 어떤 것을 고치는 것이 규례서 안의 통치 형태, 예배, 또는 훈육을 위한 규례들을 바꾸는 것보다 더 엄격한 과정을 요구하기는 하지만, 그 고백들은 바뀔 수 있다. 교회는 성경과 교회의 전통에 뿌리를 둔 채 "개혁되고 있고," "하나님의 말씀과 성령의 부르심에 따라," "늘 개혁하는 중인데," 다시 말해서 개혁되어 변화하고 있다.

신앙고백서 안의 내용은 규례서 제2장에 요약되어 있어서 장로교인들은 다른 크리스천들과 공유하는 넓고 영속적 주제들에 대한 지식이 있다. 첫째로, 우리는 전체 기독교 교회와 "삼위일체 하나님과 하나님의 영원한 말씀이 예수 그리스도 안에서 육화되었다는 신비mystery"를 공유한다.[11] 둘째로, 우리는 "오직 은혜만으로, 오직 믿음만으로, 오직 성경만으로"라는 모토를 가진 장로교 개혁주의의 후계자들인 것에 감사한다.[12] 셋째로, 우리는 우리가 속한 특정 개혁 그룹의 몇몇 강조사항들을 인정한다. 그 강조사항들은 하나님의 주권, 구원과 사역을 위한 사람들의 선택, 하나님의 말씀에 따른 명령에 의해 표시된 언약의 삶, 하나님의 피조물을 지키는 청지기로서의 책임, 우상숭배의 죄에 대한 인식, 정의를 구하고 하나님의 말씀에 순종하며 살기 등이다.[13] 이 교리들 중 어떤 것도 장로교만 가진 자

9) *Book of Order* [*BO*], G-2.0100.

10) Ibid.

11) *BO*, G-2.0300.

12) *BO*, G-2.0400.

13) *BO*, G-2.0500.

산은 아니다. 규례서 제2장에서, 그 교리들은 교회의 어느 한 무리의 특정 의견으로서가 아니라 합의된 기독교의 넓은 주제들로 진술되어 있다.

신앙고백들은 성경처럼, 그 언어학적, 역사적, 문화적 맥락들을 고려하면서 해석해야 한다. 이 말은 우리가 주어진 문화나 시대의 편견과 제한을 반영하는 신앙고백 안의 특정한 생각에 얽매이지 않는다는 것을 뜻한다.[14] 다음 몇 가지 사례가 내가 말하려고 하는 것을 분명히 보여줄 것이다.

1. 웨스트민스터 대요리 문답은 "상급자들"와 "하급자들"이 있는 엄격한 계급체제를 뒷받침하는 윤리를 보여준다.[15] 반면, 1991년에 채택된 짧은 신앙선언은 하나님은 "모든 사람을 하나님의 형상으로, 남성과 여성, 모든 인종과 민족으로, 하나의 공동체로 살도록 평등하게 만드신다."고 인정한다.[16]

2. 1930년대 독일에서 벌어진 독인 크리스천 운동은 유대인들과 동성애자들과 장애자들은 교회와 사회에서 배제되어야 한다는 나치당의 요구를 수용했었다. 그에 대한 반응으로, 고백교회가 생겨났고 1934년에 바르멘 선언을 발전시켰는데, 그 첫 번째 원칙으로 선언한 것이 "우리를 위해 성경에 증언된 대로, 예수 그리스도는 우리가 들어야 하며, 삶과 죽음 속에서 신뢰하고 따라야 하는 하나님의 하나뿐인 말씀이시다."[17] 그러므로 "자유의 근거가 되는 교회의 책무는 그리스도의 대속 안에서 **모든 사람들에게** 거저 주시는 하나님의

14) 나는 이것을 내 책 *Reading the Bible and the Confessions: The Presbyterian Way* (Louisville, KY: Geneva Press, 1999)에서 다루고 있다.

15) *BC,* 7.234-7.242.

16) *BC,* 10.3, lines 30-32.

17) *BC,* 8.11.

은혜를 전하는 것이다."[18]

3. 바르멘 선언을 모델로 하는 1967년의 고백서는 화해와 인종차별 폐지를 촉구한다. 그것은 기본적 원칙으로, "동료들을 제외시키거나, 지배하거나, 후견인 노릇을 하려는 회중들, 개인들 또는 크리스천 무리들은 어떤 정도로든 교묘하게 하나님의 성령에 저항하는 것이고 또한 자신들이 고백하는 신앙을 무시하는 것이다."[19]

우리가 볼 수 있는 대로, 신앙고백서들의 역사는 교회의 역사처럼, 예수 그리스도 안에 나타난 하나님의 사랑에 입각해서 모든 사람들을 받아들이는 방향으로 분명히 나아가고 있다. 그러므로 예수 그리스도를 향한 그들의 신앙적 헌신에도 불구하고, 신앙고백서 안에 나와 있는 것처럼, 수많은 사람들을 배제시키는 것은 장로교 헌법의 이 귀한 부분의 내용을 잘못 전하고 그 기능을 오해한 것이다.

신앙고백서 안의 결점들

제4장에서 설명한 것처럼, 개혁주의 신앙고백들을 제대로 이해하면 동성애를 정죄하지 않는다. 사실상 개혁주의 신앙고백들은 섹슈얼리티 자체에 대해 거의 언급하지 않는다. 그러나 많은 장로교인들은 신앙고백서들이 동성애에 대한 명백한 금지를 포함하고 있다고 잘못 믿고 있다. 이처럼 잘못된 믿음은 어디서 오는 것인가?

2001년 1월, 나는 샌프란시스코신학교의 남부 캘리포니아 캠퍼스에서 개혁주의 신앙고백들에 대한 수업을 가르치려고 준비하고 있었다. 내가 가장 좋아하는 신앙고백 본문들 중 하나가 하이델베르그 요리문답이다. 그것은 1563년에 작성되고 출판되었는데, 지금은

---

18) *BC*, 8.26, 강조는 저자의 것.

19) *BC*, 9.44.

독일이 된 하이델베르그에서 크리스천 신앙에 대해 루터교적 이해보다는 개혁주의적 이해를 확실히 하기 위한 것이었다. 황제 선거권을 가진 통치자였던 프레드릭 3세는 두 젊은이에게 그 교리문답서의 작성을 맡겼다. 재카리우스 우르시누스Zacharius Ursinus는 스물일곱 살에 그 지역 신학교인 지혜대학College of Wisdom 학장이었고, 카스파 올레비아누스Caspar Olevianus는 스물여섯 살에 하이델베르그 대성당에 세워진 성령교회Holy Ghost Church 담임목사였다.

내 수업에서, 나는 신앙고백서의 교리들을 우리 교단의 현안들과 연결시키려고 했다. 장로교는 1976년부터 게이나 레즈비언에게 교회직분을 임명하는 문제로 논쟁 중이었고, 2001년 총회에서 다시 이 문제로 싸움이 최고조에 이를 듯 했다. 그것을 염두에 두고, 나는 하이델베르그 교리문답의 87번에 특히 관심을 가졌다.

질문. 87. 감사하지 않고 죄를 뉘우치지 않는 삶에서 하나님께로 돌아서지 않은 사림들이 구원받을 수 있는가?

대답. 분명히 안 된다! 성경에 따르면, "불의한 사람들은 하나님 나라를 소유할 수 없다. 오해하지 말라. 간음자나 우상숭배자도 안 되고, 간통이나 **동성애적 도착**homosexual perversion 죄를 지은 자, 도둑이나 강탈자나 술주정뱅이, 비방자, 사기꾼은 하나님의 나라를 소유할 수 없다.[20]

이것은 모든 동성애적인 행동을 죄라고 부르며 그것을 바탕으로 게이와 레즈비언을 교회직분으로부터 막는, 우리 교단의 현재 정책에 찬성하는 분명한 증거가 되어주는 것 같았다.

---

20) *BC*, 4.087, 강조는 저자의 것.

이것으로 토론은 종결지어졌을 것이지만, 사람들이 동성애에 반대하는 논거로 신앙고백서를 이용하기 시작했을 때, 루이즈빌 장로교 신학교 교수인 조애나 보스Johanna Boss가 하이델베르그 교리문답 87번 대답의 본문이 진정한 것이 아니라는 사실을 지적했다.[21] 사실상, 신앙고백서의 각주에 따르면, 하이델베르그 교리문답의 이 번역본은 1960년대 초에 번역된 것으로서, 그 때는 개혁주의교회와 장로교의 세계연합, 북미지역협의회the North American Area Council of the World Alliance of Reformed and Presbyterian Churches가 원래 1563년에 작성된 하이델베르그 교리문답 400주년 기념본을 공인한 때였다.[22] 우리의 신앙고백서에 들어 있는 하이델베르그 교리문답 본문은 그 기념 번역본에서 나온 것이다.

조애나 보스 교수는 네덜란드에서 태어나 성장했기 때문에 좀 더 오래된 번역본과 1962년 판본 사이의 차이를 발견했다. 그녀는 청소년기 때 네덜란드에서, 하이델베르그 교리문답만이 아니라 벨기에 신앙고백the Belgic Confession과 도르트 교회법령집the Canons of Dort을 통해 엄격한 훈련을 받았는데, 이 세 가지 교리서는 네덜란드 개혁교회들의 기본 신앙고백이었다. 네덜란드 개혁교회들에서는 목사들이 보통 열여덟 살 되는 젊은이들로 하여금 교인이 되기 위한 준비과정에서 몇 년 동안 교리문답을 주의 깊게 공부시키는 것이 관행이었다. 게다가, 네덜란드 개혁교회 목사들은 매년 저녁 예배 때마다 교리문답에 대해 설교하도록 되어 있었다. 보스 교수는 자신이 네덜란드에서 공부한 모든 것에도 불구하고, 동성애에 대한 어떤 언

21) 보스Bos 교수는 그녀의 동료, 루이즈빌 장로교 신학교의 역사신학 교수인 크리스토퍼 엘우드의 주의를 환기시켰다. 그들은 함께 총회에서 원본으로 돌아갈 것을 제의했지만 성공하지는 못했다.

22) *The Heidelberg Catechism* (New York: United Church Press, 1962).

급도 들어 본 적이 없다고 말했다. 내 관심과 호기심이 일깨워졌다.

캘리포니아 주 샌 마리노의 헌팅턴도서관에서, 나는 희귀도서실에서만 볼 수 있는 상당히 많은 수의 하이델베르그 교리문답 간행본들을 발견했다. 나는 1586년에 출판된 우르시누스의 초기 라틴어 판본에서 문답 87을 읽었다.[23] 그 다음엔 1795년에 출판된 올레비아누스의 것으로 간주되는 독일어 판을 읽었다.[24] 그 후 나는 조금 더 익숙한 분야로 가서 1591년에 시편과 함께 출판된 그 교리문답의 네덜란드 판본을 읽었다.[25] 나는 웨스트민스터 총회 동안 런던에서 출판된 1645년 영어판을 찾아서 참조했고,[26] 뉴욕의 네덜란드 개혁교회를 위해 준비됐던 그 교리문답의 1765년 영어 번역본을 연구함으로써 교리문답 조사를 끝냈다.[27]

---

23) *COCTRINAE CHRISTIANAE COMPENDIUM: seu COMMENTARII CATECHETICI*, ex ore D. ZACHARIAE VRSINE, vere Theologi (LONDINI: Excudebat henricus Mideletonus impensis Thomae Chardi, 1586).

24) *Catechismus, oder Kurzer Untericht Christlicher Leher, wie derselbe in denen Reformirten Kirchen and Sxhulen in Deutschland wie auch in America, getrieben wird.* (Philadelphia: Gedrucht und zu haben bey Steiner und Kaemmerer, 1795).

25) *Het Boek Der Psalmen* (Middelbvrgh: Richard Schilders, druker der Statens' landts van Zeelandt, 1591).

26) *THE SUMME OF CHRISTIAN RELIGION DELIVERED BY ZACHARIAS URSINUS 처음에는 CATECHISM(교리문답)의 방식으로, 그런 다음 후에는 견고하고 신중한 EXPOSITON(해설)과 APPLICATION(적용) 의해 더 확장되었다. D. HENRY PARRY에 의해 처음 영어로, 그리고 이제 다시 전 하이델베르그 신학과 교수인 D. DAVID PAREUS의 최고이자 마지막인 라틴어판과 대조하여 연구되었다* (LONDON, Printed by James Young, and are to be sold by Steven Bowtell, at the signe of the Bible in Popes-head Alley, 1645). 교리문답에 대한 원저자의 이 해설은 영국에서 여러 판edition으로 1587, 1591, 1611, 1617, 1633에, 그리고 인용된 것은 1645에 번역되어 출판되었다. 웨스트민스터 신학자들도 다른 개혁교회들과 함께 하고 싶었기 때문에 이것들에 대해 알고 있었던 것이 분명하다.

문답 87은 이 초기 판본들과 번역들 모두에서 똑같았다. 하나님 나라에서 제외되는 죄를 뉘우치지 않는 죄인들 목록은 늘 같은 순서로, "정숙치 못한 자, 우상숭배자, 간음자, 도둑, 탐욕스런 자, 술주정뱅이, 비방하는 자, 강탈자, 또는 그와 같은 자"로 되어 있다. **이 본문들 가운데 어떤 것에도** 하이델베르그 1962년 판이 "동성애적 도착"이라는 말을 삽입한 곳에는 심지어 단 하나의 단어도 들어 있지 않았다. 모든 경우에 그 목록은 간음자에서 도둑까지로 되어 있고, "동성애적 도착"이라고 옮겨질 수도 있는 어떤 단어나 어구는 중간에 전혀 들어 있지 않았다.

그 교리문답의 초기 판본들은 여백에 성경 참조구절을 제공하고 있다. 문답 87에 대한 참조구절들은 늘 고린도전서 6:9-10; 에베소서 5:5; 요한1서 3:14-15; 갈라디아서 5:21이었다. 이 시점에서, 나는 하이델베르그 교리문답 1962년 판에 들어 있는 문답 87의 "동성애적 도착"이라는 말이 새영어 성경New English Bible의 고린도전서 6:9-10의 번역에서 나온 것이라고 몇 년 전에 들었던 것이 기억났다.[28] 실제로, 나는 1962년 판 하이델베르그 교리문답을 번역한 두 번역자가 1961년에 출판되었고 당시에는 최신 번역이었던 새영어 성경에 나온 대로 고린도전서 6:9-10의 표현을 그 교리문답에 끼워 넣었음을 알게 되었다. "동성애적 도착"이라는 말은 1961년 NEB 번역에서 처음 사용되었다.

---

27) 하이델베르그 교리문답 혹은 기독교의 지도방법, 네덜란드와 독일의 개혁교회들과 학교들에서 같은 것을 가르치고 있다. 네덜란드의 개혁주의 교회와 뉴욕시와 미국의 다른 학교들에서 사용하기 위해 번역했다(New-York, Printed: PHILADELPHIA, re-printed by ANTHONY ARMBRUSTER, in race-street, between Second and Third-Street, near the Sign of the Green Tree, 1765).

28) 번역자들이 고린도전서 6:9-10에는 NEB만 사용했다. 문답 87과 관련된 다른 세 개의 본문에는 Revised Standard Version을 사용했다.

1961년 NEB에 "동성애적 도착"이라고 번역된 헬라어 단어들은 '말라코이*malakoi*'와 '아세노코이타이*arsenokoitai*'이다(제5장에서 자세히 설명했다). 이 단어들은 신약성경의 이 한 구절에서만 같이 나온다. NRSV에서 이 말은 "남성 매춘부, 소돔인들"로 번역되어 있다. 제5장에서 나는 NEB의 이 번역에 반박하는 학자들의 의견을 제시했지만, 나는 두 가지 요점을 덧붙여야만 하겠다. 첫째로, 학문적 입장에서 볼 때, 교리문답의 원본에 없었던 단어들을 다른 자료들에서 가져와 끼워 넣었다는 것은 용서할 수 없는 것이다. 둘째로, 크리스천의 입장에서 볼 때, 16세기 원본에는 어떤 정죄도 들어 있지 않은 데도 불구하고 모든 동성 관계를 정죄하는 것처럼 보이는 20세기 중반의 교리문답 번역을 만들어낸 것은 용서할 수 없는 것이다. 미국의 개혁교회가 출판한 하이델베르그 교리문답의 1988년 번역본에서는 문답 87에서 "동성애적 도착"이라는 어구를 뺐고, NEB 대신에 NRSV를 사용했고 각주에서 하이델베르그 교리문답의 원본에는 "동성애적 도착"이라는 말에 해당하는 단어가 없다는 것을 인정했다.[29] 불행하게도, 우리의 신앙고백서에 실려 있는 것은 그 교리문답의 조금 더 이른 판인 1962년 번역으로서, 여기에는 아무런 각주도 없다. 장로교 신앙고백서에 포함된 고백들은 하이델베르그 교리문답의 1962년 판이 출판된 직후 채택되었고, 당시에 그 판이 최신판으로서 채택된 것이었다.

하이델베르그 교리문답 87의 저자들은 단 하나의 성경본문 인용에 근거할 의도가 아니었다. 그 교리문답의 여백에 인용된 다른 성경본문들(에베소서 5:5; 요한 1서 3:14-15; 갈라디아서 5:21)은 고린도전서 6:9-10의 새영어성경New English Bible과는 꽤 다른 방향

29) 하이델베르그 교리문답의 1988 RCA 번역은 온라인에서 이용가능하다. http://www.rca.org/NETCOMMUNITY/Page.aspx?pid=377&srcid=372

에 초점을 맞추고 있다는 것에 주목하라.[30] 에베소서 5:5에 따르면, “너희도 정녕 이것을 알거니와 음행하는 자나 더러운 자나 탐하는 자 곧 우상 숭배자는 다 그리스도와 하나님의 나라에서 기업을 얻지 못하리니.” 이 구절에서 가장 흥미로운 것은 그것이 (일부 현대 저자들이 주장하는 대로) 동성애가 아니라, 욕심, 탐욕, 우상숭배로 간주되는 금전적 취득을 위해 고군분투하는 것을 말한다는 것이다. 요한1서 3:14-15는 말하기를, “사랑하지 아니하는 자는 사망에 머물러 있느니라. 그 형제를 미워하는 자마다 살인하는 자니 살인하는 자마다 영생이 그 속에 거하지 아니하는 것을 너희가 아는 바라.” 여기서 초점은 자신의 형제에 대한 사랑이 결여된 것이 죄라는 것이다. 갈라디아서 5:21은 긴 목록의 죄를 열거하는데, “다툼, 싸우는 기질, 시기, 발작적 분노, 이기적인 야심”이 포함된다. 여백에 있는 이 네 개의 성경본문들에 근거하면, 어느 누구도 문답 87이 동성애에 초점을 맞추려고 의도하고 있다고는 도저히 주장할 수가 없다.[31]

나는 NEB 에베소서 5:5에서 “더러운 자indecency”로 번역된 단어가 아마도 동성애에 대한 언급을 끼워 넣는 것을 뒷받침했을 것이 아닌가 짐작한다. 그래서 NEB가 기초한 헬라어 본문을 검토했다.[32] 그 헬라어 단어는 ‘아카싸르토스*akathartos*’였고, 리델과 스콧의 헬라

30) *The Holy Bible, containing the Old and New Testament with the Apocryphall Deuterocanonical Books,* New Revised Standard Version (New York: Oxford University Press, 1989)을 참조하라. Revised Standard Version과 샘플 주석을 보려면, Markus Barth, 에베소서, vol. 2, Anchor Bible (Garden City, NY: Doubleday, 1974)를 보라.

31) New English Bible: New Testament (New York: Oxford University Press, 1961; 2nd ed., 1970).

32) *The Greek New Testament: Being the Text Translated in eh New English Bible*, 1961, edited with introduction, textual notes, and appendix by R. V. G. Tasker (London: Oxford University Press, 1964).

어-영어 용어집Greek-English Lexicon에 따르면, "불결"을 의미하는데, 상처, 도덕적 타락, 또는 예식적 불순에 관한 것이었다.[33] 구체적으로 동성애 관계에 적용할 수 있다는 암시는 전혀 없다. 나는 여러 번역본으로 에베소서 5:5을 검토했다. 1563년의 하이델베르그 교리문답에 영향을 주었을 것으로 추정되는 1560년의 제네바 성경은 '아카싸르토스'를 "불결한 사람unclean person"으로 번역했다.[34] RSV와 NRSV는 이곳에 "불순impure"이라는 단어를 쓴다. 어떤 예에서도, 이것을 동성애에 적용할 수 있다고 시사하는 것은 전혀 없다.

연구를 하는 중에, 나는 하이델베르그 교리문답 1962년 판이 알렌 밀러Allen O Miller와 유진 오스터헤이븐M. Eugene Osterhaven에 의해 번역되었다는 것을 알게 됐다. 나는 전에 오스터헤이븐을 만난 적이 있었고, 그래서 그에게 연락해서 어떻게 된 건지 이해하기로 결심했다. 우리는 편지를 교환했고 전화통화도 한 번 했다. 그는 자신이 보스Bos교수와 엘우드Elwood 교수의 비판에 대응해서 출판한 글들을 내게 보내주었다. 한 논문에서 그는 다음과 같이 썼다: "알렌 밀러와 내가 1962년에 그 번역본을 위해 작업할 때는 성적인 혁명이 이미 일어났다.… 우리는 문답 87에서 우르시누스Ursinus가 그의 시대에 했던 것보다 더 구체적이 되는 것이 잘하는 것이라고 생각했다.[35] 오스터헤이븐과의 전화통화에서, 내가 원본에 그에 해당하는 어구가 없는데 "동성애적 도착"이라는 말을 집어넣은 이유를 물었을 때, 그는 이렇게 대답했다: "우리는 그저 그것이 좋은 생각이라고

---

33) Henry George Liddell and Robert Scott, *A Greek-English Lexicon* (Oxford: Clarendon Press, 9th ed., 1940; with revised supplement, 1996).

34) *The Bible and Holy Scriptures Conteyned in the Olde and Newe Testament* (Geneva: Printed by Rovland Hall, 1560).

35) M. Eugene Osterhaven, "하이델베르그 교리문답에 오스터헤이븐이 대답하다," *Monday Morning*, February 17, 1997, 11.

여겼다."

프린스턴신학교 교수인 에드워드 도위Edward Dowey는 신앙고백서를 집성하면서 하이델베르크 교리문답의 1962년판 밀러와 오스터헤이븐 번역본을 포함시킨 "신앙에 관한 짧은 현대적 선언Brief Contemporary Statement of Faith"을 위해 작업한 특별위원회의 회장이었다. 도위 자신은 그런 어구 변경에 대해 자문을 받았던 적도 없었으며, 몇 년 뒤에 그렇게 변경된 교리문답이 공식적으로 채택되었다는 것을 알았을 때 깜짝 놀랐다고 했다. 도위 교수는 1996년 10월 21일자로, 조애나 보스 교수와 크리스토퍼 엘우드 교수에게 보낸 이메일에서, 다음과 같이 썼다. "장로교의 한 장로가 뉴브런스윅 장로교의 리더십 훈련 학교 기간 동안 내게 질문을 했다. 나는 자신 있게 그에게 그 문서에는 동성애에 대한 언급이 없다고 말했다. 얼마 후에 나는 진 오스터헤이븐과 통화를 했고, 그는 준비된 듯 (그리고 내 기억에 약간은 승리감에 차서) 그들이 이렇게 어구를 변경시켰다고 말하면서 주장하기를, 이 주제가 16세기에는 금기사항이었기 때문에 언급되지 않았고, 심지어 성경에도…. 우리 위원회는, 특히 나는 회장으로서 태만에 대한 죄의식을 느낀다. … 아무도 이렇게 얼버무려질 거라고는 꿈도 꾸지 못했다. … 나는 나와 그렇게나 주의 깊은 학자들인 트린터러드Trinterud, 헨드리Hendry, 스마트Smart, 등등이 그런 위법적인 변경을 발견해내지 못했다는 사실에 놀라서 말이 안 나온다."

동성애에 대한 정죄는 우리 신앙고백서의 본질적 가르침이 아니다. 이 부정확한 첨가 이외에는 정말로 동성애에 대한 언급이 전혀 없다. 어떤 본문이든 번역의 어려움들 중 하나는 원문의 의도에 충실하지만 우리 현재의 문화적 맥락에서도 의미가 있는 언어를 사용하는 것이다. 불행하게도, 우리 시대의 편견들—우리가 보통 의문을 제기하려고 생각하지 않는 것들—이 오래된 본문을 현대적으로 번역하는 일에 영향을 끼칠 수 있다. 이 경우에는, 미국장로교U.S.A 신앙고백서에 들어 있는 하이델베르그 교리문답 87에서 부정확하고 정당화되지 않는 첨가로 인해 결점이 있는 것이다. 이 결점이 교인들 중에서 한 무리를 정죄하고 있다는 사실이 더욱 더 통탄스럽다.

신앙고백서의 결점들을 바로잡기 위한 조치들

이 책의 초판이 출판된 이후, 교회는 하이델베르그 교리문답을 원본대로 복원하기 위한 큰 조치를 취했다.

사실상 문답 87에서처럼 공인되지 않은 변경은 그 문서의 많은 결점들 중 하나일 뿐이다. 루이즈빌 장로교신학교의 역사신학 교수인 크리스토퍼 엘우드는 밀러와 오스터헤이븐의 번역을 통해 원래 의미가 크게 바뀐 4개의 다른 구절들(Q&A 87 이외에도)을 치밀하게 밝혔다. 게다가, 기독교개혁교회, 미국의 장로교개혁교회, 그리고 캐나다의 개혁교회는 모두 1962년 밀러와 오스터헤이븐 번역본에서 발견된 문제들을 피하는 번역본들을 사용하고 있다.[36]

2008년의 장로교 총회를 향한 7개의 건의안들은 그 교리문답을 원래대로 복원하도록 요청했다. 총회 전에, 32명의 장로교 신학자들이 그 복원을 요구하는 탄원서에 서명했다. 많은 토론 후에, 제218차 총회의 "신학 문제들과 기관 위원회"의 대다수는, 그 번역본에서 5개의 오류들을 분명히 지적하고 그 교리문답을 원본대로 복원할 것을 요구한 뉴어크 노회의 건의안을 승인했다. 그 후 전체 총회에서 60%(436)대 39%(280)의 투표결과로 이 건의안을 승인했다.[37]

36) Christopher Elwood, "하이델베르그 교리문답 제의: 제의 주창자들에 의한 연합 발표."

총회의 투표를 통해 신앙고백서에서 어떤 것을 변경하기 위해 요구되는 길고도 복잡한 과정이 시작되었다. 짧게 말해서, 2008년의 제218차 총회장은 15명 이상의 장로들과 목사들로 구성된 위원회를 임명하여 하이델베르그 교리문답을 원래의 1563년 본문으로 복원하는 일을 연구하도록 했다. 이 위원회는 2년 동안 연구하고, 2010년 총회에 제안서를 제출해야 했다. 그 두 번째 총회는 15인 위원회의 제안을 승인하거나(또는 바꾸어야) 하고, 그 수정된 신앙고백을 노회들에게 추천해야 한다. 173개의 노회들(목사들과 장로들로 구성된 지역조직들) 중 3분의 2가 2011년 여름까지 2010년 총회의 추천을 승인해야 한다. 노회들 중의 3분의 2가 찬성하면, 2012년의 세 번째 총회가 그 새로운 신앙고백을 신앙고백서의 일부로 승인하고 법령화한다.[38] 장로교회는 자신의 신앙고백 문서들을 신중하게 (천천히) 수정하고 있다. 하이델베르그 교리문답을 원래대로 복원하는 과정을 시작되었다.

규례서의 원칙들

신앙고백서처럼, 장로교의 규례서*Book of Order*는 전보다 더 사람들을 포용하는 쪽으로 발전해왔다. 규례서는 "신앙고백과 관련되지 않은 어떤 이유로도" 누군가에게 온전한 권리와 특권의 멤버십을 주는 것을 거부해서는 안 된다고 규정하고 있다.[39]

1983년에 미국의 남북 장로교들이 재연합할 때 기초가 되었던 합의사항들Articles of Agreement은 규례서 안에 4개의 중요한 새로운 챕터들로 덧붙여졌는데, 그 중 어떤 것도 양쪽 교단들의 정치 문서

37) http://www.pcusa.org/ga218/news/ga08129.htm.

38) *BO*, G-18.0200.

39) *BO*, G-5.0103.

에는 없었던 것들이다. 이 새로운 챕터들은 장로교들이 스스로 통치해왔고, 또 통치하고 싶은 기본 원칙들을 제시한다. 그 원칙들은 더욱 포용을 확대하는 쪽으로 방향을 맞추고 있다.

제3장 "교회와 선교"는 이 포용의 원칙을 아주 분명하게 밝힌다. 이 챕터는 교회에게, "교회의 멤버십을 새로이 열어서… 신앙에서뿐만 아니라 실제로도 모든 연령과 인종과 조건의 남녀로 구성된 한 공통체가 되게 하고, 새로운 인간성의 눈에 보이는 표시로서 포용을 제공하라고" 촉구하고 있다.[40] 제4장 "교회와 연합"은 포용을 훨씬 더 명확하게 천명한다.

> 미국 장로교는 멤버십에서 풍성한 다양성을 온전히 표현하며 새로 시작하는 삶에서 온전함으로 이끄는 더 큰 포용을 확실히 하는 방법들을 제공한다. 모든 인종, 다양한 연령, 두 성sexes 모두의, 다양한 장애를 가진, 다양한 지리적 지역의, 개혁전통과 일치하는 다양한 신학적 입장의 사람들뿐 아니라 다양한 결혼관련 상태(결혼, 독신, 미망인, 또는 이혼한) 사람들이 완전히 참여하며 교회의 의사결정에 대표가 되는 것을 보장한다.[41]

이 단락은 이전에 유색인종, 여성, 그리고 이혼한 사람들을 명백히 배제했던 것에 대한 뉘우침을 나타낸다. 이것은 또한 우리가 종종 기능적으로 젊은 사람, 장애가 있는 사람, 결혼하지 않은 사람, 우리 지역 출신이 아닌 사람, 또는 우리의 특정 신학교와 맞지 않은 사람들을 리더십에서 배제해왔다는 우리의 자각이 늘었음을 증거하는 것이다. 이 단락은 "다른 성적 지향을 가진"이라는 어구를 포함해서

40) *BO*, G-3.0401.

41) *BO*, G-4.0403.

수정되면 훨씬 더 완벽해질 것이다.

지금은 G-6.0106b(아래에 상세히 설명할 것이다)로 알려졌고, 게이들과 레즈비언들의 직분 안수를 금지하기 위해 의도된 한 조항을 집어넣기 전까지, 규례서는 교회 직분자의 자격에 대해 완벽하게 적당하고 적절한 정의를 갖고 있었다: "특정한 사역들을 감당하는 사람들은 타고났든 획득했든, 필요한 재능과 능력을 가져야 할 뿐 아니라, 강한 믿음과 헌신된 제자도와 구세주이시며 주님이신 예수 그리스도에 대한 사랑을 가진 사람들이어야 한다. 그들의 삶의 방식은 교회와 세상에서 기독교 복음의 예증이 되어야 한다."[42] 나는 이 기준에 따라 리더십 자격이 있는 많은 LGBT인 사람들을 알고 있다.

규례서의 결점

1993년에 장로교 총회는 동성애에 대해 3년간 연구하기로 선언했다. 3년이 끝나갈 즈음, 다가오던 1996년 앨버커키 총회는 게이들과 레즈비언들의 직분 안수와 관련해 51개의 건의안을 받았다. 이 건의안들은 50명으로 구성된 "직분 안수와 인간의 성Ordination and Human Sexuality"에 대한 총회 위원회로 넘겨졌다. 그 위원회는 하루 동안 공개 청문회를 열었다. 1,000명의 사람들이 참석했고, 시간제한 탓에 오직 103명만이 발언할 수 있었지만, 230명이 동성애자들의 직분 안수에 찬성 또는 반대를 표시하기 위해 서명을 했다.[43]

그 위원회의 31명에 의한 다수권고majority recommendation는 다음 세 문장으로 되어 있다.

---

42) *BO*, G-6.0106a.

43) *General Assembly News*, vol. 1996, no. 3 (July 2, 1996): 1.

교회의 직분에 부름 받은 사람들은 성경에 순종하고 교회의 역사적인 신앙고백의 기준에 따르는 삶을 살아야 한다. 이 기준들 가운데 **한 남자와 한 여자**의 결혼서약 내에서 충실하거나, 싱글로서 **정숙하게** 살아야 한다는 요구사항이 있다. **신앙고백들이 죄라고 부르는** 어떤 스스로 인정하는 관행에 대해 회개하지 않는 사람들은 집사, 장로, 또는 말씀과 성례의 목사로 직분에 임명되거나 취임할 수 없다. [강조 추가]

이 다수 보고서majority report는 방금 열거한 원칙들에 중요한 예외를 덧붙였다: "노회들에게 보내는 이 권고사항을 통해, 이혼과 재혼에 관련해서 교회의 현재 기준과 규정에서 무엇인가를 바꾸는 것은 이 위원회의 의도가 아니다."

그 위원회의 나머지 19명의 회원들이 서명한 소수 보고서minority report는 각 당회와 노회가 게이들과 레즈비언들의 직분 안수를 결정하도록 허락하자고 요청했다.

7월 5일 금요일, 이 수정안이 총회에 제출되었을 때, 다수와 소수 보고서 양쪽 모두를 위해 45분 동안 "정보를 제공하는 발표와 기도" 시간이 있었고, 그 뒤 90분간의 토론이 있었다. 2분간 기도하고 투표에 들어갔다. 다수 보고서를 지지하는 마지막 투표결과는 찬성 313, 반대 236, 기권은 없었다. 찬성 57%와 반대 43%였다.[44]

게이 장로교인인 제임스 D. 앤더슨은 다음과 같이 말했다.

---

44) 같은 총회에서, 같은 날에 동성커플의 시민적 권리들에 찬성하는 법정조언자(friend-of-the-court) 브리핑을 제출하는 것에 대해 검토하도록, 투표를 통해 부의장에게 권한을 위임했다. 총회는 또 결혼과 가정생활 사역을 감당하던 유일한 유급 직원을 없애는 예산안에 찬성하는 투표를 했다. 총회는 172개 노회의 찬성으로 동성애자에게 직분 안수를 금지하는 것을 수정안B로 만들어 보냈다.

이 수정안의 원본은 "직분 안수와 인간의 성에 대한 총회 위원회"에서 "한 남자와 한 여자의 결혼marriage of one man and one woman"이라는 어구와 함께 나왔다. 총회 회의장에서, 이것은 예수님의 말씀과 신앙고백들에 들어 있는 분명한 이혼금지를 교묘히 피하기 위한 시도에서 "남자와 여자의 결혼marriage of a man and a woman"으로 바뀌었다. "한 명의one" 대신에 "부정관사 a"를 써서 이성애자들이 연속적 결혼에서 한 번에 하나에 관련된 이상, 그들이 원하는 한 많은 배우자와 계속 즐기도록 허용한 것으로 여겨졌다. 이와는 대조적으로, 레즈비언들과 게이들은 꽤 다른 기준에 묶여 있다. 우리는 평생을 가는 단 한 명의 파트너도 허락되지 않는다. 이런 것은 차별의 도덕morality of apartheid이다.[45]

수정안 B, 즉 총회가 승인한 세 문장으로 된 성명서는 장로교 헌법의 한 가능한 변화로서 노회들에게 보내졌다. 노회들이 논쟁하는 동안, 수정안 B의 본문이 명백하기보다는 애매하다는 것이 판명되었다. 실제로, "싱글로서 정숙하게"는 무슨 뜻인가? 신앙고백들이 죄라고 부르는 관행들이란 정확히 무엇인가?

그러나 본문이 분명하지는 않지만, 거의 모든 사람들은 수정안 B의 **의도**가 게이와 레즈비언의 직분 안수를 막기 위한 일종의 신학적 기초를 찾아낸 것이라는 것을 알고 있었다. 수정안 B의 애매모호함에도 불구하고, 1997년 봄까지 172개 노회들 중, 찬성 97, 반대 74였다. 나는 아무 행동도 취하지 않았다. 그렇게 수정안 B는 승인되었고 규례서의 G-6.0106b가 되었다. 노회들에서 이루어진 모든 개별적 투표결과는 겨우 과반을 넘는 50.69%가 수정안 B에 찬성했

45) James D. Anderson, "미국 장로교내의 레즈비언과 게이 해방운동, 1974-1996," *Journal of Homosexuality* 34, no. 2 (1997): 57.

고, 48.91%가 반대했다. 이 결정으로 인해 대다수는 자신들이 장로교 내에서 동성애자들이 직분 안수 받는 것을 효과적으로 막았다고 느꼈다. 그러나 그것은 많은 혼란과 논쟁의 시작일 뿐이었다.

근본적인 오해들

표면적으로 보면, G-6.0106b라고 불리게 된 그 수정안은 훌륭한 것처럼 보인다. 물론, 모든 사람들이 자신들 교회의 직분자들이 "성경을 따르고 교회의 역사적인 신앙고백의 기준들에 따라 살기를" 원한다. 그러나 두 번째와 세 번째 문장에 있는 성경과 신앙고백들에 대한 부정확한 가정들은 커다란 문제들을 야기했다. 나는 특히 두 가지 문제를 강조하려고 한다.

첫 번째 문제는 그 수정안에서 사용된 "정숙chastity"이란 단어를 대부분의 장로교인들이 독신을 뜻하는 것으로 잘못 가정한다는 점이다. 수정안 B를 만들어 낸 총회 위원회 의장은 "정숙"이 "남자와 여자가 결혼계약 외에서는 성적인 관계를 갖는 것을 자제한다"는 뜻이라고 단언했다.[46] 그러나 그 위원회 보고서는 신앙고백서를 판단 근거로 삼았다. 신앙고백서에서 "정숙"은 결혼을 했든 싱글이든, 어느 크리스천에게나 적용되는 책임감 있는 질적인 삶을 묘사한 것이다. 따라서 정숙이 늘 성적인 자제를 뜻하는 것은 아니다.

장로교 신앙고백서가 수정안에서 언급된 출처이기 때문에, "정숙"의 정의는 그 단어가 쓰인 문맥과 사용에 따라 이해해야 한다. 신앙고백서에서 "정숙"에 대한 모든 성경본문 참조는 싱글과 결혼한 사람들 둘 다에게 적용되기 때문에, "독신"이 그 뜻이 될 수는 없고, 신앙고백서에서 나온 다음의 발췌들이 증거가 되어준다[강조 첨가].

---

46) "부정확한 정의에 의해 애매해진 충절과 정절에 대한 수정안 토의," *News Briefs*, December 13, 1996, 3-5.

신앙고백서, 4.108, 하이델베르그 교리문답에서

Q. 108. 일곱 번째 계명은 우리에게 무엇을 가르치는가?

A. 모든 **부정**unchastity은 하나님께 정죄받기 때문에 우리는 그것을 마음으로부터 싫어해야 하고, 성결한 결혼에서든 싱글 생활에서든 **정숙**chaste하고 절제된 삶을 살아야 한다.

Q. 109. 하나님은 이 계명에서 간음과 그런 저속한 죄들을 금하시는가?

A. 우리의 몸과 영은 둘 다 성령님의 성전이고, 그 둘 다 순수하고 거룩하게 유지하는 것이 그 분의 뜻이다. 따라서 그 분은 모든 부정한 행위, 몸짓, 말, 생각, 욕구를 금하시며 다른 사람을 그렇게 하도록 선동하는 어떤 것도 금하신다.

신앙고백서, 7.248, 웨스트민스터 대요리 문답에서

Q. 138. 일곱 번째 계명에서 요구되는 의무들은 무엇인가?

A. 일곱 번째 계명에서 요구되는 의무들은 다음과 같다: 몸, 마음, 애정, 말, 행동에서의 **정숙**, 그리고 우리 자신과 남들에게서 그을 유지하는 것, 눈과 모든 감각에 유의하는 것, 절제, 정숙한 동행, 검소한 옷차림, 자제력의 은사가 없는 사람들의 결혼, 부부간의 사랑과 동거, 우리의 소명 속에서 근면히 일하는 것, 모든 경우의 부정을 피하고 거기에 덧붙여 유혹에 저항하는 것이다.

신앙고백서, 7.249, 웨스트민스터 대요리문답에서

Q. 139. 일곱 번째 계명에서 금지된 죄들은 어떤 것들인가?

A. 일곱 번째 계명에서 금지된 죄들은 요구되는 의무에 대한

태만 이외에 다음과 같다: 간음, 우상숭배, 성폭행, 근친상간, 항문성교[47], 그리고 모든 자연스럽지 못한 욕정들; 모든 정결치 못한 상상들, 생각들, 목적들, 그리고 애정들; 모든 부패하고 더러운 대화들, 또는 거기에 덧붙여 듣는 것; 음탕한 시선, 경솔한 또는 가벼운 행동들, 품위 없는 복장, 합법적인 결혼을 방해하는 것, 그리고 비합법적인 결혼을 허락해주는 것; 매춘을 허용하고, 봐주고, 유지하는 것과 그것에 자주 빠지는 것; 싱글 생활의 서약을 혼란케 하는 것, 온당치 못한 결혼의 연기; 한 번에 한 명 이상의 아내와 남편을 가지는 것; 부당한 이혼과 유기; 게으름, 폭식, 술주정, **부정한**unchaste 모임; 선정적 노래, 책, 그림, 춤, 무대 연기, 우리 자신들이나 남들에게 부정uncleanness을 자극하는 모든 다른 것들이나 행위들이다.

정숙chastity은 신앙고백서에서 매우 중요한 개념이다. 그것은 우리에게 책임 있는 정숙함으로 우리의 성적인 삶을 살아가라고 요구한다. 정숙은 웨스트민스터 대요리문답에 따르면 "부부간의 사랑"이란 말과 양립한다. 게다가, 신앙고백서에서 인용한 이 발췌문들의 모든 예에서, 정숙은 싱글이든 결혼했든 모든 사람들에게 적용되기 때문에 독신이라는 말과 동의어가 될 수는 없다.

두 번째 문제는 아마도 더 중요한 것인데, 그 수정안이 정확히 "신앙고백들이 죄라고 부르는" 것에 대한 거짓된 가정들에 기초하고 있다는 것이다. 사실, 우리 모두 "신앙고백들이 죄라고 부르는" 행위들을 하고 있고 회개하지도 않는다. 왜냐하면 우리는 이전 시대

47) 제5장에서 설명한 대로, "sodomy항문 성교"란 단어는 성경 용어가 아니다. 그것은 자녀생산을 위한 게 아닌 성적 행위를 묘사하기 위해 사용되었는데, 동성애뿐 아니라 이성애적 행위에도 적용되었다.

와 상황에서는 금해졌던 많은 것들을 더 이상 죄로 간주하지 않기 때문이다.

신앙고백들은 성경의 일반적 원칙들뿐만 아니라 그것들이 기록된 시대와 문화의 윤리적인 기준을 반영하는 역사적인 문서들이다. 신앙고백들의 내용에 대한 일반적인 무지는 장로교인들로 하여금 실제로 그것들을 이해하거나 자신들의 일상생활에 그것들을 적용하지 않고서도 신앙고백들을 예우하는 것처럼 하는 게 가능하게 만들었다. G-6.0106b의 세 번째 문장을 문자 그대로 받아들인다면, "신앙고백들이 죄라고 부르는, 어떤 스스로 인정하는 관행에 대해 회개하지 않는 사람들은 집사, 장로, 또는 말씀과 성례의 목사로 직분에 임명되거나 취임할 수 없다." 그렇다면 장로교인들 중에 어느 누구도 집사, 장로, 또는 말씀과 성례의 목사로 취임할 수 없다.

몇 가지 예들이 나의 요점들을 설명하는 데 도움이 될 것이다.

1. 17세기에 영국 청교도들이 로마가톨릭 사제들에게 요구되는 독신주의에 반대하면서, "결혼의 부당한 연기undue delay of marriage"는 웨스트민스터 대요리문답에서 죄로 열거되었다. 웨스트민스터 신앙고백은 "주님 안에서 한 번 결혼하는 것이 크리스천의 의무"라고 선언했다.[48] 이 원칙에 대한 17세기 영국 청교도의 적용은 "진정한 개혁종교를 고백하는 이들은 불신자들, 교황 예찬자들 또는 다른 우상숭배자들과 결혼해서는 안 된다." 사실, 교황은 적그리스도 antichrist로 낙인찍혔다![49]

2. 제2차 헬베틱(Helvetic, 스위스 신교도의) 신앙고백은 "결혼은 부

48) 웨스트민스터 신앙고백, 24장, 3; *The Confession of Faith of the Assembly of Divines at Westminster, From the Original Manuscript Written by Cornelius Burges in 1646,* edited by S. W. Carruthers (n.p.: Presbyterian Church of England, 1946)에 수록되어 있다.

49) *BC,* 6.145, 1647년 판에 관한 각주.

모, 또는 부모의 자리를 차지하고 있는 이들의 동의와 함께 이루어져야 한다."[50]고 명령한다. 16세기와 17세기에는 부모가 미리 협의한 결혼이 표준 관행이었고, 종종 우리가 생각하기에 매우 어린 나이에 행해졌었다.

3. 대부분의 장로교인들은 오늘날 청교도 안식일을 지키지 않는다. 웨스트민스터 교리문답은 우리에게 "게으름, 즉 그 자체가 죄인 것을 하면서, 또는 우리의 세속적인 업무나 오락에 관한 불필요한 생각, 말 또는 일들로 그 날을 신성모독 하는 것"을 금하고 있다.[51] 우리가 이것을 따른다면, 우리는 일요일에 스포츠에 참가하는 것도 텔레비전으로 그것을 보는 것도 할 수 없다. 심지어 월요일에 우리를 기다리고 있는 일에 대해서도 생각해서는 안 될지도 모른다.

4. 우리들 중에 "세속적인 즐거움" 때문에 회개하는 사람은 거의 없다. 오늘날 텔레비전을 보고 우리의 청교도 조상들이 죄로 간주했던 "선정적 노래, 책, 그림, 춤, 무대 연극, 그리고 우리 자신들이나 다른 이들에게 부정uncleanness을 자극하는 행위들"의 이미지를 전적으로 피한다는 것은 불가능하다.[52] 우리는 청교도들 (그리고 우리의 조부모들)이 "점잖지 못한 복장"이라고 생각했었을 차림새인 다른 사람들을 볼 뿐만 아니라 우리 스스로도 그렇게 입는다.[53] 오늘날 우리 해변에서 가장 점잖은 수영복 차림조차도 청교도의 검열에는 합격하지 못했을 것이다.

5. 심지어 우리 예배의 몇 가지 관행들은 청교도 기준에 위배된다. 우리는 오늘날 종교적 작품을 전시하는 것을 죄로 간주하지 않

---

50) *BC*, 5.247.

51) *BC*, 7.061; cf. *BC*, 7.229.

52) *BC*, 7.249.

53) Ibid.

지만, 17세기 청교도 영국에서는 금지되었었다. 웨스트민스터 대요리문답은 "내부적으로 우리의 마음속이든, 외부적으로 어떤 종류의 형태이든, 어떤 피조물의 형상으로든, 하나님에 대한 또는 성삼위일체 모두의, 혹은 어느 하나의 표상을 만드는 것"을 죄라고 부른다.[54]

6. 오순절 운동에 영향을 받은 장로교인들은 자신들이 신앙고백들에 따르면 회개하지 않은 죄인들이라는 것을 알고 틀림없이 놀랄 것이다. 신앙고백들은 요구하기를, "그러므로 모든 방언은 예배 모임에서 조용하게 하라. 그리고 모든 것이 그 곳에 모인 사람에게 이해되는 공통의 언어로 설명되게 하라."[55] "기도는… 소리 내어 할 경우, 사람들이 알 수 있는 언어로 해야 한다."[56]

신앙고백서에는 적어도 250개의 죄가 언급되어 있고, 우리 모두는 선한 양심 속에서 적어도 그 죄들 가운데 몇 가지를 실제로 행하고 있다. 장로교뿐 아니라 다른 교단들의 대다수 사람들도 16, 17세기의 신앙고백들에 익숙하지 않기 때문에,[57] 실제적으로 교회는 오직 게이와 레즈비언만 직분에 임명되지 못하도록 막고 있으면서도 여전히 우리 자신들은 신앙고백 전통을 따르고 있다고 주장한다.

G-6.0106b의 세 번째 줄, "신앙고백들이 죄라고 부르는, 어떤 스스로 인정하는 관행들을 회개하지 않는 사람들은 집사들, 장로들, 또는 말씀과 성례의 목사들로 직분에 임명되거나 취임할 수 없다"라는 문장을 다듬었던 그 젊은이는 자신이 만든 문장이 교회 안의 윤리적 문제들에 대한 결정들이 통치적 근거보다는 신앙고백적 근거

54) *BC*, 7.219.

55) *BC*, 5.217.

56) *BC*, 6.114.

57) 나는 내 책 *Presbyterian Creeds: A Guide to the Book of Confessions* (Louisville, KY: Westminster John Knox Press, 1991)에서 이 문제를 교정해 보려고 했다.

위에서 만들어진다는 것을 뜻한다고 믿었었다.[58] 결과는 정반대가 되었다.

G-6.0106b는 괜찮게 들리는 수정안이지만, 신학적으로 또한 실제적으로도 엉망진창이다. 그것에 찬성했었던 사람들은 마치 자기들이 성경과 신앙고백들을 끝까지 지켜냈다고 느끼는 것 같았다! 그러나 사실은, 그 수정안이 성경과 신앙고백들에 대한 거짓된 가정들에 의존함으로써, 실제로 그 둘의 근본 원칙들을 왜곡시키고 있다. 동성애자들에게 직분 안수를 하는 것은 성경과 신앙고백들과 완벽하게 일치될 수 있다. 그 수정안의 두 번째와 세 번째 문장들에 들어있는 대로 동성애자들에게 직분 안수를 막는 것은 오직 성경과 신앙고백들에 대한 편견에 사로잡힌 문화적인 가정들뿐이다.

규례서의 결점들을 바로잡기 위한 조치들

2001년에 내가 213차 총회장이었을 때, 그 회의는 "교회의 평화, 일치, 순수에 관한 신학 특별위원회"를 만들라는 건의안을 승인했다. 특별위원회는 네 개의 주제를 다루어야 했는데, 그것은 그리스도론, 성경, 직분 안수 기준, 그리고 권력이었다. 두 명의 전임 총회장과 나는 추천되거나 지원한 500명 이상의 사람들 중에 20명을 선발해서 특별위원회에 임명했다. 우리가 선발한 사람들은 교회의 최고의 신학적 그리고 인종적 다양성를 반영했다.

특별위원회는 4년 반을 함께 작업했다. 그들은 자신들이 기독교 신앙의 본질적 부분들, 특히 그리스도론과 성경에 대한 헌신을 공유하고 있다는 것을 알게 되었다. 그들은 동성애자들의 직분 안수에

---

58) Fred Beuttler와의 편지와 개인적 토론. 그의 글, "신학문제 만들기: 권력, 정치, 그리고 미국 장로교에서 동성애자 직분 안수에 대한 신학적 논쟁," *Review of Religious Research* 41 (1999): 239-61을 참조하라.

투표를 하지 않았던 사람들이다. 대신에, 그들은 G-6.0108의 타협안—규례서의 한 부분에 대한 권위적 해석(AI: authoritative interpretation)—을 만들었는데, "양심의 자유"라고 적절히 제목도 붙였다. 그 제안서를 만든 생각은 단순했다. 즉 전체 교회가 전국적 기준을 세운다는 생각이었다. 직분 안수를 위한 후보에게 가장 가까운 통치기관인 당회나 노회가 그 기준들을 적용한다. 후보가 "양심의 가책scruple," 즉 이의를 갖는다면, 그것이 개혁신앙의 본질에 속하는지를 노회가 결정한다. 그것이 본질적인 것이 아니라면, 그 사람은 직분에 임명될 수 있다. 이 타협안은 우리 장로교 전통의 최선을 되살려냈다.

2006년, 제217차 총회는 미국장로교PC(USA)의 "평화, 일치, 순수에 관한 신학 특별위원회"의 보고서를 298대 221의 투표로 가결했다. 그렇게 함으로써, 총회는 G-6.010b에 대한 새로운 권위 있는 해석을 만들었는데, "게이들과 레즈비언들을 포함하는 것과 같은 교회의 직분 안수 기준의 일부분에 동의하지 않는 후보자는 반대 또는 '양심의 가책'을 선언하도록 허가했다. 그러면 지역 통치기관(노회)이 교단의 헌법적 기준으로부터의 그런 이탈이 '개혁 신앙과 통치의 본질을 지키지 못하는 것인지,' 또는 허용될 수 있는 것인지를 결정하게 되는 것"이었다.[59]

그 후 2년 동안, 매우 훌륭한 자격을 갖춘 두 명의 동성애자들이 이 새로운 법안을 통해 앞으로 나섰다. 첫 번째는 리사 라지스Lisa Larges로서 비영리단체 "모두 자유로이 섬기기That All May Freely Serve"의 목회자였다. 그녀는 1985년에 트윈 시티즈 노회에서 목사 후보자가 되었지만 레즈비언이었기 때문에, 장로교 최고 헌법기관

59) http://pres-outlook.net/index.php?option=com_content&view=article & id=2044.

인 총회상설사법위원회(GAPJC: General Assembly Permanent Judicial Commission)는 1992년에 그녀의 성직안수를 허가하지 않았다. 2008년 1월, 새로운 권위적 해석AI의 약속들 아래, 라지스는 샌프란시스코 노회에서 목사안수를 위한 검토에 들어가는 것이 허용되었다. 또한 2008년 초에, 폴 카페츠Paul Capetz의 성직안수가 트윈 시티즈 노회에서 회복되었다. 카페츠는 동성애자로서 1991년 목사안수를 받았으나 G-6.0106b에 대한 대응으로 2000년에 그의 성직을 반납했다. 그는 그 수정안을 개혁신학의 위반이요 "행위를 통한 거짓 의로움works righteousness"이라고 생각했다.[60]

2008년 2월 11일, 총회상설사법위원회GAPJC는 "평화, 일치, 순수에 관한 특별위원회"의 작업과 2006년 총회의 다수 결정을 뒤집었다. 논쟁이 되는 결정에서, 상설사법위원회는 G-6.0106b가 누구도 "양심의 가책"을 가질 수 없는 하나의 본질적 요소라고 선언했다. 이것은 개혁주의 전통에서 하나의 본질적 입장이 무엇으로 구성되는지에 대한 놀라운 오해였다. 본질적인 입장에 대한 우리 장로교의 이해를 반영하는 좋은 은유는 일련의 동심원同心圓들을 생각하는 것이다. 즉 우리의 신앙고백들에 따르면, 예수 그리스도께서 우리가 삼위일체 하나님을 만나게 되는 한 분으로서 우리 신앙의 중심이다. 개신교인들에게 핵심 가치들의 두 번째 동심원은 성경과 믿음을 통한 은총에 의한 칭의justification by grace through faith에 대한 신앙이다. 세 번째 동심원은 개신교의 특징적 개념들, 즉 하나님의 주권, 선택, 계약, 청지기, 죄, 순종으로 구성된다.[61] 하나님의 전체 가르침을 이해하기 위한 우리의 노력들을 나타내는 많은 추가적인 동심원들

60) 장로교 뉴스 서비스, "두 명의 게이 장로교인이 안수 사역에 파란 불을 밝히다," *Presbyterian Today*, March 2008, 27.

61) *BO*, chap. II, "교회와 교회의 신앙고백들," 특히 G-2.0500.

이 있다. 우리는 우리가 동심원의 중심으로 갈수록 본질적인 것들을 다루게 된다는 것을 분명히 확신한다. 상설사법위원회는 우리 신앙의 주변에서 나온 어떤 것을 다루고 있는데—이 경우에는, 규례서 속에 허술하게 기록된 조항이 그것이고, 그것은 1996년부터 심한 신학 논쟁의 주제가 되고 있는데, 우리는 그것을 우리 신앙의 핵심 입장으로 만들었다.

그에 대한 반응으로, 2008년 제218차 총회에 제출된 존 녹스 노회 건의안John Knox Presbytery Overture은 총회가 상설사법위원회의 결정을 뒤집어주기를 요청했다. 그 건의안은 다음과 같이 선언했다: "제218차 총회(2008년)는 제217차 총회(2006년)에서 승인된 G-6.0108의 권위적 해석을 확증한다. 더 나아가, 제218차 총회는 G-13.0112에 준하여, G-6.0108의 요구사항들이 미국장로교회의 모든 직분 안수 기준들에 똑같이 적용된다고 해석한다."[62] "교회 직제와 사역 위원회Church Orders and Ministry committee"는 존 녹스 노회 건의안을 43대 15로 가결했고, 그 후 총회는 53%(374) 대 46%(325)의 투표로 그것을 승인했다. 그렇게 해서 제218차 총회는 상설사법위원회의 결정을 뒤집었고, 또한 목사 후보자가 성직안수에 대한 이의를 제기할 경우 그것이 신앙의 본질로부터 이탈을 표시하는 것인지에 대해 노회가 결정을 내리는 권한을 회복시켰다. 이 결정은 총회에서 통과된 직후 효력을 발휘했다.

제218차 총회는 또한 보스톤 노회 건의안을 통과시킴으로써 역사에 남을 만한 일을 했는데, 그 건의안은 G-6.0106b를 없애고 다음과 같은 새로운 본문으로 대체했다.

---

62) http://www.pc-biz.org/IOBView.aspx?m=ro&id=1497.

교회 안에서 직분 안수를 받는 사역에 부름받은 사람들은, 직분 안수와 취임을 위한 교회법의 질문들(W-4.4003)에 동의함으로써, 교회의 머리이신 예수 그리스도께 순종하는 삶을 살고, 성경의 증언을 통해 그 분이 인도하시는 곳으로 애써 따라가며, 신앙고백서의 지시를 통해 성경을 이해할 것을 서약한다. 그렇게 함으로써, 그들은 자신들이 교회의 표준들을 엄수할 것임을 선언한다. 직분 안수와/또는 취임을 위한 검토의 책임을 가진 각 통치기관들(G-14.0240 과 G-14.0450)은 이 표준들을 지키도록 후보자의 성실한 노력을 확립시킨다.[63]

나는 직분 안수에 관한 이 개정된 본문이 그 초점을 정확하게 맞추어 우리의 신학 전통의 중심에 있는 본질적 가치들, 즉 예수, 성경, 그리고 신앙고백서들에 초점을 맞추고 있다고 생각한다.

보스톤 노회의 건의안도 권위적 해석AI 이전의 것들, 즉 1978년 이래로 계승되어 LGBT 후보자들의 사역을 막기 위해 사용되어 왔던 것들을 삭제하였다. 보스톤 건의안은 "교회 직제와 사역 위원회"에 의해 41대 11의 투표로 가결되었다. 그 다음, 총회에서 380대 325, 기권 3의 투표로 승인되었다. G-6.0106b에 대한 개정안들은 규례서를 바꾸는 것이기 때문에, 2009년 6월 28일까지(마지막 회의 폐회로부터 1년) 173개의 노회들 중 과반의 찬성을 필요로 한다. 그러나 차별적인 권위적 해석들의 삭제는 즉시 효력을 발휘했다. 존 녹스 노회의 건의안과 보스톤 노회의 건의안 둘 모두 총회에서 승인되었다는 것은 미국장로교 안에서 LGBT 평등을 향해 큰 걸음을 내딛었음을 나타낸다.

---

63) http://www.pc-biz.org/IOBView.aspx?m=ro&id=1461.

성경과 우리 신앙의 원칙들을 다시 확인하기

종교개혁부터 오늘날까지 전해 내려온 성경해석의 가장 좋은 방법들은 예수 그리스도의 삶과 사역이라는 렌즈를 통해 성경을 해석하라고 우리에게 요구한다. 이 방법을 사용하면, 우리는 예수와 성경을 제대로 이해한다면, 동성애자들을 정죄하지 않는다는 것을 분명히 알 수 있다. 사실, 내가 다음 장에서 설명하는 대로, 성경은 성적 소수자들에 대한 엄청난 환영을 포함하고 있다. 교회 통치에서, 우리 신앙고백들과 규례서는 전보다 더 큰 포용력을 발휘하는 방향으로 발전해왔다. LGBT인 사람들을 직분 안수와 결혼으로부터 막는 것은 우리 신앙의 이런 근본 원칙들을 위반하는 것이다. 지난 2년 동안, 장로교회는 우리의 레즈비언, 게이, 양성애자, 그리고 성전환자 자매들과 형제들을 우리 교회와 사회의 온전하고 평등한 멤버들로 환영함으로써, 이처럼 성경적이며 신앙고백적인 원칙들을 뒷받침하는 중요한 조치들을 취해왔다. 성령께서 교회의 사역에 함께 하신다. 하나님을 찬양하라.

8장

예수 그리스도 안에서는 모두가 하나

나는 중학생 때부터 성경을 매일 읽기 시작했다. 나는 하나님에 대해 알고 싶었고, 성경이 그 길을 보여줄 것이라고 생각했다. 이제 은퇴했고, 60년 이상 동안 매일 성경을 읽어 왔다는 것을 깨달았다. 이 경험에서 너무 놀라운 것은 이 모든 시간 후에도, 성경에 있는 하나님의 계시에 대해 알아야 할 것이 아직도 너무 많다는 것이다.

1993년 이후, 동성애에 관련된 성경본문들을 구체적으로 연구해왔지만, 나는 성경본문들에 있는 모든 것을 이해하느냐의 측면에서 여전히 그저 표면만 긁은 것처럼 느낀다. 이 분야의 점점 더 많아지는 학문적 결과들을 연구함으로써, 보통 인용되는 구절들 이외에도 크리스천들이 LGBT인 사람들과 어떻게 관계를 맺어야 하는지를 이해하는 데 더욱 도움이 되는 성경구절들이 많이 있다는 것을 알게 되었다.

예수께서는 성경과 인류를 향한 하나님의 의도를 이해하고 계셨다. 그래서 우리가 예수님의 구원하시는 삶과 사역이라는 렌즈를 통해 성경을 읽으면, 하나님의 계시를 더 잘 알 수 있게 된다. 예수께서는 모든 종류의 사람들을 하나님의 공동체 안으로 환영하셨다. 특히 버려진 자들, 이방인들, 주변인들, 잊혀진 자들, 외국인들을 환영하셨다. 예수님의 구원하시는 삶과 사역이라는 렌즈를 통해 성경을 읽으면, 우리는 신앙을 가진 모든 사람들을 환영하시는 하나님의 철저한 은총을 계속해서 보고 또 보게 된다.

선한 사마리아인의 비유

선한 사마리아인 비유에서 한 율법학자가 예수를 시험하기 위해 나선다. 그는 "선생님, 영생을 얻으려면 제가 어떻게 해야 합니까?" 라고 묻는다. 예수께서는 그에게 유대인 율법에 어떻게 쓰여 있느냐고 물으신다. 율법학자는 신명기 6:5과 레위기 19:18을 인용하여 대답한다. "'네 마음을 다하고 네 목숨을 다하고 네 힘을 다하고 네 뜻을 다하여, 주 너의 하나님을 사랑하여라. 그리고 네 이웃을 네 몸같이 사랑하여라.'"[1] 예수께서는 그에게 단순히 말씀하신다. "'네 대답이 옳다. 그대로 행하라, 그러면 살 것이다.'"(누가 10장).

여기서 잠시 멈추고 주목해보라. 이것이 우리가 레즈비언, 게이, 양성애자, 또는 성전환자들을 교회의 온전하고 평등한 멤버들로 받아들이는 데 필요한 모든 정당성이다. 하나님을 사랑하라, 그리고 네 이웃을 네 자신처럼 사랑하라. 이것이 기독교 메시지의 핵심이다. 다른 모든 것들은 주석일 뿐이다.

그러나 그 율법학자는 "자신을 정당화하고 싶어서," 예수께 계속 묻는다. "'그러면 누가 제 이웃입니까?'" 예수께서는 대답으로,

---

1) "복음서 전통 속에서 사랑-명령이 취하는 여러 형태들이 최종적으로 암시하는 것은 예수 자신이 기독교 전통에서 그 이중명령의 발전을 위한 촉매제라는 것이다"; Joseph A. Fitzmyer, S.J., *The Gospel according to Luke* (X—XXIV), Anchor Bible (Garden City, NY: Doubleday, 1985), 879.

악명 높게 위험한 길을 가던 중 강도들의 손에 쓰러져, 옷도 벗기고 맞은 채, 거의 죽을 정도가 되어 버려진 한 남자에 대한 이야기를 하신다. 제사장과 레위인은 그를 보았지만 길 다른 편으로 지나쳐 버렸다.

그런 다음 예수께서는 그 이야기에 놀라운 요소를 덧붙이신다: "여행 중이던 한 사마리아인이 그에게 다가갔다. 그리고 그를 보고, 연민을 느꼈다. 그에게로 다가가서, 기름과 포도주를 뿌리고 그의 상처를 싸매주었다. 그 후 그를 자신의 낙타에 태워 여관으로 데려가서, 그를 돌보았다. 다음날, 2 데나리온(며칠간의 임금에 해당하는)을 꺼내서, 여관주인에게 주고 말했다. '그를 돌봐주십시오. 그러면 돌아오는 길에, 제가 얼마를 더 쓰셨든 갚아드리겠습니다.'"

이것은 굉장한 이야기이다. 유대인들은 결코 사마리아인들과 엮이고 싶어하지 않았다.[2] 사실, 예수님과 이야기를 나누던 율법학자는 그를 그저 "친절함을 보여준 그 사람"이라고 언급함으로써 "사마리아인"이라는 단어를 말하는 것 자체도 극구 피한다.[3] 예수님 자신도 그들의 지역을 지나가려고 했을 때 사마리아인들의 환대를 받지 못하셨다. 그의 제자들은 그들을 태워버리기 위해 하늘에서 불이 내리기를 원했다. 그러나 예수께서는 제자들을 "돌아보시고 꾸짖으셨다"(누가 9:52-55).

그 사마리아인은 제사장과 레위인 모두가 행하기를 거절했던 것을 행했다. 신약학자이며 중동 전문가인 케네스 베일리Kenneth Bailey는 지적하기를, "사마리아인이 상처입은 유대인을 낙타 등에 태우고

---

2) "양 쪽 다 아브라함과 모세에게 하셨던 약속의 진정한 계승자라고 주장했다. 결국, 양 쪽 다 자신들이 그 땅의 정당한 소유자로 생각했다." Tom Wright, *Luke for Everyone* (Louisville, KY: Westminster John Knox Press, 2004), 127.

3) Fitzmyer, *The Gospel according to Luke*, 883-87.

유대인 마을에 있다는 것은 안전하지 않은 일이다. 설령 그가 그 유대인의 목숨을 살린 거라고 할지라도, 공동체의 복수가 그 사마리아인에게 행해질지도 모를 일이었다.… 그 사마리아인의 마지막 행동에 대해 간과되고 있는 현실은 그가 자신의 목숨을 걸고 유대인 여관에서 이 사람을 돌보았다는 점이다."[4]

이 친숙한 이야기에서, 예수께서는 미움 받고 소외되었으나 친절을 보여준 이방인을 우리가 이웃으로서 어떻게 행동해야 하는지 보여주는 모델로 사용하신다. 레위기 19장에서 우리는 이방인(19:33)과 우리 이웃(19:17) 모두를 사랑해야 한다는 하나님의 명령에 대한 예수님의 이해에 바탕을 둔 이 이야기는 크리스천들이 LGBT인 사람들에게 평등한 권리를 주도록 동기를 부여하기에 충분하다.

결혼과 이혼에 대한 예수님의 가르침

마태복음 19:10-12는 예수님과 제자들 사이에 있었던 결혼과 이혼에 대한 보다 긴 토론의 중간에 나온다. 여기서 제자들은 이혼과 재혼에 대한 예수님의 방침이 너무 엄격해서, 아마도 결혼하지 않는 것이 더 나을 것 같다고 불평한다. 예수께서는 대답하신다.

> "사람마다 이 말을 받지 못하고 오직 타고난 자라야 할지니라 어머니의 태로부터 된 고자도 있고 사람이 만든 고자도 있고 천국을 위하여 스스로 된 고자도 있도다 이 말을 받을 만한 자는 받을지어다.

4) Kenneth E. Bailey, "선한 사마리아인의 비유," 제22장, *Jesus through Middle Eastern Eyes: Cultural Studies in the Gospels* (Downers Grove, IL: InterVarsity Press, 2008), 295. 베일리는 설명하기를, "그 상처입은 사람은 결코 갚을 수 없을 것이다. 예수는 그 자신의 수난이 뜻하는 것의 한 부분을 예증하고 계신다"(297).

이것은 특이한 구절이다. 많은 주석들이 이혼에 대한 토론에 집중하느라 이 구절의 더 큰 요점을 놓친다. 그러나 주의 깊게 살펴보라. 예수께서는 이성애 결혼과 이혼에 대해 질문을 받고, 즉시 그 대화를 확장시켜서 그 문화에서 성적인 소수자에 속하는 세 가지 유형을 인정하신다("태생부터 고자인 사람들, 타인들에 의해 고자가 된 사람들, 그리고 하나님의 왕국을 위해 스스로 고자가 된 사람들"). 이것은 당시 문화에서 "고자가 기피인물persona non grata이라는 것"을 고려할 때, 특히나 놀랍다.[5]

예수께서 어떤 사람들을 "태생부터" 고자라고 인정하셨던 것에 특히 주목하라. 신약학자 토마스 보해취Thomas Bohache는 묻기를, "예수께서 태생부터 젠더gender와 섹슈얼리티sexuality에 대한 지배적인 기대에 "맞지 않는" 넓은 범주의 사람들을 말씀하신 것일 수는 없을까?"[6] 그리고 신학자이며 심리 치료사이며 전직 예수회 성직자였던 존 맥닐John J. McNeill은 조금 더 대담하게 말한다: "첫 번째 범주—타고난 고자들—는 오늘날 우리가 동성애자로 이해하는 것에 대해 성경에서 찾을 수 있는 가장 근접한 묘사이다."[7] 예수께서 인류를 일률적으로 이성애자로 생각하지 않으셨다는 것은 분명하다. 예수께서는 그런 차이가 경시되고, 감춰지고, 심지어 처벌을 받던 사회에서조차, 여러 종류의 성적인 차이가 있다는 것을 인식하셨고 인정하셨다.[8]

---

5) Tom Horner, 『요나단은 다윗을 사랑했다: 성경시대의 동성애』 (Philadelphia: Westminster Press, 1978), 124.

6) Thomas Bohache, "Matthew," in *The Queer Bible commentary*, ed. Deryn Guest, Robert E. Goss, Mona West, and Thomas Bohache (London: SCM Press, 2006), 510.

7) John J. McNeill, *The Church and the Homosexual*, 4th ed. (Boston: Beacon Press, 1993; 1st ed., 1976), 65.

8) Tom Horner, 『요나단은 다윗을 사랑했다: 성경시대의 동성애』

또한 고자에 대한 예수님의 토론 바로 앞에 있는 마태복음 19:3-9에서, 예수께서는 여성들을 옹호하신다는 것에 주목하라. 보해치 교수가 말한 대로, "예수께서는 남편들에게 유리한 전통적 이혼법을 확증하시기보다, 남편과 아내 사이의 상호의존을 권하신다."[9] 그리고 이 본문 바로 뒤에 오는 마태복음 19:13에서, 예수께서는 당시 주로 무시되었던 또 다른 집단인 어린아이들을 축복하신다. 사실, "제자들은 아이들을 데려온 사람들을 엄하게 꾸짖었다. 그러나 예수께서 말씀하셨다. '어린 아이들을 용납하고 내게 오는 것을 금하지 말라 천국이 이런 사람의 것이니라' 하시고"(마태 19:13). 예수께서는 가부장적인 종교사회적 위계질서를 전복시키고 평등주의적 환대를 사회질서의 꼭대기에 있는 특권 소수에게만이 아니라, 모두에게로 확장시키셨다.

게다가, "고자"라는 단어는 예수님의 적대자들이 사용한 경멸적 별칭으로, 예수님과 그의 제자들의 "남성성을 비난하기 위해"[10] 붙여진 것일 수도 있었다. 신학자 핼보 목스네스Halvor Moxnes는 "마태의 상황적 세계에서 '고자'는 예수운동에 참여한 젊은 남자들을 경멸적으로 부른 것일 수도 있는데, 집과 가정을 떠나 그를 따름으로써 스스로 '제자리를 벗어나' '공동체의 질서에 대해 도발하는' 것에

(Philadelphia: Westminster Press, 1978), 123-24, "내시들은 그들이 어떻게 해서 그렇게 되었든, 성적 욕구가 완전히 없었던 것은 아니고, 많은 면에서 적극적인 동성애 실행자들이었다.… 예수께서 이 말씀으로 무엇을 의도하셨든 [마 19: 10-12]—그리고 어려운 것이지만—가장 높인 언어로 내시들에 대해 말씀하셨다는 데는 의심의 여지가 없다." 고대의 성적 소수자 여성들에 대해 토의하려면 Bernadette J. Brooten, *Love between Women: Early Christian Responses to Female Homoeroticism* (Chicago: University of Chicago Press, 1996), e.g., 140을 보라.

9) Bohache, "Matthew," 508.

10) Ibid., 510를 참조하라.

대한 경멸일 수도 있다."고 했다.[11] 예수께서는 전통적 문화에서 결혼을 안 한 남자로서, 그분이 속한 문화에서 성적 소수자에 속한 사람들처럼 많은 비난의 대상이 되셨을 것이다. 그러나 목스네스가 지적한 것처럼, "예수께서는 그 단어[고자]를 택하시고 수용하셨다."[12]

마태복음 19:10-12에서, 예수께서는 세 가지 종류의 성적 소수자를 인정하신다. 예수께서는 어떤 사람들은 태생부터 성적 소수라고 인정하신다. 그리고 예수님 자신도 당시 문화에서 성적 소수자에게 행해졌던 것과 같은 많은 비난의 대상이셨을 것이다. 그분 주변의 사람들은 그 법에 대해 이야기하기를 원했다. 대신에, 예수께서는 하나님의 은혜와 사랑이 모두에게, 특히 전통 문화에 의해 권리를 빼앗기거나 무시되거나 잊혀진 사람들에게 확대된다는 것을 보여주셨다.

빌립과 에티오피아 내시

사도행전 8:26-39은 사마리아인들, 성적인 소수자들, 그리고 하나님의 철저하신 포괄적 은총을 담은 또 하나의 성경 이야기이다. 사도행전 8장은 스데반의 죽음 후에 예루살렘 교회를 향해 가혹한 박해가 시작되었다고 전한다. 사울(후에 바울이 되는)은 그 박해의 지도자였다. 제자들은 예루살렘을 떠나 유다와 사마리아 지방 곳곳으로 흩어지게 되었다. 빌립은 사마리아로 갔고, 거기서 아주 효과적으로 복음을 전했다.

---

11) Halvor Moxnes, 『예수를 그의 자리에 놓기: 가정과 왕국에 대한 급진적 비전』 (Louisville, KY: Westminster John Knox Press, 2003), 72; Bohache, "Matthew," 510에서 재인용.

12) Moxnes, 『예수를 그의 자리에 놓기』, 75; Bohache, "Matthew," 510에서 재 인용.

그 후 주님의 천사가 빌립에게 말했다. "'일어나서 남쪽으로 나아가서, 예루살렘에서 가사로 내려가는 길로 가거라'"(행 8: 26). 거기서 그는 에티오피아 여왕의 궁정관리인 에티오피아 내시를 만났는데, 그는 여황의 전 재산을 책임지고 있었다.[13] 이 내시는 예루살렘에 예배드리러 왔다가 이제 집으로 돌아가는 중이었다. 그는 이사야서를 읽으며 자신의 마차에 앉아 있었다. 성령께서 빌립에게 그 마차로 가서 타고 있는 사람과 만나도록 인도하셨다. 빌립은 그에게 물었다. "지금 읽고 있는 것을 이해하십니까?'" 그는 대답했다. "나를 지도해주는 사람이 없으니, 내가 어떻게 깨달을 수 있겠습니까?"(행 8: 30-31). 그는 빌립에게 마차로 올라와서 자기 곁에 앉기를 청했다.

"그러자 빌립은 입을 열어 이 성경 말씀에서부터 시작해서, 예수를 알리는 기쁜 소식을 전하였다"(행 8:35). "내시가 '보십시오, 여기에 물이 있습니다. 내가 세례를 받는 데에 무슨 거리낌이 되는 것이라도 있습니까?' … 빌립은 내시와 함께 물로 내려가서, 그에게 세례를 주었다"(행 8:36-38).

이 본문은 몇 가지 점에서 매우 중요하다. 첫째는 성령의 뚜렷한

---

13) "그 내시의 고향은 지중해 해안의 남쪽으로 거의 천 마일 되는 곳이었는데, 750 BCE에서 350 CE 때 번성했던 메로에Meroe 왕국에 있었다. 현대 카툼Khartoum에서 북동쪽으로 약 75마일 정도 되는 곳에 있다. 메로에 즉 에티오피아는 캔더스 (Candace: 여왕의 칭호)라는 호칭의 여왕 어머니들에 의해 통치되었다." 여왕 노이드맥Queen Nawidemak은 CE 1세기 초반에 통치했고, 아마도 사도행전 8장에 언급된 캔더스인 것으로 추정된다. Edwin M. Yamauchi, "왜 그 에티오피아 내시는 에티오피아 출신이 아닌가," in *Interpreting the New Testament Text: Introduction to the Art and Science of Exegesis*, ed. Darrell L. Bock and Buist M. Fanning (Wheaton, IL: Crossway Books, 2006), 362-63을 참조하라. William Neil에 따르면, 그 내시는 분명히 여왕의 왕궁의 시종이었다. *Acts, New Century Bible Commentary* (Grand Rapids: Eerdmans, 1987), 124.

역할이다. "주의 천사"가 빌립에게 에티오피아 내시를 만나도록 이끄는 길로 내려가도록 명하셨다. 빌립은 자신의 의지대로 행동하지 않는다. 더 적절하게 말하자면, 그의 사역은 하나님에 의해 지시받고 있다. 빌립이 그를 만났을 때, 성령은 다시 한 번 중재하시고 말씀하신다. "마차에 바짝 다가서라"(8:29). 에티오피아 내시에게 다가가는 것이 빌립의 우선적 본능에 의한 것은 아니었을 것이다. 그는 다른 인종과 민족의 외국인이었고 이스라엘의 예배공동체에서 온전히 환영받지 못하는 성적 소수자였다.[14] 전에는 그런 접근을 생각할 수 없는 것이었을 것이다. 그러나 성령은 빌립에게 다가가도록 명하셨다. 내시가 세례를 받고 같은 신앙에 참여하게 된 후, 빌립의 일은 끝났고, 주의 성령은 그를 아소도로 데려가셔서 복음을 계속 전하게 하셨다. 분명히 성령은 그 여정의 모든 단계에서 빌립을 지켜보고 계셨다. 그의 행동을 이끌고, 그를 안전지대 밖으로 내몰고, 그가 이 초기 예수 운동에서 가장 급진적 행동들 중의 하나를 행하는 동안 광야 길에서 그를 안전하게 보호하셨다.

둘째로, 그 내시가 이사야서를 읽고 있었다는 것이 의미가 있다. 시카고신학교의 성경신학 교수 씨오도르 제닝스Theodore Jennings Jr.는 이 사실의 중요성에 대해 길게 쓰고 있다. "내시가 읽고 있던 이사야는 특별히 신의 섭리 안에 고자들을 포함시킨 바로 그 선지자이

14) 모나 웨스트에 따르면, "그 내시는 사도행전에서 '하나님을 경외하는 자'로 알려진 사람일 수 있다는 것이 가능하다." Mona West, "에티오피아 내시 이야기," in *The Queer Bible Commentary* (London: SCM Press, 2006), 572. 피츠마이어Fitzmyer는 설명하기를, "하나님을 경외하는 자"라는 단어는 "유대인이 아니면서 유대교에 공감하는 사람들로, 할례를 하거나 모세오경을 전적으로 따르지는 않지만 유대인들의 윤리적 일신교에 동의하고 그들의 회당예배에 참석했던 자들"을 뜻하는 것이었다. Joseph A. Fitzmyer, S.J., *The Acts of the Apostles: A New Translation with Introduction and Commentary*, Anchor Bible 31 (New York: Doubleday, 1998), 449-50.

다. 게다가 그 내시가 곰곰이 생각하고 있던 구절은 아마 그가 고자로서의 자신의 상황과 관련된 본문이었을 것이다."[15]

그 내시가 읽고 있던 이사야서의 구절을 같이 읽어 보자.

그가 체포되어 유죄판결을 받았지만,
그 세대 사람들 가운데서 어느 누가,
그가 사람 사는 땅에서 격리된 것was cut off을 보고서,
그것이 바로 형벌을 받아야 할
내 백성의 허물 때문이라고 생각하였느냐?(이사야 53:8)

이 본문에 대한 제닝스의 주석은 다음과 같다.

평생 동안 이어진 굴욕과 따돌림(궁정관리로서의 책임이 전적으로 보상해줄 수 없는) 속에서, 그는 "예수의 복음"을 받아들일 위치에 있었다. 왜냐하면 예수님 자신도, 존경받고 권력 있는 사람들에 의해 굴욕과 따돌림을 당하셨기 때문이다. 그런 인식들을 통해 그 아프리카 내시는 감동을 받아 예수와 그의 길에 좀 더 가깝게 자신을 합류시키려고 세례받기를 청한다. 그렇게 예수와 하나가 된 그는, 비록 빌립을 더 이상 볼 수 없었지만, "기쁨에 차서 가던 길을 갔다"(8:39).[16]

15) Theodore W. Jennings Jr., *The man Jesus Loved: Homoerotic Narratives from the New Testament* (Cleveland: Pilgrim Press, 2003), 155.

16) Ibid., 155. 윌리엄 바클레이는 쓰기를 "전통에 따르면 이 내시는 고향으로 돌아갔고 에티오피아를 복음화시켰다. 우리는 적어도 이것만은 확신할 수 있다. 그가 기쁨에 차서 돌아갔고, 새롭게 알게 된 그의 기쁨을 자신만 알고 있을 수는 없었으리라는 것을." William Barclay, *The Acts of the Apostles* (Louisville, KY: Westminster John Knox Press, 2003; orig. pub., Edinburgh: St. Andrews Press, 1956), 80. 드미트리어스 K. 윌리엄은 또한 이 이야기에서 인종의 중요성이 종종 간과되고 있음에 주목한다. 그 내시는 분명

이사야서의 이 구절의 연관성은 다른 학자들도 공감한다. 메트로폴리탄 공동체 교회의 의장 낸시 윌슨Nancy Wilson 역시 비슷하게 믿는다. "누가가 이사야서의 이 구절을 인용한 것이나 그 내시가 그것을 이해하고자 했던 것은 **우연이** 아니다. '격리되었다cut off'는 말은 **추방되었거나 사형 당했거나**, 또는 **생식기능을 못하는** 누군가에게 붙여진 저주를 가리키는 것이다. 그 에티오피아 내시는 자신과 **동일시할 수 있는** 메시아에 대한 예언을 읽고 있었던 것이다!"[17]

밀접하게 연관된 구절인 이사야서 56장에서, 선지자 이사야는 고자들과 외국인들을 향한 이전의 구약의 금지들을 뒤집었다. 레위기 21:16-23은 몸에 흠이 있는 사람과 함께 고자들도 "휘장 가까이 가거나 제단에 가까이 나와서는 안 된다."고 말한다. 신명기 23:1은 훨씬 더 나아가, 그런 "흠 있는" 사람들은 사제직뿐 아니라 예배공동체에 참여할 수 없다고 말한다.[18] 그러나 이사야 56장에서는, 주님이 특별히 고자들을 기꺼이 받아들이신다.

이러한 사람들에게 주께서 말씀하신다.
"비록 고자라 하더라도, 나의 안식일을 지키고,
나를 기쁘게 하는 일을 하고, 나의 언약을 철저히 지키면,

히 흑인 아프리카인이었고, 많은 사람들이 그의 개종을 시편 68:31, "에티오피아가 곧 하나님께 손을 내밀 것이다"의 성취로 이해한다. Demetrius K. William, "The Acts of Apostles," in *True to Our Native Land: An African American New Testament Commentary*, ed. Brian K. Blount, Cain Hope Felder, Clarice J. Martin, and Emerson B. Powery (Minneapolis: Fortress Press, 2007), 226-28.

17) Nancy Wilson, 『우리 종족: 퀴어인들, 하나님, 예수, 그리고 성경』(San Francisco: HarperSanFrancisco, 1995), 130.

18) Frederick Gaiser, "동성애에 관한 새로운 말씀? 케이스 스터디로 본 이사야 56:1-8," *Word & World* 14, no. 3 (Summer 1994): 282.

그들의 이름이 나의 성전과 나의 백성들 사이에서
영원히 기억되도록 하겠다.
아들딸을 두어서 이름을 남기는 것보다 더 낫게 하여 주겠다.
그들의 이름이 잊혀지지 않도록(shall not be cut off),
영원한 명성을 그들에게 주겠다."(이사야서 56:4-5)

그리고 다음 문장에서 하나님은 그 환대를 이방인들에게도 확대시키신다.

나의 집은 만민이 모여 기도하는 집이라고 불릴 것이다.(56:7)

이사야서 56:1-8에 대해, 루터신학교 구약학 교수 프레드릭 게이저Frederick J. Gaiser는 다음과 같이 주장한다. "여기서의 변화가 급진적이다. 진부한 언어를 사용하지만 새로운 세대에게 놀랍도록 새로운 무엇인가를 말하기 위해, 성경이 전통을 재해석하는 곳들이 많이 있는데, 적어도 한 학자(허버트 도너Herbert Donner)는 이 구절이 구약에서 하나님의 말씀이 또 다른 말씀에 의해 완전히 철폐된 유일한 케이스라고 설명한다."19

마지막으로 가장 중요한 것은, 이 에티오피아 내시가 기독교로 개종한 최초의 이방인으로 간주된다는 것이다. 성령이 누군가를 택하셔서 최초의 이방인 개종자가 되도록 했었을 수도 있다. 성령은

---

19) 허버트 도너에 따르면, "이것은 신적인 저자 자신이 성경을 바꾸는 것 그 이상도 그 이하도 아니다." Herbert Donner, "Jesafa LVII-7: Ein Abrogationsfall innerhalb des Kanons—implikationen und Konsequenzen," in *Congress Volume: Salamanca 1983*, ed. J. A. Emerton, Supplements to Vetus Testamentum, 36 (Leiden: E. J. Brill, 1985), 92; Frederick Gaiser, "동성애에 관한 새로운 말씀? 케이스 스터디로 본 이사야 56:1-8," *Word & World* 14, no. 3 (Summer 1994): 283에서 재인용.

신앙을 보여준 흑인, 아프리카인, 성적 소수자를 택하셨다. 맥 닐McNeil은 말한다. "나는 이 내시를 최초로 세례 받은 게이 크리스천으로 간주하고 싶다."[20]

구약신학자 모나 웨스트Mona West는 LGBT 공동체를 위한 이 본문의 중요성에 대해 다음과 같이 논평한다.

> 당시 유대교 상황에서 내시는 성적 소수자였기 때문에 신앙을 가진 퀴어들queer에게 이 이야기는 의미가 크다.… 신앙을 가진 퀴어들은 이 이야기를 자신들의 이야기로 읽을 것이다. 우리의 성적인 상태가 경계선 밖에 있는 것으로 간주되기 때문에, 우리는 교회에 온전히 참여하는 것이 금지되었다. 우리는 직분 안수와 성례에서 거절당했다. 또한 교회는 우리의 관계를 축복하지 않는다. 기껏해야 우리는 예배에 참석하는 것이 허용된 정도다. 우리가 "교회 입구에서 우리의 성적 지향을 버린다는 조건 아래" 우리는 교회 공동체에서 가장자리 참석만 허용된다. 우리가 "묻지 말라, 말하지 말라"는 방침을 택하거나, 또는 우리가 "실행하는" 동성애자가 아니라고 약속한다는 조건 아래에서 가장자리 참석만 허용될 뿐이다.[21]

---

20) John J. McNeill, 『자유, 영광스런 자유』(Boston: Beacon Press, 1995), 143; West, "에티오피아 내시 이야기," 573에서 재인용.

21) West, "에티오피아 내시 이야기," 572-73. 개인적인 노트: 나는 여전히 "퀴어"라는 단어를 사용하는 것이 불편하다, 왜냐하면 그것이 너무나 오랫동안 LGBT 사람들을 부르는 욕설로 사용되어왔기 때문이다. 내가 최근에 아주 통찰력 넘치는 출판물임을 알게 된 *The Queer Bible Commentary*의 편집자 중 한 명인 로버트 고스Robert Goss는 "퀴어 해석"에 대한 간단하고 유익한 정의를 내렸다. 그것은 정확히 "잘 알고 있다고 생각되어져 온 것을 낯설게 만드는 활동이다"(684). 그것은 전통적인 이해에서 새로운 가능성으로 우리의 신경을 건드려 깨우기 위해 고안되었다. "청교도Puritan"라는 단어가 원래 16세기 영국의 개신교 개혁자들에게 붙여진 오명slur이었으나 후에 그들에 의해 명예의 배지로 채택되었다. 비슷하게, 오늘날 많은 게이, 레즈비언, 양성애자, 그리고

제닝스Jennings는 이 본문의 상당한 영향력에 대해 주목한다.

> 이 이야기가 사도행전에 보존되어 있다는 것은 에티오피아 내시와 동일시되는 사람들, 즉 식민주의나 인종주의의 조건 아래 있는 아프리카인으로서든, 이성애주의와 동성애 공포증의 조건 아래 있는 성적으로 따돌림 당한 사람으로서든, 하나님이 인류를 다루는 역사에서 그들 자신의 중요성을 깨닫게 된 결과였다."[22]

그래서 윌슨Wilson 역시 이 에티오피아 내시의 개종은 "하나님의 집이 '만민이 모여 기도하는 집'이 될 것이라는 이사야 56장의 예언이 가장 명백하고 완전하게 성취된 것을" 나타낸다고 말한다.[23]

빌립이 이 사람에게 세례를 줄 때,그의 성적 지향이나 그가 파트너가 있는지에 대해 논하기 위해 노회 회의를 열 필요가 없었다는 것에 주목하라. 어디에서도 그 내시가 자신의 실제 모습을 바꾸도록 요구되지도 않았고, 또한 어떤 병이 있어 고쳐야 될 필요가 있는 사람으로 취급되지도 않았다. 그 에티오피아 내시는 신앙을 보였고 세례를 받았다.

성령의 반복적이며 직접적인 개입, 이사야의 해방시키는 예언에 대한 중요성, 그리고 기독교로 개종한 최초의 이방인이 성적 소수자이며 다른 민족, 인종, 국적의 사람이라는 사실은 다함께 포괄성, 철저한 은총radical grace, 그리고 신앙을 보여주는 모든 이들에 대한 기독교의 환영에 대한 우렁찬 나팔소리다.

성전환자들은 한 때 경멸적 어구였던 것을 받아들여서, 힘을 실어주는 어구로 바꾸고, 이제 모든 성적 소수자들을 포함하는 명칭으로 사용하고 있다.

22) Jennings, *The Man Jesus Loved,* 155.

23) Wilson, *Our Tribe*, 131.

예수 그리스도 안에서는 모두가 하나

세 개의 구절 각각에서 예수께서 하신 일을 보라. 누가복음 10:25-37에서, 예수께서는 성결법에 대한 해석을 다르게 하는 것에 대한 율법주의적 질문을 받고, 즉시 사마리아인—미움 받고, 따돌림 당하고, 버려진—을 포함해 우리의 이웃이 되는 사람들의 범주를 넓히신다. 마태복음 19:10-12에서는 예수께서 이성애 결혼과 관련된 율법에 대한 질문을 받고, 즉시 대화를 넓혀서 고자들처럼 성적 소수자들을 포함시키신다. 사도행전 8:36-39에서는 그리스도의 영이신 성령이 세 번이나 중재하셔서 빌립을 흑인이며, 아프리카인이며, 이방인인 내시에게 가도록 인도하시고 그도 포함될 수 있게 하셨다! 각각의 경우, 이전에는 가장자리로 쫓겨났던 사람들이 현재의 모습 그대로 환영받고 예우된다. 이것이 복음의 메시지이다. 이것이 우리를 향하신 예수님의 요청이다. 우리의 모든 마음과 영과 힘과 정신을 다해 하나님을 사랑하고, 우리의 이웃을 우리 자신처럼 사랑하라는 요청이다.

예수님은 성경의 중심이다. 교회가 증언하는 것은 그리스도이다. 예수께서는 하나님을 사랑하고 우리 이웃을 사랑하는 것이 복음의 정수라고 가르치셨다. 예수께서는 사회의 버려진 자들을 환영하셨다. 그분은 여성들, 아이들, 모든 인종과 민족의 사람들, 가난한 사람들, 장애자들, 병자들, 이방인들, 그리고 물론 성적 소수자들에게도 다가가셨다. 우리가 예수님의 구원하시는 삶과 사역이라는 렌즈로 성경을 읽을 때, 우리는 구약과 신약 모두 우리에게 우리와 다른 사람들을 받아들이도록 명령하신다는 것을 알 수 있다.

성경과 관련해 놀라운 것들 중의 하나는 성경에 대한 우리의 이해가 계속해서 발전해나가는 방식이다. 사도행전 15장의 놀라운 이야기를 생각해보라. 최초의 기독교인들은 전부 우선적으로 유대인들이었다. 그들은 자신과 같은 유대인이 아닌 이방인들은 태생적으로 불결하고 실제로 우상숭배로 타락되어 있다고 배우면서 자랐다. 그러나 사도행전 15장은, 사도들이 이방인들에 대해 알게 되면서 지금은 분명해 보이는 어떤 것, 즉 하나님께서 늘 이방인들의 개종을 의도하고 계셨다는 사실을 깨닫게 되었다고 말해준다. 사도들은 실제 세상의 경험을 통해 이방인들을 알게 되고 나서야 비로소 성경 속에 늘 있었던 것을 이해할 수 있게 되었다. 보통 우리는 볼 수 없도록 제한되어 있는 것은 볼 수가 없다. 그러나 경험은 때때로 이전에는 우리로 하여금 성경 속의 조금 더 깊은 진리를 보지 못하도록 막았던 잘못된 가정들을 해결해주거나 선입견을 떨칠 수 있게 해준다.[24]

24) 예를 들어, 윌리엄 스테이시 존슨이 룻과 나오미의 이야기를 사려깊게 분석해낸 것에 주목하라: "룻기에서 사용된 언어는 성경의 종교적 가르침 안에서 형성된 계약에 대한 충성covenant loyalty이, '보충하는 성gender complementarity'이라는 좁은 구조와는 다른 뭔가에 대한 것이라는 힌트를 우리에게 준다. 룻기에 묘사되어 있는 연대bond는 두 여자 사이의 것이다. 거기에 분명히 성적인 것은 없지만, 스토리텔링에서 창세기에서 결혼의 의미에 대해 요약한 유명한 선언문 안에 나오는 것과 같은 단어들이 사용되고 있다." William Stacy Johnson, *A Time to Embrace: Same-Gender Relationships in Religion, Law, and Politics* (Grand Rapids: Eerdmans, 2006), 145. 윌슨은 *Our Tribe*의 초판에서, 직접적으로든 간접적으로든 내시와 관련된 언급을 포함하는 구약의 29개 구절과 신약의 5개 구절의 목록을 열거한다. 더 나아가, 노르웨이 침례교 목사 래근힐드 쉐인케Ragnhild Schanke가 알아낸 것은, "48개의 유누코이*eunouchoi*가 번역가들이 그것들을 관리officers로 부르기로 택하면서 사라졌다. 이 번역은 목록에서 뿐만 아니라, 그 단어가 나오는 문맥에서 분명히 말이 안 된다. 마태복음 19:12가 그런 중요한 성경구절 중 하나인데, 왜냐하면 거기서 '유누코이'를 관리로 번역하는 것은 불가능하기 때문이다. 이것은 많은 사람들이 믿고 싶어 하는 것만큼 성경이 품행이 올바르지만은 않다는 것을 예증해준다." Ragnhild Schanke, "예식과 동성결합," in *Same-sex Couples, Same-sex Partnerships and Same-sex Marriage: A Focus on Cross-*

오래 전부터 "흑인신학black theology"은 인종에 대한 깊은 새로운 통찰력을 가져왔고 우리로 하여금 성경본문들을 다시 이해하게 했다. "여성신학Feminist theology"은 우리의 눈을 열어서 성경 속의 특출한 여성들의 역할을 보게 했다. "해방신학Liberation theology"은 우리로 하여금 가난한 사람들과 억압받는 사람들을 위한 성경의 해방적 복음에 주목하게 했다. 오늘날 "퀴어신학queer theology"은 성경 본문 속의 성적 소수자들의 역할에 대한 우리의 이해를 밝혀주고 있다. 각각의 경우, 이전에는 가장자리로 밀려난 집단들의 신학적 통찰이 성경에 대한 교회 전체의 이해를 풍요롭게 만들었다. 그 과정에서, 이런 해방신학들은 많은 크리스천들을 하나님과의 관계에서 더 친밀해지도록 하는 데 도움을 주었다.[25]

---

national Differentials, 스톡홀름 컨퍼런스, 2003년 9월 25-26에서 나온 발표물들, Documents de travail no 124, INED, 2004, 304, http://www-same-sex.ined.fr/WWW/04Doc124Ragnhild.pdf.

25) 편집자주: 성적 소수자들은 이성애자들로서는 상상조차 하기 힘든 온갖 고통을 겪고 있는 현실이다. 자신의 성정체성이 언제든 발각될 수 있다는 심리적 불안감, 파트너를 만나 안정되고 친밀한 삶을 영위하기 힘들다는 스트레스만이 아니라, 결혼을 해서 부모에게 손주를 안겨드리지 못하는 불효에 대한 평생의 양심의 가책에 시달려야 한다. 가장 큰 고통을 겪는 이들은 아마도 영화 "The Hours"에서 보듯이 이성과 결혼하여 지옥 속에 사는 기혼 동성애자들일 것이다. 나사렛 예수와 아시시의 성 프란체스코와 프란치스코 교종이 실천한 단순한 복음의 공통점은, 성경의 문자나 교리를 앞세우면 인간의 죄가 중심이 되기 십상이지만, 성경의 문자나 교리 대신에 인간/생명을 앞세우면 인간/생명의 온갖 고통이 중심이 되고 그 고통 받는 이들과 하느님과의 관계가 중심이 됨으로써, 기성 종교가 어떻게 선/악, 정결/불결 사이에 울타리를 침으로써 고통 받는 인간/생명을 억압하는지를 분명히 파악하게 되고, 따라서 그 울타리를 넘어 변두리로 나아가 연민과 은총, 해방과 용서의 잔치를 함께 축하한다는 점이다. 그러나 예수를 죽이는 데 앞장섰던 사람들은 인간의 구체적인 고통보다 성경의 문자와 전통 교리를 절대적 진리라고 앞세웠던 이들이었다. 그러나 예수를 비롯한 세 사람 모두 적극적인 대안 찾기positive campaign에 주력했다. 참조, Leonardo Boff, *The Prayer of Saint Francis* (Maryknoll, NY: Orbis Books, 2001); Robert Draper, "Will the Pope Change the Vatican? Or Will the Vatican Change the Pope?" *National Geographic*, 2015 August, 59.

일단 우리가 성경본문들에 대한 우리의 이해에서 이성애적 가정들을 제거하면, 새로운 깊이와 이해의 온전한 세계가 나타나게 된다. 성경 말씀을 더 깊이 연구하면 할수록, 우리는 신앙을 가진 모든 사람들에 대한 하나님의 급진적인 환영의 더 많은 사례들을 발견하게 된다.

우리들 자신과 우리의 교회가 그렇게 되기를 기원한다.

부록 I

LGBT 평등을 향한 다른 교단들의 발걸음

지금까지 나는 주로 미국 장로교에 초점을 맞추어 왔지만, 이 부록에서는 미국 전역의 다른 교단들의 LGBT 평등을 향한 운동에 대해 살펴보겠다. 모든 교단들이 각자의 시간에 각자의 방법으로 이 과정을 거치며 나아가고 있다. 더욱이, 각 교단들은 그 교단의 특정한 전통과 신학을 반영하는 방식으로 자신의 이야기를 쓰게 될 것이다. 그러나 넓은 범위의 교단들을 아우르며 형성된 뚜렷한 진보를 살펴보는 것은 우리에게 많은 것을 깨닫게 한다.

미국의 모든 종교기관들 중에 LGBT 평등을 지향하는 것이 자신들의 신앙과 일치한다고 믿고, 나아가 어떤 경우에는 심지어 자신들의 신앙이 그것을 명령하고 있다고 믿는 사람들의 숫자가 늘고 있다. 거의 모든 주요 교단들이 LGBT 평등을 위해 일하는 적극적인 옹호단체를 갖고 있다.[1] 40년 전에는 하나도 없었다. 그것은 단시간에 이루어진 특이한 전진이다. 게다가 미국의 몇몇 주요 교단들은 이미 LGBT 평등을 공식적인 교단정책으로 포함했고, 다른 교단들

1) 미국의 옹호단체들의 목록을 보려면, http://www.religiousinstitute.org/documents/TimetoSeekresources.pdf를 참조하라.

은 그 방향으로 나아가는 중요한 기초 작업들에 착수했다.

어떤 교단들에서는, 동성애에 대한 다른 견해들로 인해 논쟁이 치열하다. 동성애 문제를 제외하면 매우 관용적인 많은 교단들이 모두의 평등을 지지하는 성경적이고 신학적인 학문 결과들이 늘고 있음에도 불구하고 계속적으로 차별에 관여하고 있는 것을 보는 것은 매우 고통스럽다. 몇몇 교단들이 깊이 조사하거나, 애매하게 피해가거나, 또는 매우 느린 속도로 평등을 향해 나아가는 동안, LGBT인 사람들을 향한 증오범죄가 계속되고 있고, 따라서 LGBT인 구성원을 가진 크리스천 가족들은 마음이 찢어지고 있다. 모든 사람을 향하신 하나님의 가득차고 넘치는 환대를 교회가 증거하지 못할 때, 조금 더 넓은 교회 가족의 영혼이 상처받고 있다고 나는 믿는다. 나는 그 고통스런 현실을 결코 가볍게 보지 않는다. 지난 40년을 돌이켜보면, 진전의 표시들이 상당했으며, 그 표시들은 역사의 활이 정의를 향해 굽어있다는 것을 보여주고 있다.

메트로폴리탄 공동체 교회

1960년대 중반까지, 미국에 공개된 게이 성직자는 없었다. 당시는 반게이antigay 법규들 때문에 경찰이 게이, 레즈비언, 양성애자, 성전환자들을 일상적으로 체포했다. 그러나 민권운동이 촉매제가 되어, 전에는 공민권의 권리를 박탈당했던 사람들이 자기 자신과 세계를 어떻게 봐야 하는지를 극적으로 바꾸어 놓았다.

1968년 10월 6일, 전직 오순절 교단 설교자이면서 공개적인 게이였던 트로이 페리Troy Perry가 캘리포니아 주 헌팅턴 파크에 있는 자신의 집 거실에서 크리스천 예배를 드리기 위해 열두 명이 모였다. 이것이 "게이들, 레즈비언들, 양성애자들과 성전환자들에게 처음으로 적극적인 사역을 행한 세계 최초의 교회모임"의 시작이 되었다.[2] 페리 목사는 그것을 "메트로폴리탄 공동체 교회Metropolitan Community Church"라고 불렀다. 40년이 지난 지금, MCC는 22개국 300개의 교회에서 44,000명의 성도와 후원자를 가질 정도로 성장했다.[3] 처음부터 MCC는 교회의 뼈대에 평등을 엮어 넣었다. "MCC의 비전, 목적, 방향에 대한 선언서"는 "모든 사람들을 향한 하나님의 포괄적인 사랑을 선언한다."는 책임을 공표하고 있다. 그들의 핵심 가치들에 대한 선언은 "사랑이 우리의 가장 중요한 윤리적 가치이며, 소외에 저항하는 것이 우리 사역의 주된 중심점"임을 강조하고 있다. 그들의 접근방법 또한 보편적이다. 교인들 중 거의 40%가 보수적인, 다시 말해 근본주의적인 장로교 출신이며, 또 다른 40%가 로마가톨릭을 배경으로 하고 있다.[4]

유니테리언 만인 구제파 협회

1970년 7월 4일, 시애틀에서 열린 유니테리언 만인 구제파 협회Unitarian Universal Association 총회는 리차드 내쉬Richard Nash 목사가 작성한 동성애자들과 양성애자들에 대한 차별을 정죄하는 결의문을 통과시켰다.[5] UUA 결의안은 "모든 사람들이"—크게는 사회와 UUA 공동체 둘 모두—"실제의 고용 현장에서 동성애자들에 대한

2) "MCC가 어떻게 시작됐는가?" http://www.mccchurch.org/.

3) Eileen W. Linder, *Yearbook of American and Canadian Churches 2008* (Nashville: Abingdon Press, 2008), 381.

4) Rev. Elder Nancy Wilson과의 이메일 교환, 2008년 8월 25일.

5) 1970년 총회결의 전문은 http://www.uua.org/socialjustice/socialjustice/statements/14482.shtml에서 이용가능하다.

모든 차별을 끝내도록" 촉구했다.[6] 여러 면에서, 게이와 레즈비언의 시민권에 대한 지지는 UUA와 자연스럽게 어울린다. 유니테리언들과 만인 구제파 신도들은 노예폐지 운동과 여성의 권리를 위한 투쟁에서 리더들이었고, 1948년에 캘리포니아 대법원이 서로 다른 인종간의 혼인 반대법을 위헌으로 선언하기 오래 전부터 다른 인종간의 커플들을 기꺼이 받아들였다.[7] 유니테리언 만인 구제파들은 또한 민권 운동에 적극적으로 가담했고, 민권과 동성애자의 권리 사이에 연관성을 주창한 최초의 선구자들이었다. 그 이후로, UUA는 계속해서 LGBT 평등을 위한 선구자들이 되어왔다. 1973년에 그들은 게이 문제를 위한 전국 사무실을 열었고, 1984년에 그들은 게이와 레즈비언의 동성간 결혼을 지지하는 결의문을 통과시켰으며, 1996년에는 동성 커플이 결혼할 수 있는 권리를 지지하는 최초의 미국 교단이 되었다. 그리고 2002년에 그들은 션 파커 데니슨Sean Parker Dennison 목사가 유타 주 솔트 레이크 시티의 사우스 밸리 UU 소사이어티에 의해 초빙되었을 때—그렇게 해서 성전환자가 최초로 교구 목사로서 사역할 수 있도록 초청됨으로써—다시 한 번 새로운 역사를 만들어냈다.[8]

6) http://www.uua.org/socialjustice/socialjustice/statements/14482.shtml를 참조하라. UAA가 그들이 전체적으로 사회에 취하는 것과 같은 기준으로 자신들에게도 적용했다는 것에 주목하는 것이 중요하다. 나중에, 장로교, 감리교, 루터교, 그리고 미국 침례교의 반차별 결의안은 교회에서 LGBT인 사람들에 대해 고용차별을 행하는 것은 허용하지만, 사회에서 LGBT사람들에 반대하는 차별은 끝내도록 촉구했다.

7) Perez v. Sharp. 그 결정의 전문은 http://lmaw.org/freedom/docs/CA-Perex.pdf에서 이용가능하다.

8) http://www.uua.org/members/justicediversity/bisexualgay/20962.shtml을 참조하라.

그리스도 연합교회

그리스도 연합교회United Church of Christ는 처음부터 LGBT인 사람들의 평등한 권리를 위해 놀라운 리더십을 보여주었다. 스톤월 폭동Stonewall riots이 게이에 대한 의식에서 전국적인 깊은 변화의 조짐이 되기 두 달 전인 1969년 4월 12일, "크리스천 사회적 행동을 위한 UCC 협의회UCC Council for Christian Social Action"는 "성인들 간에 서로 동의한 사적인 동성애적 관계를 죄로 정의한 모든 법에 반대한다"고 선언하는 결의문을 채택했다.[9] 이 협의회는 또한 게이와 레즈비언들을 군대에서 제외시키는 것에도 반대했다. 1972년, UCC 골든게이트 협의회는 윌리엄 존슨William Johnson 목사를 안수하여 그로 하여금 주요 개신교 사역에 임명된 최초의 공개된 게이가 되도록 했다. 1975년 총회는 성적 지향이 시민적 자유를 부인하는 법적인 근거가 되지는 않는다고 선언했다.[10] 1977년, 버지니아 주에서 앤 홈스Anne Holmes 목사가 UCC에서 최초로 안수를 받은 공개적 레즈비언이 되었다.[11] 1985년 총회는 모든 UCC 교회들과 단체들에게 동성애에 대해 연구하고 또한 그 자신들이 "열렸으며 용인하고 있다"고 선언하도록 촉구했다.[12] 2005년 총회는 성별에 상관없이, 모든 사람들에게 동등한 결혼권리가 있다고 지지하는 결의안을 통과시켰다. 그렇게 함으로써 UCC는 온전한 결혼 평등권을 LGBT인 사

9) 결의안 전문은 http://www.ucc.org/assets/pdfs/1969- RESOLUTION-ON-HOMOSEXUALS-AND-THE-LAW.pdf에서 이용가능하다.

10) http://www.ucc.org/assets/pdfs/1975-A-PROMOUNCEMENT-CIVIL-LIBERTIES-WITHOUT-DISCRIMINATION.pdf.

11) http://www.qrd.org/qrd/orgs/UCC/history,of.ucc.support.for.lgb 참조.

12) Andy Lang, United Church of Christ, Office of Communication, http://www.qrd.org/qrd/orgs/UCC/history.of.ucc.support.for.lgb.

람들에게 허용하는 것에 지지를 표현한 최초의 주류 교회가 되었다. 그 결정이 종종 어느 쪽이든 소수의 차이로 끝나는 다른 교단들과 달리, UCC에서는 그 투표가 압도적으로 온전한 결혼 평등에 찬성했다. AP 통신에 따르면 80%가 찬성했던 것으로 되었지만, 실제로 그 투표장에 있었던 사람들은 90% 찬성에 가까웠다고 보도했다.[13]

미국 성공회

미국 성공회Episcopal Church 역시 게이들과 레즈비언들을 교회 멤버로 받아들였고, 어떤 교구들은 동성결합과 동성결혼 의식에 찬성했다. 성공회는 1989년에 공개된 게이 사제에게 처음으로 서품을 주었다. 1994년, 미국 성공회는 게이, 레즈비언, 그리고 양성애자들이 성공회 안에서 서품 받는 것을 막을 수 없다는 것을 명확히 확증하는 결의문을 통과시켰다. 그 결의문에 따르면, "교회법이 구체적으로 명시한 경우들을 제외하고는, 어느 누구도 이 교회에서 인종, 피부색, 혈통, 나이, 국적, 결혼 여부, 성적 지향, 또는 장애 때문에 성직 임명의 선별 과정의 기회를 거부당해서는 안 된다."[14]

2003년, 미국 성공회는 최초의 공개 게이 주교를 선출함으로써 역사를 만들었다. 진 로빈슨Gene Robinson 신부는 파트너와 함께 살고 있고, 뉴햄프셔 교구의 주교로 임명되었다. 이 결정 때문에 후에 세계성공회Worldwide Anglican Communion는 미국 성공회를 질책하게 된다. 캔터베리 대주교의 요청으로 인해 새로운 게이 주교들의 직분 안수에 사실상의 일시적 정지로 이어지기는 했지만, 많은 지도자들은 LGBT인 사람들의 직분 안수와 동성결혼 승인이 자신들의 사역

13) Rev. Michael Sheunemeyer와의 전화 인터뷰, 2008년 8월 27일.

14) http://www.integrityusa.org/discrimination/index.htm 참조.

에서 핵심 부분임을 분명히 하고 있다.[15]

미국 복음주의 루터교회

LGBT인 사람들의 목사안수나 동성결합의 승인을 공식적으로 금지하는 몇몇 교단들에서조차, 개체 교회들에게 이 문제에 대해 양심의 자유를 활용하도록 허용하는 움직임이 있다. 예컨대, 미국 복음주의 루터교회Evangelical Lutheran Church in America는 한편으로는 "훈육을 위한 정의와 지침서"(1993년 개정)에서 "동성애를 행하고 있는 사람들은 이 교단의 성직안수 사역에서 배제된다."고 단언하고 있다.[16] "비전과 기대들: ELCA의 성직안수 사역"에는 "안수를 받았으나 동성애자임을 자각하고 있는 목회자들은 동성애적 성관계를 삼가도록 기대된다."고 되어 있다.[17] "비전과 기대들: 위임 동역자들"(1990)도 위임받은 동역자들에게 같은 것을 요구하고 있다.[18]

다른 한편에서는, 많은 성직자들과 교회들이 동성결합을 축복했고 LGBT 후보자들을 목회자로 불렀다. ELCA 2007년 총회CWA에 앞서, 82명의 LGBT 루터교 목사들이 "자신들을 교단에 소개하기로" 작정하고 또한 자신들이 지속적이며 사랑하는 가족관계를 이루는 것을 막는 교단의 정책에 반대하는 성명을 발표했다.[19] 더 나아

---

15) 예컨대, the work of Integrity USA: http://www.integrityusa.org/를 보라.
16) http://archive.elca.org/legal/synods/quidelines.html을 보라.
17) http://www.elca.org/Growing-In-Faith/Vocation/Rostered-Leadership/Ordained-Ministry/Vision-Expectations.aspx를 보라.
18) http://www.elca.org/Growing-In-Faith/Vocation/Rostered-Leadership/ordained-Ministry/Vision-Expectations.aspx를 보라.
19) http://www.lcna.org/lcna_news/2007-08-07a.shtm/#을 보라. 이름목록은 2007 CWA의 투표회원들에게 무료선물로 제공된 책자 안에 들어 있고 http://www.lcna.org/lcna_news/2007_cwa_apwmw/a_place_within_my_

가, "특별한 루터런 사역Extraordinary Lutheran Ministries"이라고 이름을 붙인 기관은 모든 성적 지향과 성 정체성의 안수 후보자들에게 사역을 위한 자격을 부여했고, 그들을 교회와 사역에 연결시켜주고, 이런 사역을 위한 재정적 자원을 하고 있다. ELM은 비록 ELCA와 공식적 연계를 맺고 있지는 않지만, "16개의 ELCA 교회와, 2개의 ELCA 노회 사무실과 캐나다의 1개의 복음주의 루터교 교회가 ELM 명단에 있는 목회자들이 담임자로 섬기고 있다.[20]

2007년 총회CWA는 LGBT 평등에 대한 ELCA의 발전적 견해들을 반영하고 있다. LGBT의 목사안수나 동성결합의 찬성을 승인하는 몇몇 청원서들(장로교인들은 건의사항이라고 부르고 다른 교단들은 결의문이라고 부르는 것)은 무효가 되거나 더 연구하도록 위원회에 보내지거나 했다. 거기에 또한 역사적인 진전도 있었다. 총회는 랜달 발의Landahl motion(폴 랜달 감독이 메트로 시카고 노회에서 그 발의를 한 후)로 알려진 것을 538대 431의 투표로 통과시켰는데, 이것은 책자들에 이 교단의 역사적인 금지사항들을 기록으로 남긴 채, "노회들, 노회 감독들, 그리고 수석 감독에게 안수 후보자들 가운데서 상호적이고, 정숙하고, 충실한 동성관계에 있으며 동성애 조항만 아니라면 자격이 되는 개인들과 회중들을 등록된 사역에 임명하는 데서 치리를 자제하도록 촉구하고 있다."[21]

"북아메리카의 관심 많은 루터런 모임Lutherans Concerned North America" 사무총장 에밀리 이스트우드Emily Eastwood는 "교회가 문제를 직시하고, 단지 그들이 가정을 가졌다는 이유로 우리의 LGBT 목

---

walls.htm.에서도 이용가능하다.

20) Amalia Vagts와의 이메일 교환, Extraordinary Lutheran Ministries, October 10, 2008.

21) http://achive.elca.org/assembly/pdf/E3_Landahl_substitution.pdf 참조.

사들을 제거해야 한다는 것은 더 이상 '적당하지도, 옳지도, 그리고 유익하지도' 않다고 말함으로써 차별의 둑은 금이 갔다."[22]고 썼다.

미국 침례교 USA

그리스도 연합교회UCC의 장정처럼, 미국 침례교ABCUSA에 속한 지역교회들은 자신들의 교리, 예배방식, 선교에서 자율적이고 책임을 진다.[23] 이것은 결과적으로 교단 내에서 동성애에 대한 다양한 신학적 견해들을 낳았다.

한편으로는, 1992년 ABCUSA 총회가 "토론 없이 우편 투표지를 사용하는 전례가 없는 투표방식을 통해" 안티게이antigay 결의문을 통과시켰다.[24] 이 결의문에는 "우리는 동성애 행위가 기독교의 가르침과 양립할 수 없다고 확언한다."고 쓰여 있다.[25] 그러나 동시에, 지역교회들은 이 문제에 대해 자신들의 절차를 만들도록 요구되었다. 1992년 미네소타 주 미니아폴리스의 대학침례교회는 최초의 공개된 레즈비언인 네디안 비숍Nadean Bishop을 ABC 교회의 목사로 청빙했다.[26] 오늘날에는 25명의 공개된 게이와 레즈비언들이 ABCUSA 교회들에서 목사로 섬기고 있다.[27] "환영하고 인정하는 침례교인 협회Association of Welcoming and Affirming Baptists"는 72개

---

22) http://www.lcna.org/lcna_news/2007-08-18a.shtm 참조.

23) http://www.abc-usa.org/resources/10facts.pdf 참조.

24) "감리교 LGBT 평등 운동의 역사," The Association of Welcoming & Affirming Baptists 1986-2006: http://www.wabaptists.org/who_we_are/history.htm.

25) http://www.abc-usa.org/resources/resol/homosex.htm 참조.

26) http://www.wabaptists.org/who_we_are/history.htm 참조.

27) Rev. Ken Pennings와 전화 인터뷰, Association of Welcoming and Affirming Baptists, September 22, 2008.

의 회원교회들을 가지고 있으며, 또한 ABCUSA를 비롯해서 다른 중도적 침례교단과 진보적 교단에서 LGBT 평등을 촉구하고 있다. 그뿐 아니라 35개 ABCUSA 지역들 중에 7개는 LGBT인 사람들을 환영하고 긍정해주고 있다—여기에는 사역을 위해 자격을 갖춘 LGBT 후보자들의 목사 안수와 사역지 파송이 포함된다.

연합감리교회

연합감리교회United Methodist Church는 신학적으로 웨슬리의 네 가지 신학적 기준Wesleyan Quadrilateral에 기초를 두고 있다: "웨슬리는 크리스천 신앙의 살아 있는 핵심은 **성경**에 계시되어 있고, **전통**에 의해 계몽되고, **개인적 경험**에 의해 생생해지고, **이성**에 의해 확증된다고 믿었다."[28] UMC의 많은 교인들에게, 성경, 전통, 경험, 이성이라는 네 가지 신학적 기준은 LGBT 평등을 지지하는 쪽으로 향하고 있다.

UMC 교리장정*Book of Discipline*, 161G항은 "동성애자들은 이성애자들과 똑같이 신성한 가치가 있는 개인들이며" 연합감리교 가족과 교회에서 환영받아야 한다고 분명히 명시하고 있다.[29] 또한 동성관계에 대한 몇 가지 제한적 인정을 포함해서, 게이와 레즈비언들을 위한 "어떤 기본적인 인권과 시민적 자유"를 지지하고 있다.[30] 동시에 총회는 LGBT의 성직안수와 동성결합의 승인은 분명히 금지한다.[31]

---

28) 저자 없음, *The Book of Discipline of the United Methodist Church 2004*, English ed. (Nashville: Abingdon Press, 2005), 77.

29) Ibid., 161G, 101.

30) Ibid., 162H, 107-108.

31) Ibid., 304.3, 197; 341.6, 241.

그리스도 연합교회UCC의 총회가 "교회를 위해서for가 아니라, 교회에게to 말하고 있는" 반면에, 연합감리교회는 그 반대의 경우이다. 즉 오직 한 기관만이 UMC를 대변하는데, 그것은 총회이며 4년마다 개최된다. 연합감리교회 총회는 국제적인 모임으로 미국, 유럽, 아프리카, 필리핀에서 온 1천 명의 대표로 구성된다. 이상하게 비균형적인 교리장정으로 인해, 총회의 결정은 미국 교회들에게 구속력을 가지고 있으나, "중앙 연회들"(유럽, 아프리카, 필리핀의 UMC 지역 기구들)은 총회의 결정들을 자신들의 지역에 적용할 때, 그것들을 수정할 권리를 갖고 있다.[32] 비록 총회가 레즈비언, 게이, 또는 양성애자들을 위한 평등권에 반대하고 있기는 하지만(현재까지, 성전환자들에 대해서는 결정하지 않았다), 총회에 참석하는 대다수 미국 대표들이 지속적으로 LGBT 평등에 찬성표를 던지고 있다는 것은 중요하다.[33]

아프리카계 미국인 교회 내에서의 LGBT 평등을 위한 지지

2개의 아프리카계 미국인 교회 기관들이 LGBT인 아프리카계 미국인들의 필요를 돕기 위해 만들어졌다. 1985년에 칼 빈 주교Bishop Carl Bean는 캘리포니아 주에 화합 펠로우십 교회를 창립했다. 그 이후 화합 펠로우십은 미국 전역에 14개 교회로 성장했다.[34] 2003년 6월, 이베트 플런더Yvette Flunder 목사는 난민 사역/펠로우십 2000의 주재 주교로 임명되었는데, 이 단체는 미국과 아프리카

32) "중앙 연회는 지역 교회의 특별한 조건들과 선교가 요구하는 대로 규율서Book of Discipline를 바꾸고 적용할 힘을 갖는다." Ibid., 543.7, 331.

33) Rev. Troy Plummer와의 전화 인터뷰, September 16, 2008.

34) http://www.unityfellowshipchurch.org/wp2008/?page_id=4 참조.

전역의 교회와 기독교 기관을 대표하는 50인 이상의 주로 아프리카계 미국인 교회 지도자들과 평신도들로 구성된 여러 교단들의 펠로우십이다.[35] 이 펠로우십에 관련된 지도자들은 "초보수주의에서 자유주의까지" 범위가 넓지만, 그들은 모두 "자신들의 교회에서 '급진적인 포용'을 실행한다는 목표를 받아들이고 있다."[36]

전통적으로 보수적인 교단들에서조차 커져가는 지지

제7일 안식일 재림교단은 현재 여성과 LGBT인 사람들의 직분 안수를 반대하는 국제적이며 보수적인 크리스천 교단이다.[37] 그러나 이 펠로우십의 미국 지부 안에, "재림주의 교회의 활동적인 교인들이면서 동시에 오랜 기간 동안 동성애 관계를 지속하고 있는 파트너들—사실상, 고칠 수 없게 재림주의자이면서 고칠 수 없게 게인인 사람들—이 헌신하고 있다."[38] 1970년대에 이 교인들 중 몇몇이 "제7일 재림 킨십 인터내셔널Seventh-day Adventist Kinship International"을 창립했고, 1981년에 비영리단체로 법인화되었다. 이 단체는 5개 대륙 20개 국가에 1천 명 이상의 회원을 갖고 있다. 실제로, "킨십 인터내셔널"은 "기독교와 동성애: 제7일 안식 재림교의 관점들"이

35) http://www.afkofrefuge.org/flunder_bio_2004.shtml 참조

36) Herndon L. Davis, "블랙 교회 역사가 커밍아웃하다," http://www.oerationrebirth.com/herndon2.html, 9/22/2008.

37) 제7일 안식 재림교와 미국 장로교는 성경적, 신학적, 그리고 사회적 이슈들을 다루는 각자의 기관 대표들에 의해 제시된 논문들을 사용해 공식적인 대화를 나누고 있다. 이 대화는 2006년에 시작됐고 2010년까지로 기획되어 있다. Jerry L. Van Marter, "장로교와 재림교는 계속해서 대화하고 있다," *PCUSANEWS,* August 29, 2008를 참조하라.

38) David Ferguson, Fritz Guy, and David Larson, eds., 『기독교와 동성애: 제7일 안식 재림교의 관점들』 (Roseville, CA: Adventist Forum, 2008), xii.

라는 제목의 유용한 책을 출판했는데, 이 책에는 게이이면서 재림주의자가 되는 것이 무엇을 의미하는지에 대해 검토하고 있는 에세이들이 포함되어 있고, 개인적인 경험, 생물학, 의학, 행동과학, 성경, 신학, 그리고 기독교적 사회관점에서 나온 새로운 통찰들도 들어 있다.[39]

로마가톨릭교회는 여성과 LGBT의 성직안수와 동성결혼을 적극적으로 반대하고 있다. 교황 베네딕트 16세 때는 LGBT인 사람들에 대한 차별을 훨씬 더 분명히 했었다. 2005년에, 교황 베네딕트 16세는 심지어 **독신** 게이들이 신학교에 다니고 성직에 임명될 권리를 부인하는 서류에 서명했다.[40]

공식적인 정책에도 불구하고, 조금 더 큰 교회 가족 내에서는 이 문제에 대해 다양한 의견들이 있음이 분명하다. 예를 들어, 1996년 미국 전역의 수녀연합National Coalition of American Nuns은 "동성결혼에 대한 성명서"를 발표했는데, "미국 전역의 수녀연합은 국가가 동성결혼을 인정하지 않는 것은 성적 지향에 기초한 분명한 차별이며 정치적으로 또한 도덕적으로 잘못된 것이라고 믿는다."고 선언했다.[41]

가톨릭 신자거나 전에 가톨릭 신자였던 이들, 예컨대 존 보스웰John Boswell, 존 맥닐John J. McNeill, 대니얼 헬미니액Daniel Helminiak 등은 LGBT 평등을 지지하는 탁월한 성서신학적 연구결과를 내놓았다. 더 나아가, 찰스 커랜Charles Curran 교수, 신학자 제임스 앨리

39) Ibid.

40) 동성애 지향을 가진 사람들을 신학교와 성직에 허가하는 것과 관련해 소명선별을 위한 기준에 관한 지시, 다음 웹싸이트에서 이용가능하다. http://www.vatican.va/roman_curia/congregations/ccatheduc/documents/rc_con_ccatheduc_ doc_20051104_istruzione_en.html.

41) http://www.equalitymaryland.org/pdfs/religion.pdf 참조.

슨James Alison, 그리고 토마스 존 검블튼Thomas John Gumbleton 주교 같은 가톨릭 성직자들은 동성애에 대한 공식적인 교회 정책들에 반대하여 목소리를 내는 엄청난 용기를 보여주었다.

"새로운 방식의 사역New Ways Ministry"은 미국과 캐나다에 200개 이상의 "게이에 우호적인" 가톨릭 교구들의 목록과 79개의 게이에 우호적인 가톨릭 단과대학들과 종합대학의 목록을 가지고 있는데, 이들은 어떤 형태로든 레즈비언/게이 학생단체, 지지단체, 또는 연합단체를 가지고 있다.[42] 로버트 너전트Robert Nugent 신부와 져닌 그래믹 경Sr. Jeanine Gramick이 1977년에 창설한 "새로운 방식의 사역"은 레즈비언과 게이 가톨릭 신자들을 위한 정의와 옹호라는 적극적 사역을 제공한다. 바티칸은 이 사역을 정죄하였고, 그 두 창설자들은 1984년에 이 사역에서 강제로 사임되었다. 그러나 그럼에도 불구하고, 이 사역은 LGBT인 사람들을 향한 그들의 지지와 옹호를 지속하고 있다. 내부로부터 로마가톨릭교회를 개혁하려고 노력하는 다른 단체들에는 "성적 소수자들에 대한 가톨릭 사목위원회Catholic Pastoral Committee on Sexual Minorities", "가톨릭 레즈비언들의 회의Conference of Catholic Lesbians", "USA 존엄성Dignity USA", "행운의 가족들Fortunate Families", 그리고 "레즈비언/게이의 교구 사목을 위한 전국연합National Association of Diocesan Lesbian/ Gay Ministries"이 포함되어 있다.

---

42) 게이에게 친절한 가톨릭 교구 목록은 http://www.newwaysministry.org/GFP.html을 참조하라. 게이에게 친절한 가톨릭 대학 목록은 http://www.newwaysministry.org/GFC.html을 참조하라.

결론

우리는 지금 미국의 많은 교단들 어디에서나 LGBT인 사람들을 향한 태도에 근본적인 변화가 일어나고 있음을 목격하고 있다. 1950년대에는 극소수의 사람들만이 "커밍아웃한" LGBT인 사람들에 대해 알았다. 그러나 오늘날에는 대다수의 미국인들이 그들을 알고 있다. 그들은 친구들이고 동료들이다. 그들은 부모님들, 자녀들, 형제자매들, 이웃들, 선출된 공직자들, 그리고 동료 교인들이다. 많은 사람들의 경우, LGBT인 사람들에 대한 실제 지식들이 무지를 대체하면서, 신화와 선입견들이 사라졌다. 이 놀라운 변화는 우리로 하여금, 예수님의 구원하시는 삶과 사역이라는 렌즈를 통해, 전에는 우리의 삶을 위한 하나님의 계시를 이해하는 것을 어렵게 만들었던 몇몇 잘못된 가정들에서 자유하게 되어, 성경본문을 새로이 읽을 수 있는 기회를 갖게 했다. 미국과 전 세계에 그렇게 생각하는 크리스천들의 숫자가 늘어나는 것처럼, 나는 LGBT 평등에 대한 지지가 나의 신앙과 일치하며 실제로 명령되고 있다고 믿는다.

동성애 문제와 한국교회

임보라 목사(섬돌향린교회 담임)

2015년 한해를 정리하기 위해 한국게이인권운동단체인 "친구사이"[1]에서 성소수자 관련한 다양한 사건들을 정리하여 공개하였다.

- '트랜스젠더에 대한 병역면제취소처분 위법성 인정 및 처분 취소, 효력정지 판결'(2015년 1월 29일)
- '교육부, 처음 도입한 〈학교 성교육 표준안〉에 성소수자 관련 교육 원천 차단내용 각 학교에 전달'(3월 29일)
- '방송통신심의위원회, JTBC 〈선암여고 탐정단〉 여고생 간의 키스신에 대해 '경고' 조치 결정'(4월 23일)
- '서울시, 성북구 장수마을에서 개최 예정이었던 청소년 성소수자 관련 전시지원 거부'(6월 5일)
- '김조광수•김승환 부부의 국내 최초 동성결혼 불복 소송사건 관련 심리 진행'(7월 6일)

1) 한국게이인권운동단체 '친구사이'는 1993년 창립된 '초동회'를 모태로, 성소수자의 인권을 보장하고 성소수자에 대한 차별 없는 세상을 건설하는 것을 목표로, 1994년 2월에 결성된, 한국 최초의 성소수자 인권 운동 단체이다.(http://chingusai.net/)

• '대전시 성평등 기본조례에서 성소수자 관련 조항 삭제'(9월 18일) 등

처음 있는 일은 아니지만, 국회 공간을 빌려 기독교단체 주관으로 공공연하게 열려오던 반동성애 행사, 차별금지법 제정 저지, 그리고 '전환치료' 관련 행사들이 예년에 비해 훨씬 많이 개최되기도 하였다. 또 한 가지 빼놓을 수 없는 사건은 지난 6월 말에 열린 '제16회 퀴어문화축제'[2]일 것 이다. 매해 서울과 대전[3]에서 꾸준히 열리고 있는 성소수자들의 '자긍심PRIDE' 행진이 2014년부터 일부 교단, 교회, 기독교 단체들의 노골적인 방해로 어려움을 겪더니, 2015년에는 서울과 대구 모두 반동성애를 표방하는 단체들의 지속적인 방해로 인해 행진 장소 확보를 하느라 활동가들이 동분서주해야 했다. 서울의 경우, 무려 8일 동안 남대문 경찰서 앞에서 밤샘 줄서기를 하면서 집회신고서를 제출해야 했다.

현재 한국사회에는 공안정국, 비정규직 양산과 해고 등 노동자 탄압, 장기간 불황을 비롯한 사회적 약자들이 희생될 수밖에 없는 난제들이 쌓여가고 있지만, 보이게 또는 보이지 않게 '동성애/성소수자'를 둘러싼 뜨거운 논쟁 또한 오랜 동안 지속되고 있다. 게다가 그 중심에는 기독교(개신교)가 자리 잡고 있다.

지난 11월, 국가인권위원회가 재단법인 공익인권법재단 '공감'에 의뢰하여 시행한 실태조사 결과가 발표[4]되었다. 한 울타리 안에 살

---

2) 제1회 퀴어문화축제는 2000년 대학로에서 첫 거리퍼레이드를 진행하였다.(출처: http://www.kqcf.org/xe/history/8368)

3) 보수적인 지역으로 알려져 있는 대표적 도시인 대구에서는 2009년부터 "대구퀴어문화축제"라는 이름으로 진행되고 있다.

4) 실태조사결과는 국가인권위원회(http://www.humanrights.go.kr) 인권정보 정책에 공개되어 있다. 그러나 국가인권위원회가 반동성애 단체들 눈치를 보느라 미적거리는 바람에 조사결과를 발표하지 않다가

면서도 성소수자가 어떤 차별을 경험하고, 어떤 혐오의 말을 듣고 사는지 대부분이 잘 모르고 있거나 그다지 관심을 갖고 있지 않다. 그래서인지 어떤 사람은 우리 사회에 성소수자 차별이 있냐고 되묻기도 한다. 주요 조사 내용은 '고용과 의료, 교육 등에서 성소수자들이 어떤 차별을 경험하고 있는가?'였는데, 조사결과에 따르면, 전체 응답자의 54%는 커밍아웃 후 괴롭힘을 당하였다. 10대 성소수자 5명 중 1명은 자살을 시도하였으며, 98% 그러니까 대부분의 10대 성소수자는 학교에서 교사나 다른 학생으로부터 혐오 표현을 들은 경험이 있다. 일상에서 겪게 되는 차별사례는 다음과 같다.

- 파트너의 부모가 돌아가셨는데 휴가와 경조사비 아무것도 신청할 수 없었다. (여성, 47세)
- 사실혼의 파트너가 있지만 미혼으로 간주되어 파트너와 동거하고 있는 지역이 아닌 곳으로 발령이 났다. (남성, 42세, 공무원)
- 커밍아웃 후 우수 직원 선정에서 제외되었다(남성, 43세, 전문직)
- 어차피 레즈비언이니 뭘 알겠냐는 말과 함께 상사(남성)에게 무시 받거나 성적으로 희롱하는 언사를 종종 함(여성, 32세, 의류업)
- 기독교를 믿는 사람들이 대부분인 중소기업에 입사하게 되었고 암묵적인 압박이 있었으며, 동성애자인 것을 떠보며 동성애자들의 결말은 에이즈 걸려 죽는 일만 남았다며 신이 벌하실 거라며 막말을 했습니다...(중략)...저는 전에 잠잘 때 이를 갈거나 하지 않았는데 극심한 스트레스로 이를 갈거나 잠결에 큰소리로 욕을 하곤 했

조사를 수행한 단체가 반발을 하자 그제서야 "국가인권위원회는 성적 지향에 대한 차별 시정을 하는 유일한 국가기관으로서 선도적인 역할이 요구된다."이는 2014년 4월, 국가인권위원회가 명시한 성소수자 차별실태조사의 목적이다. 그러나 조사가 완료된 지 반년이 넘도록 국가인권위원회는 그 결과를 공개하지 않고 있다.

습니다. 일을 관둔 뒤 싹 없어졌습니다.(여성, 26세)

그 외에도 군 복무 시 자신의 정체성으로 인해서 차별과 폭력을 경험한 동성애자/양성애자 중, '복무 중, 신체적 성추행이나 성폭행을 당함'과 '복무 중, 관심 사병으로 분류됨' 항목에 각각 35.6%가 그렇다고 응답하였고, 여성적이라는 이유로 선임들로부터 취침시간에 성추행을 당하거나, 복무 중에도 언어적 성폭력과 함께 성관계 묘사 요구 등 다양한 폭력을 경험하는 것으로 드러났다. 트랜스젠더 여성(MTF[5])의 경우도 '복무 중, 관심사병으로 분류됨'이 47.4%, '복무 중, 신체적 성추행이나 성폭행을 당함'에 26.3%가 그렇다고 응답하였다. 현재 한국에는 군형법 제92조 6에 '군인 또는 준군인'에 대하여 항문성교나 그 밖의 '추행'을 하는 경우 2년 이하의 징역으로 형사 처벌하는 조항이 있다. 이는 상호 합의에 의한 동성간 성행위까지도 처벌할 수 있는 악법이라 폐지 논쟁이 몇 해째 이어지고 있는 실정이다. 반동성애 단체들은 '군대 가서 게이가 될 수 있다, 군 병력이 동성애 때문에 약화되어 적화통일이 될 수 있다'며 폐지에 적극 반대하고 있다. 그러나 조사결과를 분석해 보면 동성애자가 군대 내 성폭력 가해자인 것이 아니라, 이성애자들이 선임이라는 권력관계를 이용하여 폭력을 저지르고 있는 것으로 나타난다. 마찬가지로 지난 12월 초 '한국교계-국회평신도 5단체협의회'라는 단체가 모여, 국가인권위원회의 법 중 '성적지향' 조항이 있기 때문에 16개 광역시도에 학생조례에 관계법으로 작용하고 있다며 "국민의 한 권리로서 법안 철회를 주장"[6]하였는데, 이 역시 학교에서 어떤 일들이 일어나고 있는지 성소수자들의 목소

5) Male to Female
6) "한국교계-국회평신도5단체 "'성적 지향' 삭제하라," 당당뉴스, http://m.dangdangnews.com/news/articleView.html?idxno=25715, 2015.12.2.

리는 배제한 채, 자신들의 이익과 목적을 관철시키기 위해 '성적 지향'과 '성별정체성' 등과 관련한 성소수자 인권 옹호정책들을 퇴행시키려 하고 있다.

이렇듯 지난 10년 이상 뜨거운 감자가 되어 온 동성애, 성소수자 인권을 둘러싼 갈등은 몇몇 단체와 교회 등이 앞장서던 형국에서 점차 교단의 이름을 내걸고 그 강도를 더해가고 있는 실정이다. 2015년 6월 1일 '한국교회동성애대책위원회'가 출범[7]하여 퀴어 문화축제 저지를 비롯하여 각 교단 정책에도 영향력을 행사하고 있는 것이다. 이 단체의 행사에는 한국교회연합, 한국기독교총연합회, 한국장로교총연합회, 미래목회포럼, 한국교회언론회 등이 참여하고 있다. 출범식 당일 본부장으로 소개된 새에덴교회 소강석 목사는 "동성애가 사상적으로 공산주의와 연관돼 있다," "공산혁명이 실패해 더 이상 마르크스주의가 젊은이들을 매료시키지 못하게 되자 네오마르크스주의가 대두됐는데..." 등의 발언을 한 바 있다. 몇 해 전부터 등장하기 시작한 '종북게이'란 말이 있다. 북한-공산주의-게이(남성 성소수자)를 연결하여, 대부분의 한국교회들이 아직 헤어 나오지 못하고 있는 반공주의를 부추기는 신조어를 만들어 낸 것이다. 그들에게 차별금지법 제정은 곧 동성애 합법화[8]이다. 그리고 이는 '성경과 기독교 신앙의 불법화'로 이어지는 절대 절명의 위기 상황으로 호도되고 있다. 그리고 그 끝은 적화통일이다. 이러한 불안감이 고조되자, 대한예수교장로로회 합동(총회장 백남선목사)은 지난 8월 21일 10만 명 여명의 서명을 받아 국회에 제출하겠다고 발표하는가 하면, '동성애 긍정론자들이 선거에 출마할 경우 낙선 운동', '동성애 및 차

7) "퀴어축제 반대!" 한국교회동성애대책위원회 출범, 당당뉴스, http://www.dangdangnews.com/news/articleView.html?idxno=24753, 2015.6.2.

8) 한국에서 군형법을 제외하고는 동성애 자체가 불법이었던 적은 없다.

별금지법을 반대하는 대책 기구를 결성' 등의 헌의안[9]이 총회에 제출되었다. 대한예수교장로회(통합)의 경우, "동성애나 동성결혼은 그리스도인의 삶으로서 옳지 못하며 마땅히 금해야 한다."라는 입장을 천명하고 새로이 선출된 부총회장은 "차별금지법, 동성애, 이슬람 이단 등 진리를 수호하는 일에 목숨을 바치겠다."고까지 발언[10]한 것으로 알려졌다. 그 외에도 피습당한 마크 리퍼트 주한 미국대사의 쾌유를 기원하며 부채춤 공연을 선보이고, 퀴어문화축제 반대 집회에서는 발레, 북춤 등을 공연[11]한 예수교장로회 합동한성총회가 있는가 하면, 예장고신은 '차별금지법과 동성애 저지를 위한 전략팀 구성'을 1년간 연구하기로 결의하고, 기독교한국침례회(기침, 유영식 총회장)도 동성애 반대 대책을 결의하였다. 반면, 많은 사람들의 기대를 모았던 한국기독교장로회 총회에 헌의된 '성소수자 목회지침 연구의 건'은 장로총대들의 강력한 반발에 부딪혀 찬성 74, 반대 258, 기권 106으로 안 자체가 폐기[12]되었다. 현재까지 한국의 개신교 교단 중 가장 강력한 제재 의지를 담아 교단헌법을 개정한 곳은 기독교대한감리회이다. 기독교타임즈[13] 보도에 따르면, 근래 개최된 입법총회에서 재판법 중 '부적절한 결혼 또는 성관계(동성간의 성관계와 결혼을 포함)를 하는 행위', '감리회 회원으로서 음주,

---

9) [교단 총회 결산2] 세습, 납세, 윤리 강령 등 건설적 논의 부족, 뉴스앤조이, http://m.newsnjoy.or.kr/news/articleView.html?idxno=200246, 2015.9.23.

10) "교단 현안문제 및 동성애 문제 등 다뤄," 연합기독뉴스, http://www.ycnnews.co.kr/news/quickViewArticleView.html?idxno=10121, 2015.9.23.

11) 아이러니하게도 당일 리퍼트 대사는 퀴어문화축제 행사장까지 나와 두루두루 살펴보고 돌아간 것으로 알려져 있다.

12 '성소수자 목회지침' 연구 '폐기', '종교인 납세' 찬성 입장 '통과', 에큐메니안(2015년 9월 16일, http://www.ecumenian.com/news/articleView.html?idxno=12491)

13) http://www.kmctimes.com/news/articleView.html?idxno=41336

흡연, 마약법위반, 도박 및 동성애를 찬성하거나 동조하는 행위를 하여 감리회나 교회의 신뢰를 떨어뜨리는 행위' 등이 추가되어 동성애자, 성소수자 인권 옹호자를 치리할 수 있는 개정안이 통과되었다. 이러한 개신교단의 움직임들은 여전히 여성안수가 '성경적'이지 않다는 입장, 그리고 인종분리법 당시 흑인과 백인을 분리하고 흑인을 열등한 2등 시민으로 취급하던 당시의 반인권적인 태도와 다를 바 없는 퇴행적 시도일 뿐이다.

유엔 시민적 정치적 권리규약 위원회UN Human Rights Committee는 근래 한국의 시민적, 정치적 권리 전반을 심의한 후 최종 권고문을 발표하였다. 여기에는 평화로운 집회결사의 자유 보장을 촉구하는 내용 외에도 "성소수자들에 대한 차별 철폐"가 포함되어 있다. 그리고 권고로 끝나는 것이 아니라 1년 후 이행 여부를 집중 감시하겠다는 계획까지 덧붙였다. 이미 한국 사회의 성소수자 차별과 혐오 상황이 위험 수위에 도달했다는 것을 해외에서도 파악하고 있는 것이다. 이는 한국 상황을 지속적으로 알려낸 국내의 여러 활동가들의 활약 덕분이기도 하다.

지난 6월 미국 전역에서 승인된 동성결혼 합법화는 세계에서 21번째에 해당한다. 우리와 이웃해 있는 일본 역시 근래 2개 자치구에서 동성커플에 대한 '동성 파트너십 증명서'를 발부하기 시작했다. 각 나라 제도의 변화에도 불구하고 한국은 이에 역행하는 각종 시도들이 기독교 지도자라고 자처하는 사람들에 의해 자행되고 있다. 물론 한 나라의 제도 변화는 각 교단에도 영향력이 미칠 수밖에 없다. 그리고 변화의 물줄기는 성소수자를 교회에서 배제하는 것이 여전히 옳고 유효한 교회의 입장이라고 주장하는 쪽이 아닌, 정의의 관점에서 성정의Gender Justice를 이루기 위해 하느님의 형상을 닮은 성소수자도 응당 교회에서 환대받아 마땅하며 성적 지향이나 성별 정체성을 이유로 목회자로서 안수를 받는 데 차별이 있어서는 안 되며, 동성커플들도 이성커플과 마찬가지로 교회에서 성직자의 주례로 결혼할 수 있다는 것을 인정하고 받아들이는 쪽으로 흘러왔다.

한국 기독교가 예수를 제대로 따르고자 한다면 전통이라는 미명하에 답습되고 있는 억압의 굴레들이 있음을 직시해야 한다. 이 굴레는 힘 있는 자들이 독식하고, 자신의 입지를 굳히기 위해 '성경' 혹은 '복음' 이라는 말로 사람들을 억눌러왔다. 게다가 근래 들어 미국을 비롯한 몇몇 나라에서는 이미 퇴출되고 있는 '전환치료 conversion treatment/therapy'를 수입하여 '탈동성애 치유'로 부르며 이를 확산시키기 위해 성소수자들을 정신질환자 또는 귀신들린 자 취급을 하고 있다.

비기독교인들은 이러한 상황을 어떻게 보고 있을까? 한국기독교 내의 반동성애 진영의 온갖 행태를 보면서 일반 시민들은 오히려 기독교에 대한 염증을 느끼고 있는 것으로 보인다. 특히 20대의 경우, 동성애자에 대한 거부감이 없다는 사람이 2010년 26.7%에서 2014년에는 47.4%로 거의 배로 늘어났다.[14] 이러한 현상은 이미 타임*Times*지에서도 언급된 바[15]있다. 한국 개신교 단체들이 일간지 광고를 비롯하여 동성애자/성소수자의 삶을 선정적이고도 부정적으로 묘사하면서 반동성애 활동을 펼치고 있지만, 기독교인을 제외하면 동성애, 동성애자를 포함한 성소수자, 그리고 동성결혼에 거부감

14) "한국 유권자와 이슈 III: 성소수자(LGBT) 인식," 아산정책연구원(http://asaninst.org/), 2015.4.

15) "타임誌 "한국인의 동성애 인식 빠르게 변화," 연합뉴스, http://www.yonhapnews.co.kr/international/2014/02/12/0619000000AKR20140212007000092.HTML), 2014.2.12.

을 느끼지 않는 사람들의 숫자가 점점 더 늘어나고 있다. 이것은 종교를 앞세워 사회적 소수자라고 불리는 성소수자에 대해 노골적인 집단폭력을 행하는 기독교계의 행태가 도리어 일반 시민들에게는 반감을 갖게 하는 주요 원인이 되는 것으로 볼 수 있다. 특히나 젊은 이들이 교회를 떠나는 이유 중 하나이기도 하다. 개신교는 대한민국의 국교가 아니다. 종교의 자유, 즉 종교를 가질 자유가 보장되어 있는 동시에 종교를 갖지 않을 자유도 보장되어 있다. 뿐만 아니라 이 사회에는 다양한 종교 전통이 어우러져 있는 오랜 역사가 있기에 공공성에 훼손을 미치는 특정 종교의 반인권적인 행태는 특히나 기독교의 독선과 배타성 때문인 것으로 인식되고 있다.

이제 한국기독교는 이미 우리와 함께 이 사회를 지탱해온 성소수자에 대해 더 이상 침묵하고 있을 수만은 없다. 교인들의 반발, 교세의 위축, 소속 교단 내의 첨예한 갈등 등 예상되는 두렵고 불안한 지점들이 있을 것이다. 하지만 사랑을 설파한다고 하는 종교가 앞장서서 휘두른 칼에 이미 너무 많은 사람들이 희생되었다. 게이, 레즈비언, 바이섹슈얼, 트랜스젠더, 그리고 간성, 무성 등 다양한 성적 지향과 성별 정체성을 가진 사람들을 향한 종교적 폭력은 멈춰져야 한다.

자크 데리다Jacques Derrida는 문을 두드리는 낯선 이에게 무조건 나의 것을 나누어가지려는 준비성과 완전한 개방을 "환대"라고 정의하였다. 이 환대는 타자의 희생이 아닌 자기희생을 의미한다. 조건, 즉 나의 기준에 맞춰야 나눠가질 수 있다는 식의 조건적 환대는 예수가 설파한 '사랑'과도 배치된다. 작금의 한국 기독교는 이 '환대'와 '사랑'의 본질을 잃어버리고 말았다. 식민지배, 전쟁, 분단, 독재 등으로 이어지는 이 사회의 비극적 역사의 흐름 속에서 제몫을 감당하려고 하는 종교적 책임을 상실했기 때문이다. 또한 여전히 쓴 뿌리로 남아 이 사회에 작동되고 있는 것이 가부장체제와 이성애중심주의이다. 그러니 끊어내야 할 것들이 많다.

성숙한 종교인이라면 진즉 단절했어야 할 것들에 대해 더 이상 연연해하지 않아야 한다. 독일의 나치당이 제일 먼저 가장 취약한 성소수자들을 희생양 타겟target으로 삼아 새로운 적을 만들어냄으로써 혐오감과 적대감을 집중적으로 발산하도록 유도했을 때, 수많은 독일 기독교인들이 그 적대감 속에 자신의 추한 모습을 감추고 나치 정권의 무자비한 폭력에 동조했던 역사를 잊지 말아야 한다. 특히 오늘날처럼 신자유주의가 초래한 양극화로 인해 민주주의가 훼손되고 사회적 약자들의 권리가 유린될수록, 기독교인들은 거울을 닦아 제 모습을 바로 보고 환대와 사랑의 본질을 되찾기 위해 각고의 노력을 기울여야 한다. 더 이상 늦기 전에 시작해야 한다.

> "이런 나쁜 짓을 너희 가운데서 송두리째 뿌리 뽑아야 한다."
> (신명기 19:19)

Study Guide

by

데이비드 맥스웰

서론

이 책을 위한 스터디 가이드는 매번 약 한 시간 동안 진행하는 일곱 번의 모임을 위한 계획이다. 교육 참가자들은 각자 책을 갖고 있든지 아니면 쉽게 책을 읽을 수 있어야 한다. 이 스터디 가이드는 모든 참가자들이 매번 모임을 시작하기 전에 교재를 읽고 참석하는 것으로 전제한다.

이 책의 저자는 우리 주변에 있는 이 문제와 관련된 사실들을 밝힘으로써, 우리 사회와 대다수 우리 교회들에 널리 퍼진 많은 신화들과 왜곡된 역사적 성경적 인식들을 타파하려고 노력한다. 많은 참가자들에게 이 책은 그들이 평생 동안 부분적으로만 들었던 정보들을 상기시켜준다. 어떤 이들에게는 이런 정보가 새로운 것일지도 모른다. 그러므로 교육 참가자들이 자신이 읽었던 것을 쉽게 참조할 수 있도록 이 책을 한 권씩 갖는 것이 좋을 것이다. 그들은 자신들이 기억하고 싶은 부분에 줄을 긋거나 형광펜을 칠하는 등, 책에 자유롭게 쓸 수 있어야 한다. 여백에 글을 쓰는 것 또한 상관없다.

저자 잭 로저스 박사는 이 책으로 교회에는 선물을 주며, 자신들을 예수 그리스도의 제자라고 생각하는 모든 사람들에게는 도전을 선사한다. 이 선물은 목사이며 학자이며 교사인 동료 기독교인에게서 온 것이다. 그는 자신의 독자들에게 그 자신의 신앙 여정과, 성경과 신학에 대한 치밀한 연구와, 우리 대다수가 우리 스스로는 할 수 없는 치밀한 연구의 결과물들을 이용가능하게 해주고 있다.

이미 말한 것처럼, 이 공부교재는 일곱 번의 모임을 위한 것이다.

첫 번째 모임: 서문과 제1장
두 번째 모임: 제2장
세 번째 모임: 제3장
네 번째 모임: 제4장
다섯 번째 모임: 제5장
여섯 번째 모임: 제6장과 제7장
일곱 번째 모임: 제8장과 부록

일반적인 가이드라인

1. 참가자들에게 이 책을 사도록 권한다. 비용이나 습관으로 그렇게 할 수 없다면, 당신이 준비할 때, 소식지/칠판/프린트 물에 담아야 할 정보를 빠짐없이 준비한다.
2. 시작할 때, 저자에 대한 설명을 함께 읽는다. 사람들이 동의할 필요는 없지만, 다른 사람이 자신의 삶의 경험에 대해 이야기하는 것에 대해 논쟁할 수는 없다. 마찬가지로, 역사적 문서들도 받아들여야지 반박해서는 안 된다. 저자는 저명한 학자이며 힘든 연구를 했다.
3. 읽고 들은 것에 대한 느낌을 표현하거나 자신과 자신의 생각을 드러내는 것에 대한 두려움을 표현할 수 있으며 조롱받지 않으리라는 확신을 주어야 한다. 새로운 것을 배우거나 고백을 하는 것이

두려운 일일 수 있으므로, 사람들은 자기들이 조롱받거나 낙인이 찍히거나 가십의 대상이 되는 것에 대한 두려움이 없이, 자신들의 생각과 감정을 나누어도 된다는 것을 알도록 해야 한다.

4. 이 책의 주제가 큰 것임을 인정할 필요가 있다. 사람들이 서로 이야기를 나누고 서로 도우며 하나님의 임재와 인도하심에 열린 마음을 유지하도록 용기를 북돋아 줄 필요가 있다. 그룹이 크다면, 모임들 중간에 이메일이나 전화로 이야기를 나누거나(그들이 들은 것을 확실히 하거나 각자의 관점들을 나누기 위한 노력으로서) 조금 더 토의를 진전시키기 위해 따로 만나는 것까지 생각할 수 있다.

5. 이 논쟁에서 사용된 언어나 가정들에 세심한 주의를 기울이는 것이 중요하다. 개인의 언어 선택에는 세계관 전체가 반영되어 있다. 예를 들어, 저자는 책에서 "동성애자homosexuals"라는 단어를 쓰지 않는다. 대신에 그는 늘 "동성애자인 사람들people who are homosexual" 또는 "게이와 레즈비언인 사람들people who are gay and lesbian"이라는 말을 쓰는데—모든 사람의 인간성을 강조하고 모든 사람들이 그들의 성적 지향 이상의 존재임을 반영하고 있다. "퀴어queer," "패그fag: 남자 동성애자," "다이크dyke: 여성 동성애자"라는 단어들은 종종 LGBT(레즈비언, 게이, 양성애자 또는 성전환자)인 사람들이 사용할 때는 힘을 실어주는 단어처럼 생각되지만, LGBT인 사람들에 대해서 사용될 때는 경멸적인 것으로 생각된다. 적절한 단어를 찾기 위한 도전에 대한 조금 더 완전한 토의를 위해서, 21쪽의 "초판에 붙이는 서문" 각주 1을 참조하라. 지도자들은 저자의 모델을 따라 이 사람들을 언급할 때 "LGBT인 사람들"이라는 어구를 사용하기를 권한다. 일반화, 검토되지 않는

가정들, 지지받지 못하는 추측들, 또는 틀에 박기stereotypes들은 적절치 못한 것으로 간주해야 한다. 참가자들은 자신들의 직접적인 경험에 말하고 그들의 직접적 경험 밖에 있는 일반화(예컨대, "이 사람들은," "물론," "다음과 같은 것은 분명하다," 등등)를 피하도록 지도해야 한다. 어떤 참가자가 공손하게 말하지 못한다면, 그나 그녀 자신이 이 모임에서 떠나야만 한다고 제안하는 일조차 필요할 수 있다. 지도자들은 대화를 위한 안전한 공간을 만들도록 노력해야만 하고, 모든 참가자들은 누가 그 그룹에 있고, 그 그룹에서 어떤 이야기가 있었는지에 대해 엄격한 비밀보장을 지키는 것에 동의해야 한다. 그 그룹 밖의 사람들과 이야기할 때, 참가자들은 자신의 경험에 대해서만 이야기하도록 지도해야 한다.

6. 조심스럽게 듣도록 청하고 다른 사람이 말할 때 계속적으로 반박하거나 반론을 제기하려고 하는 것은 지양할 필요가 있다.
7. 사람들은 많은 정보를 얻게 될 것이고, 당신은 새로운 정보로 넘어갈 준비가 될 때마다 멈춰서, 참가자들이 배우고 있거나 궁금하게 여기는 것을 표현하도록 도와주는 질문을 해야 한다. 단지 '예'나 '아니오'로 대답하게 되는 질문을 하지 않도록 노력하라. 다음과 같은 질문들이 참가자들로 하여금 그들 자신의 질문을 하거나 그들 자신의 생각이나 통찰을 말하도록 도와줄 것이다.

- 우리의 이번 토론에서 당신이 새롭게 알게 된 것은 무엇인가?
- 열거된 역사적 사건들에 대해 당신은 어떻게 생각하는가?
- 이것들 중의 어떤 것이 당신을 불편하고 당혹스럽게 만든다면, 그것에 대해 우리에게 말해줄 수 있겠는가?
- 이 문제를 바라보는 다른 방식이 있다는 것을 깨달았을 때, 사람

들이 어떻게 느낄지 생각할 수 있는가?

• 종종 무엇인가에 대한 우리의 믿음이 바뀌었을 때, 우리는 새로운 물속에서 헤엄치는 법을 배운 것일 뿐 아니라, 전에 우리가 뜻을 같이 했던 사람들을 버리는 것처럼 느끼기도 한다. 당신의 신념을 바꾸게 되면, 당신은 어떤 위험을 감수하는 것인가?

8. 모임을 기도로 시작하여 성령님께서 이 모임을 인도하시도록 기도함으로써, 사람들이 자신들의 희망과 두려움을 하나님의 손에 맡긴다는 것을 알게 되고, 모두들 교회와 자신을 향한 하나님의 뜻이 무엇인지를 조금 더 분명하게 이해하도록 도와줄 것이다. 이 스터디 가이드 안에 있는 기도들 외에, 공동예배서*Book of Common Worship* (1993)에서 적절한 기도를 찾거나 또는 당신 자신이 준비해도 될 것이다. 사람들 앞에서 기도하는 것이 당신에게 힘들다면, 미리 부탁하여 어떤 사람들이 기꺼이 기도로 그룹을 인도할 것이다.

너무나 자주 우리는 우리가 생각하는 것 또는 심지어 믿는 것이 조금 더 철저하게 검토하면 유익함을 얻게 될 수 있음에도 불구하고 우리는 그 가능성에 대해 우리 자신을 열기를 꺼려한다. 어떤 것에 대한 우리의 입장을 세우고 우리의 확신을 형성하면, 그것 이외에 다른 생각을 읽거나 고려하는 것조차 너무 위협이 되거나 시간낭비인 것처럼 보인다. 물론, 한 주제에 대한 이런 접근은 하나님께서 여전히 역사 속에서 행동하시며, 성령님이 전에는 우리에게 가려졌을 어떤 것을 계속해서 우리에게 드러내주시고 있다는 우리의 믿음에 반대가 된다.

이 책을 공부할 때 지도자로서의 당신의 역할에서, 당신이 전에는 알지 못했던 계시와 사실에 마음을 여는 것이 위협이 되는지 아니면 가능성으로 경험되는지 스스로 자신에게 물어야 한다. 그런 질문들에 대한 자신의 대답에 정면으로 대처하는 것은 모든 지도자들로 하여금 이 책에 대한 학습자들의 반응에 더 민감하고 더 반응하게 만든다. 우리가 가르치는 사람들은, 다른 사람들이 말하고 생각하는 것이라는 뒤따라오는 조롱 없이 표현된, 정직한 반응들이 배움에 그리고 참가자들 안과 그들 사이에서 행하시는 성령님의 사역에 필수적이라는 것을 확인받을 필요가 있다. 사람들에게 새로운 가능성들을 즐기는 것에 대한 두려움과 거부를 성찰하도록 용기를 주는 것은 함께 하는 시간을 통해 새로운 통찰과 한 신앙공통체로서 하나님의 뜻과 교회의 생명력을 이해하는 데 더욱 우호적이게 만들어줄 것이다.

당신은 참가자들에게 다음과 같은 질문을 할 수 있다. 즉 당신의 생각과 반대되는 생각들에 직면하게 될지도 모를 이 상황에서, 어떤 두려움과 불편을 느낄게 될 것 같은가? 그들의 반응을 따라가면서, 그들에게 누구의 생각도 무시되거나 조롱받지 않을 것이라고 안심시킬 필요가 있다. 다른 사람과 다르게 생각한다는 것은 양편 모두에게 성장할 가능성을 열어주는 것이다. 다른 사람들의 관점을 깊이 고려하는 말은 책망하고 비난하는 말보다 훨씬 쉽게 듣게 된다.

각각의 모임은 한 시간 정도 필요하도록 구성되어 있다. 원한다면, 더 긴 시간으로 쉽게 늘릴 수 있을 것이다. 사실, 당신은 모임을 시작하기 전에 그 그룹이 토의했으면 하는 질문들을 택해야 할 뿐 아니라 각 질문들에 어느 정도의 시간을 쓸 것인지 결정해야 한다. 각 모임의 구조는 다음과 같다.

- 이번 모임의 주제
- 시작
- 중심 생각과 질문들
- 대답하는 활동
- 마치는 기도

모임의 대부분의 시간은 중심 생각과 질문들에 대한 토의에 쓰게 될 것이다. 그룹토의를 위한 이상적 숫자는 5~8명이다. 8명보다 많아지면 참가자 모두가 말할 기회를 갖게 되는 것이 어려워진다. 모임의 한 부분으로 사람들을 더 작은 그룹으로 나누는 것과 같은 대안책을 고려하라. 후에 큰 그룹으로 다시 모여 이야기를 하는 방식은 어떤 토의에서는 도움이 될 수 있지만, 어떤 토의에서는 필요치 않을 수도 있다.

이 책을 첫 번 그리고 두 번 정독하는 것이 모든 지도자들에게 필수적인 것 같다. 첫 번째 읽을 때는, 여백에 단 코멘트나 물음표가 긍정적이든 부정적이든 당신에게 깨닫게 했던 것들에 대해 표시해 줄 것이다. 두 번째 읽을 때는, 전에 이해하지 못했던 것에 대해 더 분명하게 이해하게 되고 당신도 각 모임에서 언급하고자 하게 될, 저자가 행하는 중요한 변화들을 인지할 수 있다. 각 장chapter의 중요 생각들에 대한 윤곽은(당신에게 통찰을 가져다준 항목들), 원한다면 당신이 각 모임들을 위한 당신 자신의 윤곽(요점)을 정리하는 데 도움을 줄 것이다. 참가자들에게 질문을 하고 코멘트를 하도록 하는 시간을 반드시 포함할 필요가 있다.

마지막으로, 당신의 그룹에게 가장 도움이 되는 교재를 사용하

라. 어떤 그룹들은 잭 로저스의 입장에 이미 동조하며 이 책을 공부할 것이다. 어떤 그룹들은 자신들이 반대하는 입장을 이해하기 위한 마음에서 이 책을 공부할 것이다. 여러분이 토의하기로 선택한 질문들은 반드시 여러분 자신의 상황이라는 맥락을 반영하고 있어야 한다.

서문과 제1장: 처음으로 동성애 연구하기

모임의 주제

저자 잭 로저스는 크리스천, 학자, 그리고 미국 장로교 목사로서의 자신의 개인적인 여정을 설명한다. 그는 LGBT인 사람들의 교회 직분 안수를 옹호하는 일에 개입하기를 원하지 않았지만, 자신의 경험과 연구 끝에 이 입장에 도달했다. 제1장은 또한 미국장로교회 안에서 LGBT인 사람들에게 직분 안수를 하기 위한 역사를 설명한다.

시작

1. 다음의 기도로 시작한다.

> 전능하신 하나님, 이 책을 공부하기 위해 함께 모였고, 생각들을 이해할 수 있는 건전한 마음을 선물로 주신 것에 감사드립니다. 우리를 가르치며 우리를 위로하고 우리와 함께 삶을 통해 애쓰는 모임 참가자들을 감사드립니다. 그리고 당신의 성령님이 우리를 통해 역사하시고 우리를 인도하시기를 기도합니다. 이 대화를 시작할 때, 우리의 마음과 지성을 열어주시고, 당신이 모든 지식과 지혜를 주시는 분이심을 기억하게 해주세요. 아멘.

2. 모든 참가자들을 환영하라. 그룹의 멤버들이 서로 모르면, 약간 시간을 내서 각자 소개하고 이 공부 모임에 참석한 이유를 나누게

하라. 그룹에서 편안함을 느끼기 시작하면 이 공부가 모두에게 훨씬 더 만족스럽게 될 것이다.

그룹에 따라, 몇 개의 기본규칙을 정해야 할지 모른다. 우리 사회와 교회에서 첨예한 쟁점이 되고 있는 주제에 대해 토의하겠다고 나선 것에 대해 참가자들을 축하하라. 약간의 시간을 내서 민감한 문제를 서로 존중하는 태도로 토의하는 것에 대한 규칙에 동의하게 하라. 참가자들에게 그들의 대화가 가열되었을 때 그 그룹이 따랐으면 하는 몇 가지 규칙들 정하도록 요청하라. 도움이 되는 목록을 http://www.pcusa.org/peacemaking/guidelines.pdf에서 쉽게 얻을 수 있다. 어떤 규칙을 만들든 사용하게 되든, 이 책을 공부하는 모든 시간에 그 규칙들을 확실히 지키도록 하라. 그런 방식으로, 누군가 선에서 벗어나면, 그 사람에게 그룹이 정해놓은 기본 규칙들을 항상 온화하게 상기시킬 수 있을 것이다.

중심 생각과 질문들

1. 저자는 초판 서문에서, 레즈비언, 게이, 양성애자, 그리고 성전환자인 사람들(LGBT)에 대한 문제는 "우리 시대에 사람들의 입장을 결정적으로 가르는 문제다. 어떤 이들에게 이것은 우리 사회에 질서를 주었던 전통과 관습을 유지하는 문제다. 어떤 이들에게는 이것이 정의의 문제, 즉 모든 사람이 법아래 평등한 권리를 가질 자격이 있어야 한다는 정의의 문제이다. 나에게 이것은 도덕적이며 영적 문제이다. 어떻게 교회가 예수 그리스도의 최고 이상에 맞게 살 수 있을까? 어떻게 우리가 가장 신실하게 성경의 중심원

리에 따라 행할 수 있을까? 어떻게 우리가 가장 정직하고 공평하게 하나님의 사랑을 모든 사람들과 나눌 수 있을까?"(22쪽)라고 말한다.

- 이것이 우리 시대에 사람들의 입장을 결정적으로 가르는 문제라는 것에 동의하는가? 그래야 하는가? 그렇지 않다면, 무엇이 결정적인 문제가 되어야 하는가?
- 저자는 이 문제에 대한 사람들의 세 가지 관심사를 제시한다. 어떤 사람들에게는 이 문제가 전통과 관습을 유지하는 문제다. 다른 이들에게는 이것이 정의의 문제다. 저자에게는, 윤리적이고 영적인 문제다. 어느 관심사가 가장 중요한 문제라고 생각하는가? 왜?
- 그의 세 가지 윤리적이고 영적인 문제들에 대해 간단히 토의하라. 그가 언급하지 않은 다른 윤리적이고 영적인 문제들을 생각할 수 있는가?

2. 저자는 초판 서문에서, 자신이 이 책을 쓰게 된 이유들을 설명한다. 참가자들에게 그 문단을 소리 내어 읽도록 권하라. 참가자들이 저자의 의견에 동의하든 안 하든 상관없이, 그들이 그의 목적에는 동의할 수 있을까? 모든 사람들이 같은 마음을 가지는가?
3. 저자는 1장에서 자신의 지역교회에서 LGBT인 사람들을 포용할지 논의하는 것에 개입하기를 꺼려했던 것에 대해 설명한다. 그룹에게 그의 여정을 상기시키기 위해, 참가자들 중 한 명에게 저자의 경험을 요약해달라고 청하라. 저자는 "그것은 내가 결코 떠맡고 싶었던 문제가 아니었다."라고 말한다. 논평할 시간을 주라.
4. 그의 교회 당회가 "조금 더 빛이 되는 교회More Light Church," 즉

LGBT인 사람들을 환영하는 교회가 되지 않기로 결정하기까지의 경험과 게이 교인이 교회를 떠난 것이 저자에게 확실히 영향을 끼쳤다. 우리가 LGBT인 사람들을 알게 되면, 전에는 단순히 "이슈" 였던 것이 개인적인 문제가 된다. 동성애 문제에 대한 당신의 개인적인 경험은 무엇이며 교회로서 경험한 것은 또 무엇인가?

5. 결국 저자는 교회가 이 문제에 편안해져가고 있다고 믿는다. 어떤 사람들은 상처받고 있기는 하지만, 결국 그 과정이 도움이 될 것이라는 것에 동의하는가?
6. "미국 복음주의 크리스천으로서의 나의 신앙 형성기" 부분을 누군가에게 요약해서 발표하도록 청하라. 사람들이 중요하다고 주목하는 것에 대해 말할 시간을 가지라.
7. "풀러신학교에서의 교수생활" 부분은 복음주의자들, 근본주의자들, 그리고 성경무오 교리에 관한 정보로 가득하다. 참가자들이 이 단어들의 정의와 차이를 이해하게 하라.
8. 저자는 동성애자인 사람들의 직분 안수에 관한 미국 장로교의 최근 역사를 설명한다(45-54쪽). 시간과 관심에 따라, 참가자들에게 이 부분에서 관심이 가는 항목들을 정리하고 토의하도록 청하라.
9. 참가자들에게 마지막 부분(57쪽 이하), "내 생각이 어떻게 바뀌었는가?"를 다시 읽을 기회를 주라. 이 시점에서, 그룹의 목표는 저자의 여정을 이해하는 것이지 그것에 대해 반론하는 것이 아니다. 참가자들로 하여금 저자의 출신 배경을 이해하게 하고 그의 신앙 여정에 감사하는 마음을 갖도록 도울 필요가 있다.

반응하는 활동

1. 짧은 침묵의 시간을 통해, 참가자들에게 오늘의 모임에서 기억하고 싶은 요점들에 대해 조용히 생각하거나 일기를 쓰도록(다른 모임들에도 가져올 수 있도록) 권한다. 다음과 같은 문장들로 정리할 수도 있다.

   - 내가 몰랐던 사실들은 ……이다.
   - 다음 모임들에서 토의하고 싶은 것은 ……이다.
   - 이 스터디에서 나의 목표는 ……이다.

2. 시간이 있으면, 한두 명에게 위의 세 문장에 대해 그들이 바라는 것을 말하도록 청하라.

마치는 기도

그룹에게 교회를 위해 기도하고, 하나님께서 우리를 자유하게 하리라고 약속하신 그 진리로 모든 사람들을 이끄시기를 기도하라. 기도로 끝내는 것이 관례적이라 여겨지면, 기대하는 바대로 하되 하나님의 진리가 계시되도록 희망하는 것을 포함시키라.

제2장: 억압을 정당화하기 위한 성경오용의 패턴

모임의 주제

저자는 노예제도와 여성의 종속을 정당화하기 위해 성경이 역사적으로 오용된 방식들을 설명한다. 과거의 신학자들이 자신들의 문화적 편견들을 정당화하기 위해 어떻게 스코틀랜드 상식철학, 프랜시스 터레틴의 신학, 그리고 "자연법"에 호소했는지를 보여준다. 저자는 노예제도와 여성의 종속을 정당화하기 위해 성경을 오용했던 방식들과 오늘날 LGBT인 사람들에게 동등한 권리를 부여하는 것을 부정하기 위해 성경을 사용하는 방식이 비슷하다는 점을 밝힌다.

시작

1. 새로 온 사람이 있다면 환영하고, 모임을 시작하면서 기도를 통해 계시와 저자가 말하는 것과 또한 참가자들이 서로에게 말하게 될 것을 들을 능력을 간구한다.
2. 지난번 모임의 간단한 요점을 말로 설명하거나 칠판에 정리한다.
3. 과거에 장로교회들을 부르던 다양한 이름들과 그 연합과 분열 연대를 정리한 목록을 준비하라. (역사 전체를 통해 장로교인들 사이에 있었던 많은 이름의 변화를 전부 다 보여주는 차트를 다운로드할 수도 있다. 웹사이트 www.history.pcusa.org/pres_hist/를 이용하라. 그 차트는 이 토의를 위해 필요한 것보다 더 광범위하다. 그러나 그것을 확대시키면, 더 큰 관점을 제공한다.) 교회가

찬성했거나 반대했던 심각한 문제들에 직면했을 때마다, 흔히 분열의 위협이 있었다. 그러나 때때로 분열된 교회들이 힘을 합치고 말씀 증거와 선교에 함께 함으로써 하나님의 기대에 더 신실할 수 있다는 사실을 깨닫기도 했다.

중심 생각과 질문들

1. 이번 장chapter은 참가자들에게 강한 감정들을 촉발시킬지도 모른다. 우선, 약간 시간을 내서 사람들에게 이 장이 말하고 있는 것과 그들이 배운 것을 요약하도록 하라. 당신은 전체 모임이 이 첫 번째 활동에 의해 좌우되는 것을 보게 될지도 모른다!
2. 저자는 동성애 문제가 장로교가 씨름해온 첫 번째 사회적 문제가 아니라고 말한다. 안식일 준수, 금주, 흡연, 노예제도, 인종차별, 여성의 역할, 이혼, 재혼이 그런 것들이다. 그의 요점은 무엇인가?
3. 저자는 노예제도가 관행이었고 여성들이 교회의 리더십과 투표에서 배제되었던 **당시에** 미국 크리스천들이 노예제도와 여성의 종속에 대해 무엇을 생각했는지를 밝힌다. "도대체 어떻게 대부분의 크리스천들은 성경에 다른 관점이 있다는 것을 전혀 눈치 채지 못한 채, 200년 이상 동안 노예제도와 여성의 예속을 받아들일 수 있었는가? 선량하고 지적이고 경건한 크리스천들이 도대체 어떻게 성경의 기록 속에서 지금은 우리가 노예제도와 여성의 예속을 완화시키는 가르침들로 인정하는 본문들을 보지 못했는가? 왜 우리는 노예제도와 여성에 대한 생각을 바꾸었는가? 어떻게 우리는 생각을 바꾸었는가?"(60쪽). 토의할 시간을 가지라.
4. 노예제도를 정당화하기 위해 성경은 어떻게 사용되었는가? 여기

서 목표는 부분적으로 역사의 어떤 부분을 요약하는 것이지만, 똑같이 중요하게, 저자가 나중에 주장하는 대로, 오늘날 동성애인 사람들에 반대하기 위해 사용되는 해석의 방법을 이해하려는 것이다. 그룹을 둘로 나누고 한 그룹에게 제임스 쏜웰James Henley Thornwell을 그리고 다른 그룹에게 로버트 대브니Robert Lewis Dabney를 맡기라. 각 그룹에게 그 부분을 다시 읽고 그 영향력 있는 신학자이며 목사가 사고하는 단계를 요약하도록 요청하라.

5. 여성의 종속을 정당화하기 위해 성경은 어떻게 사용되었는가? (이용 가능한 시간에 따라, 노예제도나 여성의 종속 둘 중 하나를 택해야 할지도 모른다. 그 둘은 비슷하기 때문에 각각 같은 방법을 사용해도 된다.)
6. 교회와 사회가 어떻게 잘못하게 되었는가?(80-84쪽) 시간이 된다면, 참가자들에게 이 부분을 다시 읽고 요약하게 하라. 사람들이 하는 실수를 보여주는 어구나 농담의 짧은 목록을 만들도록 해보라.
7. 노예폐지론자들은 어떻게 성경에 대한 다른 해석을 찾았는가?
8. 이 장의 결론을 큰 소리로 읽거나 참가자들에게 다시 읽도록 시간을 주어라. 노예제도와 여성의 종속을 정당화하기 위해 사용된 성경해석방법들(이제는 잘못된 것으로 여겨지는)과 동성애인 사람들을 교회사역에서 배제시키기 위해 사용된 방법들을 비교하는 저자의 논리를 참가자들이 이해할 수 있는가? 사람들이 동의할 수도 있고 안 할 수도 있지만, 이 시점에서 저자의 논리를 이해하는 것이 중요하다.

반응하는 활동

종이와 펜을 나누어 주고 다음 질문들에 대한 참가자들의 반응을 적도록 요청하라.

생각과 마음을 바꾸게 된 경험에 대해 써보라(개인적이든 직업적인 생활의 영역이든 아무 곳에서):

당신이 처음에 믿었었던 것은 무엇이었는가?

그 믿음에 도전이 되었던 것은 무엇인가?

당신의 생각이 어떻게 바뀌기 시작했는가?

지금은 어떻게 생각하는가?

그 변화의 과정의 각 단계에서 어떻게 느꼈는가?

사실을 안 후, 당신의 경험과 전의 믿음을 돌아보며 어떻게 느꼈는가?

이 과정에 관련된 감정적인 모험과 이득은 무엇인가?

참가자들에게 각자 쓴 것에 대해 나누고 토의하도록 요청하라.

마치는 기도

당신을 아는 마음들의 빛이 되시며,
당신을 사랑하는 영혼들의 생명이 되시며,
당신을 찾는 생각들의 힘이 되시는 하나님,
당신을 진심으로 사랑할 수 있도록
당신을 알게 해주시고,
당신을 온전히 섬길 수 있도록
당신을 사랑하게 해주세요,
당신을 섬김은 완전한 자유입니다.
우리 주 예수 그리스도의 이름으로, 아멘.(공동예배서, 19쪽)

모임의 주제

교회는 20세기에 두 개의 역사적 사건과 유럽에서 온 신학적인 운동으로 몇 가지 급진적 변화를 겪었는데, 그 운동은 성경 이해에 새로운 장을 열었고, 그리스도 중심적이면서 성경본문을 학문적으로 연구할 수 있도록 열어 주었다. 이런 요인들은 노예제도, 교회에서의 여성의 역할, 이혼 등과 같은 문제들을 마치 교회가 새로 보는 것처럼 교회에 영향을 끼쳤다.

시작

1. 환영과 기도. 모든 참가자들을 환영하고 새로운 멤버가 있으면 소개하는 짧은 시간을 가지라. 스스로 기도하거나 다음의 기도를 이용해도 좋다.

은혜로우신 창조주 하나님, 우리는 습관의 생물들이며 변화에 저항합니다. 새로운 생각들이 우리에게 도전하고 늘 진리라고 알았던 것에 질문을 하라고 합니다. 그러나 물론 우리는 당신의 눈에 옳은 것을 행하기를 원하고, 성령님이 이끄시는 곳은 어디라도, 주님의 성령을 따라갈 용기를 간구합니다. 저희를 이끄시고, 저희에게 내적인 평안을 주시어서 저희가 그리스도의 발자취를 더욱 신실하게 따라갈 수 있게 해주세요. 아멘.

2. 지난번 모임에 대한 피드백feedback을 하고 이번 주 제3장에서 읽은 것에 대해 논평할 기회를 가지라. 이번 모임의 대부분은 책의 내용을 복습하는 것이 될 것이기 때문에, 시작 때 이것에 너무 많은 시간을 소비하지는 말아야 한다. 지난주를 복습하는 한 가지 방법은 91쪽, 제3장의 첫 문단을 읽는 것이다.

중심 생각과 질문들

1. 교회는 어떻게 생각을 바꾸었는가?(89-97쪽) 그룹에 따라, 다음 질문을 하고 참가자들이 대답을 하도록 하면 충분할지도 모른다.

    - 19세기 중반에 발생해서 주류 개신교를 두 개의 진영으로 나눈 두 개의 결정적 사건들은 무엇이었는가? (남북전쟁과 다윈의 "종의 기원" 출간)
    - 현대주의자들modernists은 무엇을 믿었는가?
    - 근본주의자들은 무엇을 믿었는가?
    - 다섯 개의 "본질적이고 필수적인 교리들"은 무엇이었고, "양심의 가책scruple"은 무엇인가?
    - 1927년 총회 때 무슨 일이 있었는가?

2. 신정통주의는 무엇이며, 그것이 대화를 어떻게 바꾸었는가? 주된 요점은 그 새로운 신학적 접근방법이 사람들의 관심을 성경에 드러난 대로의 예수 그리스도께로 옮겼고 성경 연구를 피하지도 않았고 오리려 그것을 장려했다는 것이다.
3. "사회적인 변화"에 대한 부분은 교회에 끼친 신정통주의의 영향

에 대해 이야기하고 있는데, 억압적인 사회 기관들에 대해 살피고 있다. 모임 참가자들 대부분이 1927년 총회 이후에 태어나 성장했을 것이기에 신정통주의의 결과로 이루어진 급진적인 변화들에 대해 그다지 놀라지 않을 수도 있다. 인종, 여성, 그리고 이혼과 재혼에 대한 새로운 관점들에 대해 검토하라.

4. 페이지 104쪽의 첫 번째 문단부터 네 번째 문단까지를 큰 소리로 읽으라. 이것이 핵심 주장이다. 당신에게는 어떻게 들리는가? 토의에 충분한 시간을 가지라.
5. 시간이 되고 관심이 있다면, 105-106쪽에 나오는 "개인적 메모"를 요점 정리하라. 이혼한 사람들에 대한 기준을 똑같이 동성애인 사람들에게도 적용했다면, 교회는 이제 얼마나 달라졌을 것인가? 이혼을 통해 고통당하는 우리의 훌륭한 목사들 중의 몇 명이나 리더십에 자격이 없는 것일까?
6. 마지막 부분에서 저자는 1967년의 신앙고백Confession과 1991년의 짧은 신앙선언Brief Statement of Faith에 대한 설명한다. 교회가 어떤 문제들에 대해 믿는 바를 문서화할 때 무엇이 중요한가?

반응하는 활동

참가자들에게 1~2분의 침묵 속에서 미래에 대해 생각하도록 요청하라. 지금의 세상에서 계속적으로 제외되거나 부당하게 취급당하는 사람들은 누구인가? 언젠가(아마도 지금) 교회가 그들의 역할이나 권리에 대한 교회의 입장을 분명히 밝힐 특별한 신앙고백을 작성해줄 사람들은 누구일까?

마치는 기도

은혜로우신 하나님,

당신의 백성들에게 계속해서 빛을 비춰주시어, 당신의 말씀을 더 온전히 깨닫게 하시며 당신을 따르는 모든 사람들에게 알게 해주시고, 당신의 자녀들에게 당신의 사랑을 나누어 주셔서 감사합니다. 당신께서 우리에게 아무 대가 없이 주신 은혜를 나누는 법을 계속해서 배워나갈 수 있게 해주세요. 아멘.

모임의 주제

저자는 오늘날 주류 장로교들에 의해 일반적으로 합의된 성경 해석을 위한 7개의 지침guidelines을 제공한다. 다양한 신앙고백들의 뿌리를 추적한 후, 그는 각 원칙들이 동성애와 교회에 관련해 지금의 우리의 토의에서 어떻게 도움이 될 수 있을지 논의한다.

시작

1. 참가자들을 환영하고 새로운 사람들이 있다면 소개할 시간을 가지라. 당신 자신이 기도하거나 다음을 사용하라.

   주 하나님, 당신은 늘 우리가 구하는 것보다 우리에게 좋은 것들을 더 주시려고 하십니다. 당신은 우리가 원하거나 받을 만한 것 이상으로 더 주시려고 합니다. 구하고 진심으로 찾을 수 있도록, 구하고 기쁘게 받을 수 있도록, 두드리고 당신의 자비의 문이 우리에게 열리도록 도와주세요. 우리 주 예수 그리스도를 통해. 아멘.(공동예배서, p.18)

2. 잠시 시간을 내어 지난주를 되새기고 또한 사람들이 더 토의했으면 하는 질문들이 있는지를 확인해보라.

중심 생각과 질문들

1. 북부와 남부 장로교 모두 성경 해석을 위한 지침들을 채택했다(1982년과 1983년에). 그 지침들은 오늘날 대부분의 주류 기독교 교단이 사용하는 것과 비슷하다. 참가자들에게 그 7개의 지침들을 프린트물로 제공하는 것에 대해 고려해보라.
2. 시간의 대부분을 그 지침들 각각을 살펴보는 데 쓰라. 참가자들에게 그것들이 무슨 뜻이라고 생각하는지 이야기하도록 요청하고, 그 후 다음에 제시되어 있는 것과 같은 질문 한두 개에 집중하라. 몇 가지 해석이 있을 수 있다. 그것들을 받아들이고, 참가자들이 같이 다시 읽고 의미를 결정하게 하라.

- 지침 1. 주석 부분의 세 번째 문단(123쪽)을 읽고 성경은 무엇인지 요약하라. 모임 참가자들의 논평을 들은 후에, 그 다음 두 문단들을 읽고 토의하라.
- 지침 2. 125쪽의 주석 첫 번째 문장을 읽은 후, 명백한 본문을 읽는 세 가지 방향을 읽으라. "명백한"을 설명하기 위해 그 다음 문단을 이용하라.
- 지침 3. 이 지침에 나오는 주석의 첫 번째 문단과 각주번호 27번의 뒤에 나오는 문장들의 두 번째 문단으로 가라. 이 지침에 대한 반응을 물어보라. 이런 성경해석의 변화가 오늘날 우리 대다수가 받아들이는 성경 이해로 우리들을 인도했다는 것을 참가자들이 이해하는가? 노예제도와 교회에서 여성의 위치에 대한 생각을 바꾸는 것에 대해 전에 나누었던 토의를 사람들이 기억해낼지도 모르겠다. 그들이 기억하지 못한다면, 당신이 그들에게 상기시킬 수

도 있다.

- 지침 4. 주석 부분이 우리가 그 의미의 중요성을 이해하는 데 도움을 줄 수 있다. 모임 참가자들에게 질문이나 코멘트를 하도록 하기 위해 두 번째 문단을 이용하라.
- 지침 5. 이 지침 또한 언뜻 보기엔 간단해 보이지만, 주석의 첫 두 문단을 읽으면 그 중요성이 구체화된다. 늘 그랬듯, 이 지침이 제시될 때 코멘트와 질문을 하게 하라. 이 지침들의 의미를 뒷받침하기 위해서 이 책의 저자는 성경학자들과 교회의 신앙고백들에서 나온 중요한 자료들을 포함시켰다는 사실을 참가자들이 반드시 알게 하라.
- 지침 6. 주석의 세 번째 문단을 읽고 ("하나님의 메시지는 …") 질문을 받도록 하라.
- 지침 7. 이 부분은 주석의 두 문단을 읽음으로써 가장 잘 이해할 수 있다.

반응하는 활동

다음의 질문들에 관한 일반적인 토론을 하도록 초청하라. 주어진 시간에 따라, 이것들 중에서 골라도 된다.

- 지침들 가운데 어느 것이 가장 도움이 되었는가? 그리고 왜?
- 어느 지침이 불분명한가?
- 교회가 지침과 규율을 정하는 것이 진짜로 필요한가?
- 왜 필요한가? 또는 왜 필요치 않은가?
- 이 지침들에 비추어 바뀌게 된 생각, 즉 당신이 전에 했던 잘못된

해석을 생각해낼 수 있는가?

마치는 기도

기도를 마치기 전에, 다음 모임에서 그들은 제5장을 읽어야 하는데, 이해하기 어려운 장이며, 많은 정보들로 가득하다는 것을 상기시키라. 다음 모임에서 시간을 잘 활용하기 위해서는, 사람들이 모임에 참석하기 전에 그 장을 읽고 오는 것이 필수적이다.

마치는 기도에서, 이 지침들 덕분에 하나님께서 성경을 통해 우리에게 말씀하시는 것을 교회와 우리가 더 잘 이해하게 된 것에 대한 감사를 표현할 수 있을 것이다.

제5장: 동성애에 대해 성경이 말하는 것과 말하지 않는 것

모임의 주제

저자는 성경에서 동성애를 정죄하기 위해 사용해왔던 8개의 구절들, 특히 로마서 1장을 검토한다. 그는 로마서 1장에 뒤집어씌운 비성경적인 이론들을 조사한다. 그는 사도행전 10-15장에 대해 검토함으로써 결론을 맺기를, 초대 교회는 이방인들을 받아들이기로 결정했고, 그것은 교회 안에서 LGBT인 사람들의 역할에 대한 현재의 논쟁을 해결하는 데 도움이 되는 모델을 제공해준다고 주장한다.

시작

1. 참가자들을 환영하고 지난 모임에 대한 어떤 질문이 있으면 토의하는 데 시간을 쓰라.
2. 참가자들 중 한 명에게 기도하도록 권하든지 당신이 기도함으로써 모임을 시작하라. 가능한 기도는 다음과 같다.

주님, 제게 열어 주십시요
제게 열어주세요—제 어둠을 위한 빛을
제게 열어주세요—저의 두려움을 위한 용기를
제게 열어주세요—저의 절망을 위한 희망을
제게 열어주세요—저의 혼란을 위한 평화를
제게 열어주세요—제 슬픔을 위한 기쁨을

제게 열어주세요—제 약함을 위한 힘을
제게 열어주세요—저의 혼동을 위한 지혜를
제게 열어주세요—저의 죄를 위한 용서를
제게 열어주세요—저의 미움을 위한 사랑을
제게 열어주세요—제 자신을 위해 당신 자신을
주님, 주님, 제게 열어 주십시요! (공동예배서, 23쪽)

중심 생각과 질문들

- 자연법이란 무엇이며(162쪽), 저자는 이 토의에서 자연법이 어떻게 잘못 사용되고 있다고 말하는가?
- 과학자들은 전 세계의 인간 이외의 동물들 가운데 일부가 사실상 동성애적이라고 알려주고 있다. LGBT인 사람들 대다수가 자신들의 성적 지향을 선택이라고 생각하지 않는다. 인간의 동성애는 유전학적genetic이라고 확신하는 과학자들의 수가 증가하고 있다. 과학적인 연구 결과들이 당신이 동성애에 대해 생각하는 방식에 어떻게 영향을 끼치는가?
- 저자가 161-180쪽에서 지적한 것, 즉 성경을 해석하면서 집어넣은 비성경적 이론들이란 무엇인가? "본문에 어떤 이론을 덧씌운다" 혹은 "본문에 뭔가 넣어서 읽는다"는 것은 무슨 뜻인가? 우리는 우리의 편견이 어떤 본문에 대한 우리의 해석을 불가피하게 바꾸는 방식을 어떻게 설명하는가?
- 창세기의 창조 이야기는 종종 일부일처제, 이성애 결혼이 인류를 위한 하나님의 의도라고 주장하는 데 이용된다. 그러나 저자가 말하는 대로, 그것은 그 구절들이 의도하는 바가 아니었다. 사실, 성

경에 언급된 최초의 세대들은 일부다처제를 실행하고 있다. 당신은 결혼의 목적이 무엇이라고 생각하는가? 성경 속의 일부다처제와 같은 결혼 관습을 우리는 어떻게 이해해야 하는가?

- 저자는 사도행전 10-15장이 현재 우리의 토론에 도움이 되는 유사성을 제공한다고 생각한다. 사도행전 10-15장에서는 어떤 일이 일어났는가? 당시에는 그것이 왜 큰일이었는가? 사도행전 10-15장에 기록된 사건들은 세상을 어떻게 바꾸었는가? 이 구절들과 오늘날 LGBT인 사람들의 직분 안수와 결혼에 대한 우리의 토의 사이에 연관성은 무엇인가?

반응하는 활동

참가자들에게 짧은 침묵의 시간을 주고, 오늘 이야기된 모든 것들에 대해 생각해보도록 청하라. 그 다음, 5분을 주고 오늘 모임에서 그들이 마음에 가지고 갈 것들에 대해 기록하게 하라. 이것들에 대해 서로 나누지는 않을 것이지만, 후에 그들이 이 책에 대해 친구들과 가족과 이야기하고자 할 때 도움이 될지도 모른다. 모임 참가자들이 이야기가 많아서 조용한 활동을 원하지도 않고 필요로 하지도 않는다면, 사람들에게 오늘 모임에서 기억하고 싶은 것을 짧은 어구나 문장으로 그냥 이야기하도록 청해도 될 것이다. 어느 참가자가 이야기를 한다고 해서 반드시 다른 참가자들이 반응할 필요는 없다.

마치는 기도

사랑하는 하나님,

당신에게서 떠나는 것은 나락입니다,
당신에게로 향하는 것은 솟아오르는 것입니다,
그리고 당신 앞에 선다는 것은 영원히 함께 하겠다는 것입니다.
소중한 하나님, 우리에게 베푸소서,
우리의 모든 일들 속에서 당신의 도움을,
우리의 모든 불확실 속에서 당신의 인도하심을,
우리의 모든 위험 속에서 당신의 보호하심을,
그리고 모든 우리의 슬픔 속에서 당신의 평화를 베푸소서.
우리 주 예수 그리스도를 통하여. 아멘. (공동예배서, p. 23)

제6장: 현실의 사람들과 결혼의 현실

제7장: 미국 장로교회를 위한 건의들

모임의 주제

제6장은 동성애인 사람들과 그들의 관계에 반대하는 많은 주장에 대해 토의하고 반박하며 게이와 레즈비언들에 대한 저자 자신의 경험을 나눈다. 제7장은 그의 미국장로교가 취한 중요한 행동들을 포함하고 있는데, 직분 안수를 받는 사역에 부름을 받은 LGBT인 사람들을 위한 실제적 변화로 이끌 수도 있는 것들이다.

시작

시간이 있다면, 이 모임을 둘로 나누어서 각각 제6장과 제7장을 다룰 수도 있을 것이다. 그렇게 하기 위해서는 충분한 질문들을 제공해야 한다. 그러나 한 모임뿐이라면, 아래의 질문들 중에 당신의 집단에 가장 적절한 것들로 선택하도록 하라. 모두에게 모임 전에 이 두 장을 읽도록 권하라.

1. 참가자들을 환영하고, 누구라도 지난 모임 이후 갖게 된 어떤 생각이나 질문이 있다면 짧게 나누도록 하라.
2. 당신이 기도를 하든지, 다음의 것을 읽든지 하라.

은혜의 하나님,
당신은 우리에게 당신을 아는 마음을,
당신을 사랑하는 심장을,
당신을 찬양하는 목소리를 주셨습니다.
우리를 당신의 성령으로 채워주셔서
당신을 영광을 축하하고
영과 진리로 당신을 예배할 수 있게 해주셔요.
우리 주 예수 그리스도를 통해. 아멘.

중심 생각과 질문들

1. 저자는 사람들을 그룹으로 정형화시키는 것stereotype을 비판하는데, 특히 부정적 이미지와 윤리적 가치를 가지고 그것들이 반드시 들어맞는 것은 아닐 때를 말한다. 정형화라는 것이 무엇인가? 정형화되어본 적이 있는가?
2. 186쪽에서 시작되는 "성직자들의 성적인 비행"의 한 부분에서, 저자는 성직자들의 성적 학대abuse가 밝혀지고 있고, 로마가톨릭 교회와 많은 주류 교회들이 이성애와 동성애의 성적 비행과 관련된 소송에 직면하는 횟수가 증가하고 있다는 사실에 대해 언급하고 있다. 그는 성적 비행을 엄중히 단속하기 위해 교단이 취하는 조치들에 찬성하면서, 단지 성적 지향 때문에 LGBT인 사람들은 전부 직분에 임명될 수 없다는 일괄적인 법규에 의문을 제기한다. 당신은 그것에 대해 어떻게 생각하는가? 그것이 공평한가?
3. "결혼 목적의 진화"(187쪽 이하)에서 알 수 있는 것처럼, 결혼은 어떤 식으로든 정체된 제도로 머물지 않았다. 교회는 누가 결혼을

할 수 있는지, 그리고 결혼의 목적에 대한 교회의 이해를 여러 번 바꾸었다. 결국 교회가 그 관계를 인정하고 축하할 사람들의 목록에 LGBT인 사람들도 포함하는 것이 필연적이지 않을까?

4. 잠깐 동안 "남성 우월과 동성결혼 반대"(190쪽 이하)를 복습하라. 저자는 많은 종교적 근본주의자들이 가부장적인 가족구조를 교회와 국가의 건강에서 핵심인 것으로 보고 있다고 지적한다. 이 관점에는 보통 남성에 대한 여성의 복종이 포함된다. 저자는 남자와 여자의 평등과 동성애 반대 사이에 있는 강한 연대의식에 대해 말한다. 동성애인 사람들에게 결혼하고 자녀를 기를 수 있는 권리를 허용하는 것이 정말로 우리 사회에 위협이 되는가? 왜 혹은 왜 그렇지 않은가? 이것이 사실은 남성 이성애자들을 위한 특권과 우월에 대한 것이지 않을까?
5. "과학에 반대하기"(197쪽 이하)에서, 저자는 동성애는 정신적 질병도 성정체성 질환도 아니라고 발표하는 전문적인 의학 단체들이 늘고 있음을 인용한다. 사실, 그들에 따르면 동성 커플이나 가족이 이성애 가족과 그다지 다르지 않다고 밝혀지고 있다. 그러나 몇몇 종교 지도자들은 동성애인 사람들을 전인적 인격체로 보는 것을 거부하며 가장 큰 목소리를 내고 있다. 당신은 어떻게 생각하는가?
6. "난폭한 수사학"(202쪽 이하)의 네 번째와 다섯 번째 문단을 소리내서 읽으라. 종교가 LGBT인 사람들에 반대하는 폭력에 일조하고 있다고 생각하는가? 당신은 코레타 스콧 킹Coretta Scott King이나 루이스 스미드즈Lewis B. Smedes에 어떻게 반응하겠는가?
7. "결혼에 대한 논쟁에서 아이러니"(205쪽)한 것은 무엇인가?
8. 저자는 게이와 레즈비언인 사람들을 알게 된 자신의 경험에 대해

다음과 같이 말한다. “내 경험에 비추어 보면, 그들은 보통의 희망과 함께 다른 이들에 대한 두려움, 몸부림과 도전을 가진 그저 인간들일 뿐이다.”(214쪽). 이것을 당신의 경험과 비교하면 어떤가? 교회에서 이런 논쟁을 지켜보게 된다면 LGBT인 사람들은 어떻게 느낄 것이라고 생각하는가?

9. 제7장에서, 저자는 미국 장로교를 향한 자신의 건의들을 설명한다. 그는 교회가 취해야할 첫 번째 단계로 사과하는 것—제도적으로, 집단적으로, 그리고 개인적으로—이라고 말하면서 시작한다. 여러 세기동안 LGBT인 사람들에게 많은 해악들이 행해졌다. LGBT인 사람들에게 사과하는 것이 교회를 치유하는 데 도움이 될 것이라고 생각하는가? 이것을 위해 선행되어야 할 것이 있으며 우리의 해석과 정책들이 정말로 잘못되었다고 생각하게 되었다면, 사과하는 것이 그 다음 단계가 되어야 하지 않을까?
10. 저자는 하이델베르그 교리문답서가 1962년에 잘못 번역되었고 “동성애적 도착”이라는 단어가 원래 교리문답서에 없었음에도 삽입되었다고 말해준다. 어떻게 이런 일이 발생했는가?
11. “신앙고백서의 결점을 바로잡기 위한 조치들”(235쪽 이하)에서 저자는 하이델베르그 교리문답을 원래의 언어로 복원시키기 위해 2008년 장로교 총회에 의해 채택된 의결을 설명한다. 그것이 복원되어야 한다는 것에 동의하는가? 왜 이것이 저자에게 그렇게 중요한가? 동의하는가?
12. 모임 참가자들이 G-6.0106b의 역사를 충분히 숙지하지 못했다면, 당신은 그 부분(239-247쪽)을 검토하는 데 시간을 좀 쓰기를 원할 것이다. 당신의 그룹은 G-6.0106b를 바꾸겠습니까? 그냥 없애버리겠습니까? 또는 있는 그대로 내버려두겠습니까?

13. 제7장 마지막 부분에 나오는 “규례서의 결점을 바로잡기 위한 조치들”에서, 저자는 교회의 평화, 일치, 그리고 순수PUP: Peace, Unity, and Purity를 위한 신학 특별위원회의 창설과 작업을 설명한다. 매우 다양한 그룹의 사람들이 4년 반이라는 기간 동안 상당한 시간을 함께 보냈다. 시간을 내서 그 부분을 검토하고 토의하라:

- 논쟁이 되는 이슈들에 동의를 만드는 데는 서로 아는 사람들에게 어느 정도까지 의존하는가?
- 당신이 속한 노회나 교회는 PUP 위원회가 했던 것처럼 추천된 과정의 모임을 시행한 적이 있는가? 이것이 LGBT인 사람들을 위한 정의를 성취하는 데 효과적인 방법이라고 생각하는가?
- 2008년 총회가 제시한 변화들에 동의하는가? 그렇다면, 당신이 속한 노회에서 이 수정안의 통과를 어떻게 지지할 수 있겠는가?

14. 제7장의 마지막 부분을 큰 소리로 읽고 잠시 동안 참가자들에게 코멘트하게 하라.

반응하는 활동

1. 제7장을 읽고 나면, 누구나 교회생활에서 변화가 얼마나 더디게 오는지 깨닫게 된다. 어떤 사람들에게는 이것이 힘 빠지는 일이다. 왜냐면 개개인의 마음과 지성은 훨씬 더 빨리 변하고, 일단 변한 사람들은 조금 더 큰 무리의 사람들에게 인내심이 없기 때문이다. 참가자들에게 그들이 변화하자마자, 이것들이 중요한 이슈들이라고 느낀다면, 신앙고백서와 규례서에 대해 지금 당장 취할 수

있는 구체적인 행동들에 대해 열거하도록 요청하라.

2. 오늘날 불의한 상황에서 살고 있는 전 세계의 모든 집단들에 대해 생각하며, 잠시 동안 조용한 성찰의 시간을 가지라.

마치는 기도

영원하신 하나님, 우리를 향하신 당신의 인내는 참으로 놀랍습니다. 당신께 충실하고자 하는 우리의 노력들이 우리의 형제자매들을 고통스럽게 하는 결과를 낳을 수도 있다고 누가 생각할까요? 당신의 땅에서 우리가 소금이 되고자 할 때 우리의 불완전한 마음에 당신의 빛을 비추어주소서. 아멘.

제8장: 예수 안에서 모두가 하나, 그리고 부록

모임의 주제

제8장에서 저자는 선한 사마리아인의 비유(누가 10:25-37), 결혼과 이혼에 관한 예수님의 가르침(마태 19:10-12), 그리고 빌립과 에티오피아 내시(사도행전 8: 26-39)를 살피고 그것들이 교회 내의 LGBT 평등에 대한 토론과 어떻게 관련되는지를 설명해준다. 이 이야기들은 예수께서 모든 종류의 사람들을 하나님의 공동체로 환영하신다는 것을 보여준다. 부록은 PC(USA)외에 다른 교단들에서도 LGBT 평등을 위한 움직임이 어떻게 늘어가고 있는지에 대한 정보를 제공해준다.

이 모임 동안 마지막 장과 부록 둘 다에 대한 반응에 시간을 쓰고, 나아가 이 책과 또한 함께 한 시간을 평가할 시간을 가지라.

시작

1. 참가자들을 환영하고 이 스터디에서 이 모임이 마지막 모임임을 상기시키라. 모임 마지막에 이 책과 또한 함께 한 시간을 평가할 시간이 있을 것이다. 이 때 다음 과제(예를 들면, 다음에 하게 되는 것이 무엇이든 계획하게 되는 것과 같은)에 유의하라.
2. 당신이 선택한 기도를 하든, 다음의 것을 이용하라.

우리의 시작이시며 끝이 되시는

영원하신 하나님,
우리의 출발점이 되시고 우리의 피난처가 되어 주시고
오늘의 여정에 우리에 함께 해주십시요.
우리의 손을 이용하셔서
당신의 창조의 일을 하시고
우리의 삶을 사용하셔서
당신께서 이 세상에 주신 새로운 생명을 다른 사람들에게도 전해주십시요.
모두의 구원자 되시는 예수 그리스도 안에서, 아멘.

(공동예배서, p. 500)

중심 생각과 질문들

1. 제8장은 저자가 생각하기에, 크리스천들이 어떻게 LGBT인 사람들과 관계를 맺어야 하는가에 대해 이해할 때 흔히 인용되는 성경 구절들보다 더 도움이 되는 세 개의 성경본문들에 초점을 맞추고 있다. 그룹의 크기에 따라, 작은 그룹으로 나눠서 각 그룹에게 세 이야기의 하나씩(선한 사마리아인 비유, 결혼과 이혼에 대한 예수의 가르침, 또는 빌립과 에티오피아 내시) 맡기든지, 또는 큰 그룹으로 한 이야기를 골라 토의하도록 하라. 참가자들에게 이 책에서 이 성경본문들을 다루는 부문을 복습할 시간을 갖게 하고, 그 다음 이 본문들이 LGBT 평등 문제에 어떻게 빛을 비춰주는지 토의하라. 각 이야기에서 당신에게 새롭거나 놀라만한 것은 무엇인가? 이 세 이야기를 묶어주는 공통의 연결고리는 무엇인가?
2. 저자는 268쪽에서 "보통 우리는 볼 수 없도록 제한되어 있는 것

은 볼 수가 없다. 그러나 경험이 때때로 이전에는 우리로 하여금 성경 속의 조금 더 깊은 진리를 보지 못하도록 막았던 잘못된 가정들을 해결해주거나 선입견을 떨칠 수 있게 해준다."라고 말한다. 잘못된 가정을 풀러준 누군가와 함께 했던 경험에 대해 생각해낼 수 있는가? 무슨 일이 일었는가?

3. 부록은 LGBT 평등을 위한 움직임이 계속 되고 있는 다른 교단들에 대한 최근 소식을 전해준다. 다른 교단들과 관련해 경험을 가진 참가자들에게 이 그룹에 도움이 되는 정보를 나누게 하라. 다른 교단들의 논쟁이 어떻게 유사하며 또는 어떻게 다른가? 제도(교회법/구조)에서의 차이가 어떻게 다른 교단들의 논쟁에 영향을 끼치는가?

반응하는 활동

1. 이것이 마지막 모임이기 때문에, 당신은 사람들이 여전히 불분명하게 느끼는 것이나 더 토론하고 싶어 하는 것들의 목록을 만들고 싶어 할지도 모른다. 추가 모임을 만들어야 할 가치가 충분하다면, 그 그룹이 그렇게 하고 싶어 하는지 살피라. 그렇지 않다면, 그렇게 하고 싶어 하는 소수의 사람들만 만나서 계속 토의하는 것으로 할 수 있을 것이다.
2. 짧은 시간을 내서 이 책을 전체적으로 평가해보는 시간을 가지라. 비록 사람들이 저자가 변한 것처럼 변하지는 않는다 해도, 그의 입장을 이해하고 감사하는가? 그의 주장들의 강점은 무엇인가? 약점은 무엇인가? 이것은 설명을 위한 도움의 시간이 될 수 있지만, 모두가 동의하지 않는다고 해서 그룹에 긴장감을 조성할 필요

는 없다.

3. 참가자들에게 이 경험과 책에서 얻게 된 한 가지를 나누도록 청하라. 그에 대해 다른 참가자들의 반응이 꼭 필요한 것은 아니다. 그저 다른 사람의 말을 주의 깊게 듣는 것만이 필요하다.

마치는 기도

성령님의 임재와 인도하심을 하나님께 감사하는 기도로 마치도록 하라. 불편함, 팽팽한 긴장감, 후회, 희망, 그리고 절망의 감정들에 감사해야 한다. 참가자들이 느꼈을지 모르는 고군분투—이해하려는 몸부림, 또는 몇몇 사람들을 교회생활에서 온전히 인정받지도 참여하지 못하도록 하는 제한들로부터 해방되기를 지치게 기다리기—는 하나님의 자비와 돌봄에 맡기도록 할 수 밖에 있다.

그룹 참가자들에게 자신의 목소리로 기도하도록 자유로이 청하고 다음의 기도로 끝마치라. "우리들의 기도가 우리의 반석이시며 구원자이신 하나님, 당신을 기쁘게 하는 것이기를 기도합니다. 아멘."